Tierwelt der Bibel

Tierwelt der Bibel

Adriaan Schouten van der Velden

Deutsche Bibelgesellschaft

Holländische Originalausgabe
»Dieren uit de Bijbel«

Deutsche Ausgabe
Übersetzung: Franz J. Lukassen
Redaktion: Hannelore Jahr

Die Deutsche Bibliothek – CIP-Einheitsaufnahme
Schouten van der Velden, Adriaan:
Tierwelt der Bibel / Adriaan Schouten van der Velden.
[Übers.: Franz J. Lukassen]. –
Stuttgart : Dt. Bibelges., 1992
Einheitssacht.: Dieren uit de Bijbel ‹dt.›
ISBN 3-438-04479-X
NE: HST

ISBN 3-438-04479-X

© 1992 Deutsche Bibelgesellschaft, Stuttgart
Holländische Originalausgabe
© 1992 Holding van Dobbenburgh bv,
NL 2421 TW Niewkoop

Bibeltexte:
Die Bibel in heutigem Deutsch
© 1982 Deutsche Bibelgesellschaft, Stuttgart;
Einheitsübersetzung der Heiligen Schrift
© 1980 Katholische Bibelanstalt GmbH, Stuttgart;
Lutherbibel, revidierte Fassung 1912
Lutherbibel, revidierte Fassung 1984
© 1985 Deutsche Bibelgesellschaft, Stuttgart.

Einband: Klaus Dempel
Satz: Pecasse Intercontinental bv, Maastricht

Inhalt

Alphabetisches Verzeichnis der Tiere

Einführung

Tiere spielen in der Bibel eine wichtige Rolle. Schon auf ihren ersten Seiten widmen die beiden Erzählungen von der Erschaffung der Welt den Tieren breiten Raum: Fische und Vögel schafft Gott am fünften, die wilden und zahmen Tiere zusammen mit dem Menschen am sechsten Schöpfungstag (1.Mose/Genesis 1,20–25), und nach der zweiten Erzählung führt Gott alle Tiere dem Menschen vor, der ihnen ihre Namen geben soll (1.Mose/Genesis 2,19–20).

Noah erhält den Auftrag, die Tiere mit in die Arche zu nehmen, damit sie das Gericht der Sintflut überleben (1.Mose/Genesis 6,19–7,3); und die Vision des Propheten Jesaja vom kommenden Friedensreich enthält das Bild vom Wolf, der friedlich neben dem Lamm ruht, vom Bären und Löwen, die mit den Kühen Gras fressen, und vom kleinen Kind, das am Schlupfloch der giftigen Schlange spielt (Jesaja 11,6–8).

Eine wichtige Rolle kommt den Tieren im Alten Testament auch im Rahmen der Opferriten sowie bei den Speisevorschriften zu. Daneben gibt es Erzählungen wie die von Bileams sprechender Eselin (4.Mose/Numeri 22,21–35). Im Neuen Testament erscheinen Tiere vor allem in der Bildersprache Jesu – wer denkt nicht sofort an den Spruch vom Kamel und dem Nadelöhr (Matthäus 19,24) oder von den Vögeln unter dem Himmel, für die ihr himmlischer Vater sorgt (Matthäus 6,26).

Die wenigen Andeutungen zeigen, daß es lohnend ist, sich einmal eingehender mit den Tieren der Bibel zu beschäftigen. Der vorliegende Band erhebt nicht den Anspruch, eine zoologische oder theologische Abhandlung zu sein. Vielmehr werden hier von den ca. 90 Tieren, die in der Bibel genannt werden, die 72 wichtigsten genauer beschrieben. Es geht um ihr Aussehen, ihr Verhalten, ihre Lebensweise, ihren Lebensraum und von Fall zu Fall um die besondere Bedeutung, die ihnen in der Bibel zukommt. Warum zieht der Friedenskönig auf einem Esel in Jerusalem ein? Und warum wird er die Pferde aus Jerusalem entfernen? Das sind Fragen, auf die dieses Buch eine Antwort gibt.

Die wichtigsten biblischen Texte über die betreffenden Tiere werden mit abgedruckt. Sie geben zugleich einen interessanten Querschnitt durch die Bibel unter zoologischem Aspekt. Die meisten Texte sind nach der Lutherbibel in der Fassung von 1984 zitiert, einige nach der Bibel in heutigem Deutsch, die teilweise die Eigenarten der Tiere für das heutige Verständnis deutlicher zum Ausdruck bringt. Außerdem wurde bisweilen auf die Einheitsübersetzung zurückgegriffen sowie auf die »alte« Lutherübersetzung von 1912, die vielen Menschen noch gut vertraut ist. Wenn nicht anders vermerkt, stammt der betreffende Text aus der Lutherübersetzung in der revidierten Fassung von 1984; sonst ist Luth 1912 für die ältere Fassung der Lutherbibel, GuNa für Gute Nachricht = Bibel in heutigem Deutsch und Einh für die Einheitsübersetzung angegeben.

Bei einigen Tieren ist die deutsche Übersetzung der hebräischen Bezeichnungen unsicher. Dies gilt vor allem von denen, die nur in der Liste der reinen bzw. unreinen Tiere genannt und über die sonst keine Angaben gemacht werden. Vergleicht man die »alte« Lutherübersetzung mit dem revidierten Text, so wird man gerade in bezug auf die Tiernamen manche Veränderung feststellen. So nannte Luther etwa anstelle des Klippschliefers noch das Kaninchen oder anstelle des Wildstiers das Einhorn. Der vorliegende Band gibt Aufschluß über manchen Punkt gerade auch dieses besonderen Kapitels der Bibelübersetzung.

Die Anordnung der Tiere in diesem Band folgt den lateinischen Namen. Über das alphabetische Verzeichnis auf S. 6 lassen sich die einzelnen Tiere jedoch auch mühelos nach ihren deutschen Namen auffinden. Neben der zoologischen Artbezeichnung ist bei jedem einzelnen Tier auch der hebräische und griechische Name angegeben. Es handelt sich dabei um die Begriffe, die in der Biblia Hebraica und in der griechischen Übersetzung des Alten Testaments, der Septuaginta, verwendet werden. Sie sind nicht immer identisch mit den Tiernamen, die im heutigen Neuhebräisch (Iwrit) gebräuchlich sind.

Der Band wird abgerundet durch zwei Exkurse über die Hai-Bar Nationalparks und die Vogelzüge in Israel. In den Nationalparks kann man heute wieder viele Tiere beobachten, von denen in der Bibel berichtet wird und die im Heiligen Land schon ausgestorben waren. Zugleich ist Israel, am Schnittpunkt der Kontinente Europa, Asien und Afrika gelegen, im Frühjahr und Herbst eine der wichtigsten Transitstrecken für die zwischen ihren Sommer- und Winterquartieren hin- und herziehenden Vögel aus Nord-, Mittel- und Osteuropa, dem westlichen Asien und dem Kaukasus.

Literaturverzeichnis

(Soweit vorhanden wurden für die deutsche Ausgabe die in der Originalausgabe in Holländisch angegebenen Titel durch die entsprechenden deutsch- bzw. englischsprachigen Titel ersetzt.)

Alon, Azaria: Flora en fauna in het land van de Bijbel. Terra, Zutphen 1983

Arnhem, Roger: Der große Kosmos-Naturführer: Die Vögel Europas. Ein Bestimmungsbuch. Franckh-Kosmos, Stuttgart 1980

Bauer, S. und Thielcke, G.: Gefährdete Brutvogelarten in der Bundesrepublik Deutschland und im Land Berlin: Bestandsentwicklung, Gefährdungsursachen und Schutzmaßnahmen. In: Vogelwarte 31. Jg., Heft 3, 1982, S. 183-391

Bechte, W.: Terrariumdieren. Thieme, Zwolle o.J.

Bijbelse encyclopedie. Kok, Kampen 1975

Blaney, W.M.: Insekten. Elsevier, Amsterdam/Brüssel 1984

Born, Adrianus van den: Bibel-Lexikon. Hrsg. v. Herbert Haag. Benziger, Zürich/Einsiedeln/Köln, 3. Aufl. 1982

Brehm, Alfred: Brehms Tierleben. Allgemeine Kunde des Tierreiches,
Band 1-2: Kriechtiere. Von Franz Werner neu bearbeitete und herausgegebene Auflage. Leipzig/Wien 1912;
Band 7: Vögel – Zweiter Teil. Leipzig/Wien 1911

Brehm, Alfred: Brehms neue Tierenzyklopädie: Der farbige Brehm, Band 3: Säugetiere 3. Freiburg/Basel/Wien, 16. Aufl. 1986

Buekers, P.G.: De vogels van Nederland. Thieme, Zutphen 1907

Burton, Jane und Taylor, Kim: Nacht voller Leben. Franckh-Kosmos, Stuttgart 1986

Burton, Maurice: Zoogdieren. Elsevier, Amsterdam/Brüssel 1984

Burton, Philip und Hayman, Peter: Das goldene Kosmos-Vogelbuch. Franckh-Kosmos, Stuttgart 1988

Burton, Robert und Colman, Bruce: Vögel. (Aus der Serie: Schöne Welt in Farbe.) Unipart, Stuttgart 1980

Burton, Robert: Das Leben der Vögel – Vogelverhalten verständlich gemacht. Ein Bestimmungsbuch. Franckh-Kosmos, Stuttgart 1988

Cansdale, G.S. und Schütz-Schuffert, M.: Art. Tiere. In: Das große Bibellexikon, Band 3. R. Brockhaus, Wuppertal; Brunnen, Gießen, 2. Aufl. 1990, S. 1556-1569

Dee, S. und Schoneveld, J.: Bijbelse encyclopedie. Bosch & Keuning, Baarn 1963

Dobroruka, Ludek: Kosmos-Naturführer: Säugetiere Europas. Ein Bestimmungsbuch. Franckh-Kosmos, Stuttgart 1985

Echternacht, Arthur C.: How Reptiles and Amphibians Live. Elsevier-Phaidon, Oxford 1977

Forster, W.: Insektenboek. Thieme, Zutphen o.J.

Gordon, René und Bannister, Anthony: Nationalparks in Südafrika. Landbuch, Hannover 1985

Grzimek, Bernhard: Grzimeks Tierleben. Enzyklopädie des Tierreiches,
Band 6: Kriechtiere. Zürich 1971;
Band 9: Vögel 3. Zürich 1970;
Band 12: Säugetiere 3. Zürich 1972;
Band 13: Säugetiere 4. Zürich 1968

Grzimek, Bernhard: Over roofvogels en uilen. (Samengesteld uit Het leven van de dieren.) Het Spectrum, Utrecht/Antwerpen 1975

Heinroth, Oskar und Magdalena: Die Vögel Mitteleuropas in allen Lebens- und Entwicklungsstufen, photographisch aufgenommen und in ihrem Seelenleben bei der Aufzucht vom Ei ab beobachtet,
Band 2. Frankfurt a. M./Zürich 1976

Hoorn, D.A.C. van den und Taapken, Jaap: Trekvogels. Immerc BV, Wormerveer 1977

Impeta, C.N.: Encyclopedie van de Bijbel. Kok, Kampen 1962

Janson, Mike und Pope, Joyce: De wonderen van het dierenrijk. Elsevier, Amsterdam/Brüssel 1985

Jong, M. de: Dieren om ons heen. Deltas, Aartselaar/Harderwijk 1984

Keel, Othmar; Küchler, Max und Uehliger, Christoph: Orte und Landschaften der Bibel. Ein Handbuch und Studienreiseführer zum Heiligen Land,
Band 1: Geographisch-geschichtliche Landeskunde. Mit Beiträgen von Urs Staub. Benziger, Einsiedeln/Zürich/Köln; Vandenhoeck & Ruprecht, Göttingen 1984

Leshem, Yossi: Zugvögel. In: Merian Israel. = Merian 43. Jg., Heft 5, 1990, S. 125

Makatsch, Wolfgang: Wir bestimmen die Vögel Europas. Neumann, Leipzig, 3. Aufl. 1977

Marijnen, P.A.: The Encyclopedia of the Bible. Prentice-Hall, Englewood Cliffs, N.J. 1965

Mash, Kaye: Lagere dieren. Elsevier, Amsterdam/Brüssel 1984

Das große Readers Digest Tierbuch 1965. Stuttgart/Zürich/Wien 1965

Opdam, Paul: Roofvogels in ons landschap. Het Spectrum, Utrecht/Antwerpen 1985

Osieck, Eduard R.: Bedreigde en karakteristieke vogels in Nederland. Nederlandse Vereniging tot Bescherming van Vogels. Hooiberg, Epe 1986

Reicke, Bo und Rost, Leonhard: Biblisch-historisches Handwörterbuch. Landeskunde – Geschichte – Religion – Kultur – Literatur. Vandenhoeck & Ruprecht, Göttingen 1979

Roman, Yadin: Noahs Arche. In: Merian Israel. Op. cit., S. 124-125

Seilmeier, Gerhard und Walz, Karl-Ludwig (Bearb.): Jagdlexikon. BLV, München/Wien/Zürich, 2. Aufl. 1984

Sielmann, Heinz: Das Wild unserer Wälder und Felder. Ein Naturführer für jung und alt. Parey, Hamburg/Berlin 1981

Sitwell, Nigel: The World of Wildlife. London/New York/Hamlyn 1977

Sluiters, J.E.: Prisma Vogelboek. Het Spectrum, Utrecht/Antwerpen 1969

Sovon: Atlas van de Nederlandse vogels. Sovon, Arnhem 1987

Sparreboom, Max: De amfibieën en reptielen van Nederland, België en Luxemburg. Balkema, Rotterdam 1981

Spectrum Natuurencyclopedie. Het Spectrum, Utrecht/Amsterdam 1982

Stonehouse, Bernhard: Die Rettung der Tiere: 20 Jahre World Wildlife Fund. Seine Leistung und Erfolge in aller Welt. Scherz, München 1992

Taapken, Jaap und Lichtenbeld, Henk J.: Vogelatlas. Elsevier, Amsterdam/Brüssel 1975

Teixeira, R.M.: Atlas van de Nederlandse broedvogels. Vereniging tot Behoud van natuurmonumenten in Nederland. Stichting Ornitologisch Veldonderzoek, 's-Graveland 1979

Vogel des Jahres 1991: Das Rebhuhn. In: Allgemeine Forstzeitschrift vom 18.2.1991, S.158 u. 160

Voous, K. Hendrik: Die Vogelwelt Europas und ihre Verbreitung. Ein tiergeographischer Atlas über die Lebensweise aller in Europa brütender Vögel. Parey, Hamburg/Berlin 1967

Zahradnik, Jiri: Der Kosmos-Insektenführer. Ein Bestimmungsbuch. Franckh-Kosmos, Stuttgart 1989

Sperber

Wissenschaftlicher Name: Accipiter nisus
Familienname: Accipitridae
Verbreitungsgebiet: Europa, Mittelasien,
                             Nordwestafrika
Deutscher Name: Sperber
Biblischer Name: Sperber, Habicht, Falke
Hebräischer Name: נֵץ
Griechischer Name: ἱέραξ

Diese sollt ihr verabscheuen unter den Vögeln, daß ihr sie nicht esset, denn ein Greuel sind sie: ... den Strauß, die Nachteule, den Kuckuck, den Sperber mit seiner Art. (3.Mose/Levitikus 11,13.16)

Der Sperber wird in der Bibel mehrfach genannt, unter anderem im Zusammenhang mit der Gesetzgebung in 3.Mose/Levitikus 11,16 und in 5.Mose/Deuteronomium 14,15. Er gehört zu den unreinen Vögeln, die die Israeliten nicht essen durften. Vermutlich hat das hebräische Wort »neṣ« eine weite Bedeutung; es kann etwa auch als »Falke« übersetzt werden. Der Sperber ist ein normaler Wintergast in Israel, vor allem im Jordantal.
Auch die Beschreibung im Buch Hiob/Ijob könnte auf den Sperber hinweisen, wenn Gott Hiob fragt: »Fliegt der Habicht durch deinen Verstand und breitet seine Flügel gegen Mittag?« (39,26; Luth 1912). Luther übersetzt hier »neṣ« mit dem äußerlich ähnlichen, aber größeren Habicht; die Revision der Lutherbibel von 1964 fugt statt dessen »Falke« ein. Wenn hier tatsächlich der Sperber gemeint ist, zeigt der Text, daß es seit alters bekannt war, daß der Sperber in Israel ein Zugvogel ist. Sein Verbreitungsgebiet ist groß, die Grenze liegt genau nördlich von Israel. Es ist aber auch möglich, daß in der Bibel der Kurzfanghabicht (Accipiter brevipes) gemeint ist. Dieser Vogel lebt rund um das Schwarze Meer, also nahe bei Israel, und kann in Freiheit vom Sperber nicht unterschieden werden, der in Palästina überwintert. Selten kommt es vor, daß ein Pärchen zurückbleibt und in den nördlichen Hügeln brütet. Im Nilgebiet ist der Sperber im Winter häufig anzutreffen. Im Frühjahr kann man ihn dort allerdings nicht mehr finden.

Überraschungsangriff

Ein jagender Sperber bietet ein prächtiges Schauspiel. Unerwartet und rasend schnell stürzt er sich auf eine Spatzenschar; wie ein blaugrauer Blitz saust der Vogel in die Tiefe. Er schlägt scharfe Haken, wenn er seine Beute verfolgt. Schnell wie ein Schatten fliegt er weiter, seinen Fang meist in den Klauen. Das geht stets so rasch vonstatten, daß man es erst begriffen hat, wenn der Vogel bereits verschwunden ist. In seinem Verhalten ähnelt er stark dem Habicht (Acci-

piter gentilis). Es ist daher auch schwierig, den Sperber in freier Wildbahn richtig zu beobachten. Eigentlich ist das nur bei seinem Horst möglich. Die Tatsache, daß der Sperber vorzugsweise Spatzen jagt, hängt damit zusammen, daß diese Vögel sehr häufig vorkommen. Spatzen sind allerdings nicht so leicht zu überraschen. Sie sind überaus vorsichtig und fliegen bei der geringsten, häufig nur vermeintlichen Gefahr fort. Sie halten sich gern in der Umgebung eines dichten Strauchs oder bei Efeu auf, worin sie sich rasch und sicher verbergen können.
Der Überraschungsangriff ist die bevorzugte Jagdmethode des Sperbers. Als schneller Jäger ist er ein Pirsch- und Startfluchtgreifvogel. Dennoch bemerken ihn die anderen Vögel meist rechtzeitig. Ihre Warn-

rufe kommen jedoch häufig für einen von ihnen zu spät. Wer den Sperber beim Beutemachen beobachten will, muß auf die plötzlichen Warnrufe aufgeschreckter Singvögel achten, oftmals stellt sich heraus, daß dieser Greifvogel die Ursache ist. Im Nahen Osten wird der Sperber für die Wachteljagd verwendet, daher ist er seit jeher bei der Bevölkerung beliebt. Ein altes persisches Sprichwort sagt: »Der Körper des Sperbers ist klein, doch sein Herz ist groß.«

Lebensraum

Wenn ein Sperber einen Vogel schlägt, läßt er sich häufig in der Nähe nieder, um seine Beute zu verzehren. Dabei breitet er seine Flügel aus, so als solle niemand sehen, was er da tut. In einer alten Aufzeichnung von mir lese ich: »3. April 1941. Vom Weg her kommt tief zwischen den Bäumen des Mülldeponie-

die Flügel wie ein Zelt um die Beute gefaltet, den Spatz rupft.«

Der Lebensraum des Sperbers ist eine Landschaft, in der sich Wälder, Wallhecken, Parklandschaften und offene Flächen abwechseln. Bei uns leben die Sperber vor allem in der Kulturlandschaft. Dort können die Vögel ihre Methode der Überrumpelungsjagd anwenden. Sie brüten bei uns fast nur in jungen Nadelwäldern. Naturnaher Tannenwald wird von ihnen offensichtlich besonders bevorzugt.

walls ein Sperber heran. Er verschwindet hinter dem Wall. Wenig später nähert er sich rasend schnell flach über dem Boden dem Haus. Er fliegt in einem Bogen über die Wallkuppe, wendet sich nach rechts und hält einen laut zeternden Spatz in seinen Klauen. Er läßt sich damit auf der Grasfläche nieder, wo er, sich mit dem Schwanz schräg auf dem Boden abstützend und

ACCIPITER NISUS

11

Addax- oder Mendesantilope

Wissenschaftlicher Name: Addax nasomaculatus
Familienname: Reduncinae
Verbreitungsgebiet: fast nur noch in Reservaten
Deutscher Name: Addaxantilope, Mendes-
antilope
Biblischer Name: Antilope
Hebräischer Name: דישׁוֹן/יַחְמוּר/תְּאוֹ
Griechischer Name: πύγαργος

---

*Dies sind die Tiere, die ihr essen dürft: Rind, Schaf, Ziege,
Hirsch, Reh, Damhirsch, Steinbock, Gemse, Auerochs und
Antilope. Jedes Tier, das gespaltene Klauen hat, ganz
durchgespalten, und das wiederkäut, dürft ihr essen.
(5.Mose/Deuteronomium 14,4-6)*

In Israel lebten früher verschiedene Antilopenarten. In
Grzimeks Tierleben heißt es über sie: »Gleich der
Säbelantilope und der Nordafrikanischen Kuhantilope
wurde die MENDESANTILOPE im alten Ägypten
in großer Zahl halbzahm gehalten. Auf Abbildungen
aus dieser Zeit sieht man Mendesantilopen wie Ziegen
in Ställen stehen. Sie wurden aus Krippen gefüttert,
am Zaum geführt, und – wahrscheinlich vorwiegend
zu Opferzwecken – geschlachtet. Das Stallpersonal im
›Alten Reich‹ hatte sogar ein besonderes Verfahren
entwickelt, sich vor den spitzen Hörnern der Pfleg-
linge zu schützen: Man bog sie bei den Jungtieren
während des Wachstums allmählich um, vermutlich
mit besonderen Klammern. Seit 1900 ist die Mendesantilope aus Ägypten endgültig verschwunden; schon
vorher wurde sie im Norden von Algerien, Tunis und
Libyen, außerdem in Senegambien ausgerottet.«
Von den noch nicht ausgerotteten Arten ziehen heute
noch kleine Herden durch die Wüsten, immer auf der
Suche nach Nahrung. In biblischer Zeit und noch
Jahrhunderte danach bestanden diese Herden aus
Hunderten oder sogar Tausenden von Tieren. Die
moderne Jagd auf die in der Wüste lebenden Tiere ist
grausam. Sie geschieht vom Auto oder sogar vom
Flugzeug aus. Auf der kahlen Ebene haben die Tiere
keinerlei Deckung und auch nicht die geringste
Chance zu entkommen.

Gut angepaßt

Die Addax- oder Mendesantilope hat einen kurzen
Hals, einen langen Rumpf, einen geraden Rücken und
leicht erhöhten Widerrist. Alte Männchen tragen eine
recht große Haarlocke auf der Stirn. Diese Antilope
wird auch als Schrauben-, Leier- oder Weißschwanz-
antilope bezeichnet. Die Böcke tragen prächtige,
schraubenförmig gebogene Hörner. Vor noch nicht
allzu langer Zeit lebten noch einige dieser Tiere in
freier Wildbahn südlich des Toten Meeres, im Araba-
Tal. Aber auch das ist vorüber.

Addaxantilopen sind als echte Wüstenbewohner
besonders gut an die extremen Lebensumstände
angepaßt. Die Tiere können wochen-, manchmal
sogar monatelang ohne Wasser auskommen. Sie sind
in der Lage, ihrer Nahrung genügend Feuchtigkeit zu
entziehen.
Antilopen haben – darin gleichen sie den Kamelen –
ein wabenartiges Feuchtigkeitsreservoir auf der
Magenwand. Sie können bereits aus sehr großer
Entfernung Stellen ausmachen, wo Regen gefallen ist
und sich vorübergehend Tränken gebildet haben.
Wenn sie genügend Wasser aufgenommen haben,
können sie erneut lange Zeit ohne Wasser auskommen.
Diese besondere Fähigkeit und ihre Lebensweise
machen es möglich, daß sie in unwirtlichen Wüsten-
gegenden überleben können. Die Addaxantilope ist
nachtaktiv. Tagsüber ruht sie in einer flachen Kuhle,
die sie mit den Vorderbeinen ausscharrt, am liebsten
halb unter einem überhängenden Felsen. Dort legt sie
sich nieder, um vor dem scharfen Wind und den
heißen Sonnenstrahlen geschützt zu sein.

Gefährdete Tiere

Das Fleisch der Antilope durfte von den Israeliten
gegessen werden. Um sie zu fangen, trieb man sie in
eine Grube.

JUDÄISCHE WÜSTE BEI EN-GEDI

Antilopen sind eine besondere Gruppe der hohlhorni-
gen Wiederkäuer. Sie haben große Ähnlichkeit mit
den Hirschen. Ihr eigentliches Verbreitungsgebiet ist
Afrika, allerdings leben einige Arten auch außerhalb
dieses Kontinents. In Palästina gibt es heute noch
einige Arten, die die jahrhundertelange Verfolgung
und Bejagung überstanden haben. Heute sind sie
durch die Jagdgesetzgebung geschützt.
Vor einem Jahrhundert lebten entlang der Sahara,

vom Senegal bis zum Nil noch zahlreiche Säbel-
antilopen (Oryx gazella dammah), schöne, helle
Tiere. Die Oryx fällt durch die langen, säbelförmig
gebogenen Hörner auf. Eine andere Unterart ist bis
heute auf der Arabischen Halbinsel beheimatet: die
Arabische Oryx (Oryx gazella leucoryx). Sie ist
kleiner als die Säbelantilope. Früher war diese Art bis
in den westlichen Sinai hinein und östlich bis Mesopotamien verbreitet.

Afrika ist die Wiege der Antilopen. Heute sind
vielerorts Guerillakriege, Armut und Hunger eine
große Gefahr für diese und andere selten werdende
Tiere. Selbst in den Reservaten ist Wilderei nicht
vollständig zu unterbinden. Solange es in dieser
Region gesellschaftliche Probleme gibt, kann auch die
Frage des Tierschutzes nicht zufriedenstellend gelöst
werden.

ADDAX NASOMACULATUS

Honigbiene

Wissenschaftlicher Name: Apis mellifica syriaca
Familienname: Apoidae
Verbreitungsgebiet: als domestiziertes Tier auf der ganzen Welt verbreitet
Deutscher Name: Honigbiene
Biblischer Name: Biene
Hebräischer Name: דְּבוֹרָה
Griechischer Name: μέλισσα

Du sollst niemand rühmen um seiner Schönheit willen noch jemand verachten, weil er häßlich aussieht. Denn die Biene ist klein unter allem, was Flügel hat, und bringt doch die allersüßeste Frucht. (Sirach 11,2-3)

Zur Zeit Simsons (siehe den unten abgedruckten Bibeltext) gab es nur Wildbienen. Die Wildbiene hat einen hellgelben Hinterleib und fällt daher wesentlich stärker auf als die Bienen, die hierzulande gehalten werden. Sie kann schmerzhaft stechen und hat eine ausgeprägte Neigung zum Schwärmen. Die Wildbiene legt ihr Nest in hohlen Bäumen und Felsspalten an, zuweilen aber auch an den merkwürdigsten Stellen, wie Simson erleben konnte.

Die Bienenzucht ist alt. In Ägypten war sie bereits um etwa 2400 vor Christus bekannt. Die Ägypter verwendeten Bienenwachs zum Einbalsamieren ihrer Toten sowie zur Herstellung von Schreibtafeln. Man hat auf alten Papyrusrollen Aufzeichnungen über Bienen gefunden. In Griechenland gab es 600 Jahre vor Christus bereits eine blühende Bienenzucht.

Ein Beruf mit Tradition

Auch in Israel ist die Zucht von Bienen ein altes Gewerbe. In den arabischen Dörfern werden noch heute genauso wie vor Jahrhunderten Tontöpfe als Bienenkörbe benutzt. Die moderne Bienenzucht ist im Land der Bibel erst rund ein Jahrhundert alt. 1880 begannen die Brüder Baldensperger damit. Heute bedient man sich dabei der neuesten technischen Hilfsmittel.

Schon im römischen Germanien wurden Bienen genutzt. Im Mittelalter waren es dann vor allem Mönche, die Bienenzucht betrieben; denn man war hauptsächlich am Bienenwachs interessiert, aus dem die Wachskerzen für den Gottesdienst gefertigt wurden.

Bienen produzieren Honig und Wachs. Das ist allerdings nicht ihre wichtigste Aufgabe. Ihre Bedeutung als Bestäuber von Obst- und anderen Blüten kann nicht in Geldwert ausgedrückt werden. Schätzungen zufolge geht der Wert in die Hunderte von Millionen. Für diese Aufgabe sind die Bienen besonders gut ausgestattet und unverzichtbar. Bis heute ist es für Obstbauern sehr wichtig, in der Blütezeit Bienenvölker in ihre Obstgärten zu holen.

Man darf Honig nicht mit Nektar verwechseln. Pflanzen produzieren in der Blüte zuckerhaltige Pflanzensäfte, wozu auch der Nektar gehört. Die Biene sammelt den Nektar in ihrer Honigblase, wo ein erster Umwandlungsprozeß erfolgt. In den Waben, wo der Nektar eingelagert wird, wird dann durch Fermentation und Wasserentzug der Honig produziert.

Aufgabenteilung

In einem Bienenvolk leben drei Kasten von Bienen: Arbeiterinnen, Drohnen und eine Königin. In einem gesunden, starken Bienenvolk gibt es einige Zehntausend Arbeiterinnen, saisonal einige Hundert Drohnen und eine einzige Königin. Alle haben ihre eigene Aufgabe und sind völlig aufeinander angewiesen. Die Arbeiterinnen tun alles, was für das Bienenvolk notwendig ist. Nur die Fortpflanzung ist nicht ihr Bereich. Dazu sind sie nicht in der Lage, da sie nur rudimentäre Eierstöcke haben. Junge erwachsene Arbeiterinnen säubern die Zellen, in die die Königin ihre Eier legt. Dies ist die einzige Funktion der Königin. Anschließend versorgen die Arbeiterinnen die Larven. Darüber hinaus errichten sie neue Waben und lagern den Honig ein. Wenn die Arbeiterinnen einige Wochen alt sind, fliegen sie aus, um Nektar, Blütenstaub und Wasser zu sammeln.

Die Drohnen sind männliche Tiere. Sie sind größer als die Arbeiterinnen und haben lediglich die Aufgabe, die jungen Königinnen zu befruchten, die im Sommer mit einem Teil des Volkes ausschwärmen. Drohnen sammeln keine Nahrung; sie werden von den Arbeiterinnen versorgt. Wenn keine jungen Königinnen mehr da sind, werden die Drohnen von den Arbeiterinnen als unnütze Kostgänger vernachlässigt. Sie erhalten keine Nahrung mehr, sterben oder werden sogar totgebissen.

Simsons Rätsel

Simson ging hinab nach Timna und sah ein Mädchen in Timna unter den Töchtern der Philister. Und als er heraufkam, sagte er's seinem Vater und seiner Mutter und sprach: »Ich hab ein Mädchen gesehen in Timna unter den Töchtern der Philister; nehmt mir nun diese zur Frau.« So ging Simson hinab mit seinem Vater und seiner Mutter nach Timna. Und als sie kamen an die Weinberge von Timna, siehe, da kam ein junger Löwe brüllend ihm entgegen. Und der Geist des Herrn geriet über ihn, und er zerriß ihn, wie man ein Böcklein zerreißt, und hatte doch gar nichts in seiner Hand. Er sagte aber seinem Vater und seiner Mutter nicht, was er getan hatte.

Als er nun hinkam, redete er mit dem Mädchen, und Simson hatte Gefallen an ihr. Und nach einigen Tagen kam er wieder, um sie zu holen, und bog vom Wege ab, um nach dem Aas des Löwen zu sehen. Siehe, da war ein Bienenschwarm in dem Leibe des Löwen und Honig. Und er nahm davon in seine Hand und aß unterwegs und ging zu seinem Vater und zu seiner Mutter und gab ihnen, daß sie auch aßen. Er sagte ihnen aber nicht, daß er den Honig aus dem Leibe des Löwen genommen hatte.

Und als sein Vater hinkam zu dem Mädchen, machte Simson dort ein Hochzeitsgelage, wie es die jungen Leute zu tun pflegen. Und als sie ihn sahen, gaben sie ihm dreißig Gesellen, die bei ihm sein sollten. Simson aber sprach zu ihnen: »Ich will euch ein Rätsel aufgeben. Wenn ihr mir das erratet und trefft in diesen sieben Tagen des Gelages, so will ich euch dreißig Gewänder geben und dreißig Feierkleider. Könnt ihr's aber nicht erraten, so sollt ihr mir dreißig Gewänder und dreißig Feierkleider geben.« Und sie sprachen zu ihm: »Gib dein Rätsel auf, laß uns hören!«

Er sprach zu ihnen: »Speise ging aus vom Fresser und Süßigkeit vom Starken.« Und sie konnten in drei Tagen das Rätsel nicht erraten. (Richter 14,1-2.5-14)

APIS MELLIFICA

15

Steinadler

Wissenschaftlicher Name:	Aquila chrysaetos
Familienname:	Accipitridae
Verbreitungsgebiet:	Europa, Asien, Afrika (nur Atlasgebirge), Nordamerika
Deutscher Name:	Steinadler
Biblischer Name:	Adler
Hebräischer Name:	נֶשֶׁר
Griechischer Name:	ἀετός

Stoße laut in die Posaune! Es kommt über das Haus des Herrn wie ein Adler, weil sie meinen Bund übertreten und sich gegen meine Gebote auflehnen. (Hosea 8,1)

Das hebräische Wort »nešer« wurde früher meist mit »Adler« übersetzt. In vielen Fällen ist aber wohl ein Geier gemeint. Das läßt sich oft schon aus dem Zusammenhang ableiten. So heißt es in der »alten« Lutherübersetzung von Micha 1,16: »Laß die Haare abscheren und gehe kahl um deiner zarten Kinder willen; mache dich ganz kahl wie ein Adler, denn sie sind von dir gefangen weggeführt« (Luth 1912). Der Adler hat jedoch keinen kahlen Kopf, wohl aber der Geier; bei der Revision der Lutherbibel von 1964 hat man deshalb an dieser Stelle das Wort »Geier« eingefügt. Ein weiteres Beispiel findet sich in Habakuk 1,8: »Ihre Rosse sind schneller denn die Parder und behender denn die Wölfe des Abends. Ihre Reiter ziehen in großen Haufen von ferne daher, als flögen sie, wie die Adler eilen zum Aas« (Luth 1912). Der Adler frißt kein Aas, wohl aber der Geier. In der Einheitsübersetzung und der Bibel in heutigem Deutsch wird daher der Geier an Stelle des Adlers genannt. Die Revision der Lutherbibel änderte an dieser Stelle nur »Aas« in »Fraß«.

Der Adler war in Israel wohlbekannt. Es gibt dort sieben Arten, von denen die meisten nur vorübergehend im Land bleiben; der berühmte Steinadler ist im Winter im ganzen Land zu finden. Er ist einer der schönsten Greifvögel. Schon im Altertum war der Steinadler Symbol für den Adel und damit der Wappenvogel schlechthin.

Geschickte Jäger

Der Steinadler ist mit seinen beeindruckenden Krallen der kräftigste Greifvogel der Alten und der Neuen Welt. Niedrig über dem Boden fliegend, sucht er nach Beute und verfolgt ein von ihm aufgescheuchtes Beutetier so lange, bis er es mit einem überraschenden Sturzflug schlägt. Das kann sowohl in der Luft als auch auf dem Boden geschehen.

Der Steinadler beherrscht die Flugtechnik perfekt. Er kann sich sogar im Flug auf den Rücken werfen und seine Beute von unten packen. Er jagt große Tiere wie Murmeltiere, Schneehasen und Rauhfußhühner, aber auch Füchse und Marder. Kranke und schwache Gemsen können seine Beute werden, wodurch er als nützliches Regulativ zur Gesundung des Wildbestands beiträgt. Sein Jagdrevier hat eine riesige Ausdehnung. Oft muß er die schwere Beute über eine Entfernung von 20 km oder mehr zu seinem Horst tragen. Steinadler jagen häufig gemeinsam. Das eine Tier verfolgt die Beute, bis sie ermüdet, und das zweite schlägt dann das wehrlos gewordene Tier. Wenn ein Steinadler seine Krallen in ein großes Beutetier geschlagen hat, läßt er sich oft Hunderte von Metern mitschleppen. Er tötet die Beute mit seinen langen, nadelspitzen Krallen. Diese Krallen mit einer Länge von 20 bis 30 mm sind scharf wie Dolche. Greifvögel haben keine feste Mauserzeit, in der sie rasch ihre Federn verlieren und ihnen neue nachwachsen. Da sie in dieser Zeit keine Beute schlagen könnten, verläuft die Mauser bei ihnen ganz allmählich. Beim Steinadler dauert es zwei Jahre, bis alle Federn durch neue ersetzt sind. Dann beginnt sogleich ein neuer Mauserzyklus. Seine Flugleistung wird dadurch jedoch nicht beeinträchtigt.

Liebevolle Brutpflege

In waldreichen Regionen siedelt der Steinadler in den Tälern. In Bergregionen sucht er für seinen Nistplatz abgelegene Stellen in steilen Felswänden, wo die jungen Adler so gut wie unerreichbar sind. Der Steinadler legt meist zwei Eier und brütet nur einmal pro Saison. Nur 30% der geschlüpften Jungtiere werden groß. Die Fortpflanzung des Steinadlers ist also stets eine heikle Angelegenheit.

Adler sind eindrucksvolle Tiere. Kein Wunder, daß sie Eingang in die Bildersprache der Bibel gefunden

AQUILA CHRYSAETOS

haben. Sehr schön ist die metaphernreiche Sprache, die Gottes Beziehung zu seinem Volk schildert: »Wie ein Adler ausführt seine Jungen und über ihnen schwebt, so breitete er seine Fittiche aus und nahm ihn und trug ihn auf seinen Flügeln« (5. Mose/Deuteronomium 32,11).

Der Steinadler ist ortstreu. Wenn er in seinem Territorium einmal einen geeigneten Nistplatz gefunden hat, wird dieser über viele Generationen hinweg benutzt. Solch ein Horst kann aus ganzen Wagenladungen von Zweigen bestehen, zusammengehalten und aufgefüllt mit Beuteresten, Hautfetzen und Knochen. Der Vogel baut sein Nest meist in einer Nische oder auf einem Felsvorsprung, häufig unter einem überhängenden Felsen, der die Jungen gegen Regen und starke Sonneneinstrahlung schützt.

Weitere biblische Texte über den Adler

Die auf den Herrn harren, kriegen neue Kraft, daß sie auffahren mit Flügeln wie Adler, daß sie laufen und nicht matt werden, daß sie wandeln und nicht müde werden. (Jesaja 40,31)

Gott sprach zu Hiob: »Fliegt der Adler auf deinen Befehl so hoch und baut sein Nest in der Höhe? Auf Felsen wohnt er und nächtigt auf Zacken der Felsen und steilen Klippen. Von dort schaut er aus nach Beute, und seine Augen sehen sie von ferne.« (Hiob/Ijob 39,27-29)

Graureiher

Wissenschaftlicher Name: Ardea cinerea
Familienname: Ardeidae
Verbreitungsgebiet: Europa, Asien, Afrika
Deutscher Name: Graureiher, Fischreiher
Biblischer Name: Reiher
Hebräischer Name: אֲנָפָה
Griechischer Name: χαραδριός

Alle reinen Vögel dürft ihr essen. Dies sind die Vögel, die ihr nicht essen dürft: ... Storch und die verschiedenen Reiherarten.
(5.Mose/Deuteronomium 14,11-12.18; Einh)

Die Reiherfamilie ist in Israel mit zahlreichen Arten vertreten. Der Graureiher ist dort ein Wintergast. In der Alten Welt findet man ihn in fast allen Ländern. An den Seen Israels leben die Graureiher häufig in Gruppen von 15 bis 20 Tieren. Man kann sie geduldig am Ufer stehen sehen, wenn sie darauf warten, daß ein Beutetier in ihre Nähe kommt. Das ist die Jagd-taktik dieser großen Vögel. Sie waten gern durch flaches Wasser und stehen mit eingezogenem Hals, auf Beute lauernd, an den Ufern. Auch der Purpurrei-her (Ardea purpurea), der sich nur durch seine Farbe vom Graureiher unterscheidet, ist in Israel am Jordan als Brutvogel zu finden.

Reiher auf der Jagd

Wenn ein Reiher auf der Jagd ist, stelzt er durch flaches Wasser, er bewegt sich sehr bedächtig, ja er schreitet förmlich, und zwar so vorsichtig und so langsam wie nur möglich. Er hält seinen Hals S-för-mig gebogen, und sein langer Schnabel ist wie ein Dolch nach vorn gerichtet. Sein Rücken, sein Schwanz und sein Hals haben die gleiche Farbe wie ein Schieferdach, auf das die Sonne scheint – grau mit einem starken Blauschimmer.

Wenn er einen Fisch entdeckt, steht der Reiher plötzlich still. Er hält seinen Hals immer noch S-för-mig nach vorn gerichtet. Bewegungslos blickt er auf etwas im Wasser. Jetzt wird der Hals gerade aufge-richtet. Der Kopf befindet sich etwa 40 cm über den Schultern. Sein Hals und sein schmaler Kopf gehen nahtlos ineinander über, und der spitz zulaufende Schnabel schließt sich ebenso nahtlos an den Kopf an. Langsam senkt sich der Kopf wieder, doch der Nacken bleibt jetzt gestreckt, und der scharfe Schna-bel zeigt auf das Wasser. Der Vogel macht keine erkennbare Bewegung mehr. So steht der Reiher und wartet einen Augenblick. Dann bewegt sich der Kopf noch ein wenig weiter nach vorn und senkt sich. Plötzlich macht der Vogel eine pfeilschnelle Bewe-gung, so daß das Wasser nach allen Seiten fortspritzt. Mit einem Ruck richtet er den Kopf auf. Ein Fisch glitzert in seinem Schnabel. Geschickt wirft er die

Beute ein Stückchen hoch, um sie mit dem Kopf voran wieder aufzufangen. Dann verschwindet der Fisch rasch im großen Schlund des Reihers. Der Vogel vollführt noch einige heftige Schluckbewegun-gen, wobei er den Schnabel weit geöffnet hält. Dann steht er wieder bewegungslos da und wartet auf neue Beute. Wenn man einen Reiher beim Fischen beob-achten will, muß man ebenso viel Geduld und Zeit aufbringen wie der Vogel selbst.

Jagdvogel

Der Graureiher war in früheren Jahrhunderten in Europa eine beliebte Jagdbeute. Er wurde von Rittern mit Falken gejagt. Aber gerade dadurch waren die

Reiher geschützt; denn damals gab es strenge Jagdgesetze. Als die Falkenjagd zurückging und später überhaupt nicht mehr ausgeübt wurde, brachen für die Reiher, die schließlich eine Menge Fisch fangen, schlechte Zeiten an. In jener Zeit war der Fischfang auf den Binnengewässern weit verbreitet, und zwar nicht als Sport, sondern zum Lebensunterhalt für Berufsfischer. Die Reiher waren gefürchtete Konkurrenten der Fischer, vor allem aufgrund ihrer großen Zahl. Man versuchte, diese Vögel zu töten, ja man dachte sogar ernsthaft daran, sie auszurotten. Inzwischen stehen diese eindrucksvollen Großvögel in Deutschland ganzjährig unter Schutz, und seit die Bejagung eingestellt wurde, nehmen die Bestände auch wieder zu. Allerdings mehren sich die Forderungen, für Fischzuchtanlagen einen befristeten Abschuß freizugeben, da Graureiher, wenn sie in großer Zahl auftreten, hier zweifellos beträchtlichen Schaden anrichten können. Zunächst versucht man jedoch, durch extra angelegte Nahrungsteiche auf Flächen der Landesforstverwaltungen und durch mechanische oder akustische Anlagen bei den Fischzuchtteichen die Reiher abzuschrecken.

Es gab eine Zeit – sie liegt einige hundert Jahre zurück –, als man gern Reiherbrust und -keule aß. In alten Kochbüchern findet man noch die entsprechenden Rezepte. Allerdings war das Gericht den höheren Schichten vorbehalten. Um die Jahrhundertwende wurden den Reiherartigen ihre schönen Federn zum Verhängnis. Statistiken zufolge wurden zwischen 1899 und 1912 allein aus Argentinien, Brasilien und Venezuela 15000 kg Reiherfedern exportiert. Dazu tötete man etwa 8 Millionen Reiher, hauptsächlich Silberreiher, die sehr schöne Schmuckfedern tragen.

ARDEA CINEREA

Waldohreule

Wissenschaftlicher Name: Asio otus
Familienname: Strigidae
Verbreitungsgebiet: Europa, Asien, Nord-
afrika, Nordamerika
Deutscher Name: Waldohreule
Biblischer Name: Nachteule
Hebräischer Name: תַּחְמָס
Griechischer Name: γλαύξ

Alle reinen Vögel esset. Diese aber sind es, die ihr nicht essen sollt: der Adler, der Habicht, der Fischaar, ... der Strauß, die Nachteule, der Kuckuck, der Sperber mit seinen Arten. (5.Mose/Deuteronomium 14,11-12.15)

Mit dem in der Bibel verwendeten Namen »Nachteule« ist die Waldohreule gemeint. In Israel ist dieser Eulenvogel in den Wäldern Galiläas zu finden. Tagsüber sieht man dort Waldohreulen gruppenweise zusammen auf einem Ast sitzen und schlafen. An anderen Stellen verrät das sogenannte Gewölle, die unverdaulichen, in Klumpen ausgewürgten Nahrungsreste, daß die Vögel irgendwo in den Bäumen

ihren Ruheplatz haben. In der Bibel wird die Eule nur in der Liste der unreinen Tiere genannt.

Stereoskopisches Sehvermögen

Die meisten Eulen machen sich in der Dämmerung und nachts auf die Jagd. Sie fangen hauptsächlich Mäuse, doch sie verschmähen auch Insekten und Würmer nicht. Hartnäckig hält sich der Glaube, Eulen könnten tagsüber schlecht sehen. Das stimmt jedoch nicht. Eulen haben ein scharfes Auge, und auch tagsüber können sie gut sehen. Bei vollkommener Dunkelheit sehen sie ebensowenig wie der Mensch. Sie verfügen allerdings aufgrund des besonderen Aufbaus ihrer Augen über die Fähigkeit, sich auch bei sehr wenig Licht noch ausgezeichnet orientieren zu können. Die Anzahl der lichtempfindlichen Zellen auf der Netzhaut ihrer Augen ist sehr groß. Die großen Augen sind unbeweglich; um in eine andere Richtung blicken zu können, müssen Eulen den Kopf drehen. Eulen haben ein sehr kleines Blickfeld, denn ihre Augen befinden sich auf der Vorderseite ihres Kopfes. Die Blickfelder beider Augen fallen beinahe zusammen, dadurch haben Eulen ein stereoskopisches Sehvermögen und können Entfernungen sehr genau abschätzen.

Orientierung durch das Gehör

Bei der nächtlichen Jagd gibt es für die Waldohreule genügend Licht, um sich orientieren zu können. Dennoch verläßt sie sich meist auf ihr Gehör. Damit kann sie sehr präzise feststellen, woher ein Geräusch kommt. Die Waldohreule hat große, asymmetrische Ohröffnungen, die sich wie Schlitze hinter dem Gesichtsschleier verbergen. Die Ränder der Ohröffnungen bilden eine Art Klappe, mit der sich die Öffnung zum Schutz vollständig verschließen läßt. Die Federbüschel auf dem Kopf, die man häufig als »Ohren« bezeichnet, haben nichts mit dem Gehör zu tun. Sie sind lediglich Zierde. Die Eule kann ihren Kopf um fast 180 Grad drehen. Durch ihr scharfes Gehör und die vielfältigen Möglichkeiten, ihren Kopf zu drehen, kann sie sich sehr genau orientieren und den Ort ihrer Beute ausmachen.
Waldohreulen geben merkwürdige schrille Töne von sich. Das Männchen stößt mit recht regelmäßigen Unterbrechungen dumpfe Buh-Rufe aus. Diese sind in stillen Nächten bis zu einem Kilometer weit zu hören. In der Balzzeit antwortet das Weibchen mit einem Brummlaut, der in einem hohen Ton endet. Die Vögel vollführen über der Stelle, an der sie brüten wollen, schöne Balzflüge. Das Männchen schlägt dann laut mit den Flügeln – ähnlich wie die Tauben. In Europa beginnt die Brutzeit der Waldohreule bereits im späten Winter, meist im Februar. Sie baut kein eigenes Nest, sondern brütet in alten Krähen- oder Elsterhorsten.

Asio otus

Asio otus

Steinkauz

Wissenschaftlicher Name: Athene noctua
Familienname: Strigidae
Verbreitungsgebiet: Europa, Palästina, Nord-
afrika, Asien (gemäßigte
Regionen)
Deutscher Name: Steinkauz
Biblischer Name: Käuzchen
Hebräischer Name: כוס
Griechischer Name: νυκτικόραξ

Ich bin wie die Eule in der Einöde,
wie das Käuzchen in den Trümmern.
(Psalm 102,7)

Der hebräische Name »kos« steht etymologisch mit der Form des großen Eulenkopfes in Zusammenhang, der einem Becher ähnelt. Diese Beschreibung paßt zu zwei Vögeln, und zwar zum Waldkauz und zum Steinkauz. Der Waldkauz ist jedoch ein seltener Bewohner der wenigen verbliebenen Waldreste südlich von Hebron und wird in Palästina niemals zahlreich vorgekommen sein, während der Steinkauz einer der häufigsten Vögel ist. Mit dem Käuzchen ist also sicher der Steinkauz gemeint.

Ein Standvogel

Der Steinkauz, der in Israel lebt (Athene noctua lilith), ist eine Unterart des Europäischen Steinkauzes. Steinkäuze haben eine auffällige Eigenschaft: Wenn sie sich aufregen oder gestört fühlen, richten sie sich auf, um dann plötzlich zusammenzusinken. Das tun sie eine Weile, und dieses Verhalten wirkt recht lustig, obwohl es eine Äußerung nervösen Erschreckens ist.

Der Steinkauz ist vor allem in der Dämmerung aktiv. Weil er sich gern sonnt, kann man ihn auch tagsüber finden. Er verfügt über vielfältige stimmliche Äußerungsmöglichkeiten. Spät im Winter und im Frühjahr kann man an stillen Abenden die Balzrufe der Männchen hören – ein Laut, der dem Menschen unheimlich erscheint.

Der Steinkauz ist ein Standvogel, der offene Landschaften mit Baumgruppen und einzelnen Bäumen bevorzugt; er lebt aber auch in felsigen Regionen. Oft findet man ihn in der Nähe von Menschen auf dem Lande. In hohlen Weiden, alten Obstgärten, in Rieddächern und Holzstapeln gibt es für ihn gute Brutmöglichkeiten. Er nimmt aber auch gern Brutkästen an. Die Niederlande sind die natürliche nördliche Grenze seines Lebensraums. Er wurde auch nach England eingeführt, wo er inzwischen heimisch ist. Noch weiter im Norden findet man ihn nur selten, und nördlich von Dänemark kommt er überhaupt nicht mehr vor, abgesehen vom Norden Rußlands. Weil viele Weiden verschwunden sind und alte Hochstamm-Obstgärten mit dicken und knorrigen Stämmen ebenfalls weitgehend gefällt wurden, stehen dem Steinkauz heute bedeutend weniger Brutplätze zur Verfügung als noch vor einem halben Jahrhundert. Daher und weil durch den Einsatz von Insektiziden seine Nahrungsgrundlage eingeschränkt wurde, ist die Zahl der Tiere stark zurückgegangen.

Früher weit verbreitet

Der Steinkauz jagt von einem Aussichtspunkt aus, an dem er auf Beute lauert. Im Winter und im Frühjahr, wenn es Jungvögel gibt, jagt er auch tagsüber. In den Sommermonaten besteht seine Nahrung hauptsächlich aus großen Insekten, etwa Käfern und Heuschrecken, doch er verschmäht auch Raupen und Regenwürmer nicht. Ich erinnere mich daran, wie ich einmal einen kleinen Steinkauz auf dem First eines Bauernhauses sitzen sah. Ein dicker Regenwurm hing wie ein Hering aus seinem Schnabel und baumelte vor seiner Brust. Die Beute war ebenso lang wie der Vogel groß. Der Steinkauz jagt auch gern Mäuse, vor allem im Winter, und gelegentlich fängt er auch einmal einen kleinen Vogel.

Wenn der Steinkauz Mäuse jagt, rennt er häufig hinter ihnen her, doch er beherrscht auch die Technik, rüttelnd über seiner Beute in der Luft zu stehen, um im richtigen Moment zuzustoßen.

Bis heute fürchten sich abergläubische Menschen vor dieser hübschen Eule. Der Steinkauz wird als Überbringer schlechter Nachrichten angesehen. Sein recht lauter Ruf klingt etwa wie »Uhwit...uhwit« und wird als Todesankündigung verstanden: »Komm mit – komm mit«. Die abergläubische Angst vor dem Steinkauz als dem Verkünder von Elend und Jammer wird durch seine Lebensweise noch bestärkt. Er brütet gern in großen, alleinstehenden Häusern, in alten Bauerhöfen und in Scheunen. Dort läßt er dann bei einbrechender Dunkelheit seinen Klageruf hören. Bei den Griechen war die Eule das Symbol der Weisheit. Der Steinkauz erhielt die lateinische Bezeichnung Athene noctua, weil er in der griechischen Mythologie der Begleiter von Pallas Athene, der Göttin der Weisheit, war. Der Steinkauz war in jener Zeit auf alten Athener Münzen abgebildet. Antike Münzen aus Athen tragen sein Bild, und noch heute ist er auf den griechischen Drachmen zu finden. Das Sprichwort »Eulen nach Athen tragen« bedeutet dementsprechend: etwas Überflüssiges tun.

ATHENE NOCTUA ▶

Auerochse

Wissenschaftlicher Name: Bos primigenius
Familienname: Bovidae
Verbreitungsgebiet: ausgestorben (ursprüng-
liche Heimat: Europa,
Asien, Nordafrika)
Deutscher Name: Ur, Auerochse
Biblischer Name: Wildstier
Hebräischer Name: רְאֵם
Griechischer Name: μονόκερως

Meinst du vielleicht, der Wildstier wird dir dienen?
Verbringt er wohl die Nacht in deinem Stall?
Und läßt er sich von dir am Leitseil führen,
damit er Furchen pflügt auf deinem Feld?
Kannst du ihm deine Ernte anvertrauen,
damit er sie dir auf die Tenne bringt?
Er wird auf Nimmerwiedersehn verschwinden,
auf und davon ist er mit seiner Last.
(Hiob/Ijob 39,9-12; GuNa)

In Mesopotamien, Syrien, Palästina und Ägypten hat man Reste des alten Auerochsen gefunden. Dieses Rind, das auch als Ur bezeichnet wird, gilt als Stammvater des Hausrindes. In biblischer Zeit lebte der Auerochse noch in Israel, was auch in mehreren Bibeltexten seinen Niederschlag gefunden hat, etwa wenn es heißt: »Gott, der ihn (Jakob, er steht hier für das Volk Israel) aus Ägypten geführt hat, ist für ihn wie das Horn des Wildstiers. Er wird die Völker, seine Verfolger, auffressen und ihre Gebeine zermalmen und mit seinen Pfeilen zerschmettern« (4.Mose/Numeri 24,8; siehe auch 23,22).
Die »alte« Lutherübersetzung nennt statt des Wildstiers das »Einhorn«. Das entspricht dem von der griechischen Übersetzung des Alten Testaments hier eingefügten Wort. Die lateinische Bibelübersetzung setzt dafür an einigen Stellen »Rhinozeros« ein. Inzwischen steht allerdings fest, daß das hebräische Wort »rᵉ'em« den Wildstier meint.
Der Auerochse war ein großes, aber dennoch recht leicht gebautes Rind. Die Stiere waren schwarzbraun, die Kühe und Kälber rotbraun. Die Behaarung war kurz, aber im Winter mehr oder weniger borstig. Die Hörner waren lang und zunächst seitwärts und dann stark nach vorn und schließlich nach oben gebogen. Auf Abbildungen kann man erkennen, daß diese Hörner besonders schön geformt waren.

Alte Abbildungen

Sowohl auf assyrisch-babylonischen Reliefs als auch auf ägyptischen Felsmonumenten und etwa in den Höhlen von Lascaux in Frankreich hat man Darstellungen des Auerochsen gefunden. Auf Jagdszenen in Mesopotamien wurde der Auerochse stets von der Seite abgebildet, so daß das eine Horn das andere vollständig bedeckte und somit nur ein einziges Horn zu sehen war. Die ägyptischen Zeichnungen geben das gleiche Tier wieder, allerdings mit zwei Hörnern. Fossile Funde in Nordindien beweisen, daß die ursprüngliche Heimat des Wildrindes in Indien zu suchen ist. Von dort aus hat sich der Auerochse nach Norden und Süden ausgebreitet. In biblischer Zeit kamen die wilden Ochsen in Palästina noch vor, doch dort sind sie schon lange ausgestorben.
Der Ur oder Auerochse lebte um etwa 1400 auch noch in Ostpreußen und hielt sich am längsten in Polen. Gegen Ende des 16. Jahrhunderts wurden die letzten wildlebenden Auerochsen im Wald von Jaktorow, in der Nähe von Warschau, unter besonderen Schutz des Landesherrn gestellt. Sie lebten in einem Wildpark, wurden von einem Jagdaufseher bewacht und in strengen Wintern zusätzlich gefüttert.

Ausgestorben

Im Jahre 1564 gab es in Jaktorow noch 8 alte Stiere, 3 junge Stiere, 22 alte Kühe und 5 Kälber. 35 Jahre später waren es insgesamt noch 24 Auerochsen. 1620 lebte noch eine einzige Kuh, die 7 Jahre später einging. Damit waren die Auerochsen auch in Europa ausgestorben. Als wahrscheinliche Ursache wird angenommen, daß die Tiere aufgrund schlechter Ernährung allmählich degeneriert sind.
Die Abstammungsfrage beim Hausrind hat schon seit mehr als einem Jahrhundert immer wieder Tierzüchter und Zoologen, Archäologen und Historiker beschäftigt und zu den unterschiedlichsten Theorien geführt. Heute wird als sicher angenommen, daß der Auerochse die einzige Stammform des Hausrindes ist (siehe auch Rind, S. 26-27). Im Jahre 1906 wurden in Turkestan Reste eines domestizierten Rinds aus den

Anfängen der bekannten Geschichte entdeckt. In Mesopotamien und Indien wurden bereits etwa 4000 Jahre vor Christus Buckelrinder und andere hochentwickelte Rinderrassen gehalten. In Mesopotamien, Ägypten, Persien und Indien wurden sie zunächst ausschließlich für religiöse Zwecke benutzt, sehr viel später setzte man Rinder auch als Arbeitstiere und noch später für die Milch- und Fleischerzeugung ein.

Rind

Wissenschaftlicher Name: Bos primigenius taurus
Familienname: Bovidae
Verbreitungsgebiet: als Hausrind in der ganzen
                          Welt domestiziert
Deutscher Name: Rind, Stier, Ochse, Kuh
Biblischer Name: Rind, Stier, Ochse, Kuh
Hebräischer Name: פַּר (m.), פָּרָה (f.)
Griechischer Name: βοῦς

Wo keine Rinder sind, da ist die Krippe leer;
aber die Kraft des Ochsen bringt reichen Ertrag.
(Sprüche/Sprichwörter 14,4)

Als Josef im Gefängnis saß, träumte der ägyptische Pharao von sieben fetten und sieben mageren Kühen (diese bekannte Geschichte ist unten abgedruckt). In jener Zeit gab es im Mittleren Osten bereits Rinder, und von den Ägyptern wurden Rinder auch als Zugtiere eingesetzt.

Zu der Zeit, als sich die Israeliten in Ägypten aufhielten, waren sie ein Hirtenvolk. Die Patriarchen, deren Leben in 1.Mose/Genesis beschrieben wird, waren Kleinviehnomaden, die auf der Suche nach Weidemöglichkeiten mit ihren Herden umherzogen. Sie besaßen zwar oft auch eine Anzahl von Rindern (vgl. 1.Mose/Genesis 12,16; 18,7), aber wegen seines im Vergleich zu Schafen, Ziegen oder Eseln hohen Futteranspruchs gehörte das Rind doch in erster Linie zu den seßhaften Bauern, die es zum Pflügen (Richter 14,18; 1.Könige 19,19; Hiob/Ijob 1,14 u.ö.) und zum Dreschen (5.Mose/Deuteronomium 25,4) verwendeten.

Bestimmte Teile Israels waren für die Rinderzucht besonders gut geeignet, so z.B. Baschan (vgl. Psalm 22,13: »Büffel von Baschan umringen mich« oder Amos 4,1: »Hört dieses Wort, ihr Baschankühe« – beide Zitate aus Einh). Rinder wurden auch als Schlachttiere für die zahlreichen Opfer gehalten, wofür man eine große Zahl von Tieren benötigte. Salomo opferte bei der Einweihung des Tempels als Dankopfer zu Ehren des Herrn 22000 Rinder und 120000 Stück Kleinvieh (1.Könige 8,63). Außerdem wurden Rinder als Zugtiere (2.Samuel 6,6) und Lasttiere (1.Chronik 12,41) eingesetzt. Hohe Gäste wurden durch das Schlachten eines gemästeten Kalbes geehrt (1.Mose/Genesis 18,7-8). Die Propheten kritisierten die üppigen Fleischmahlzeiten der Reichen (Jesaja 22,13; Amos 6,4); die weniger Begüterten trösteten sich mit dem Spruch: »Besser ein Gericht Kraut mit Liebe als ein gemästeter Ochse mit Haß« (Sprüche/Sprichwörter 15,17).

Die Bedeutung des Rindes in biblischer Zeit kommt auch darin zum Ausdruck, daß es neben den oben angegebenen hebräischen Begriffen »par« (Jungstier) und »parah« (Kuh) noch eine ganze Reihe von weiteren Bezeichnungen gibt, etwa für Rinder allgemein, für männliche oder weibliche Kälber, aber auch verschiedene Begriffe für den Stier.

Das Urrind

Die Rinder, die heute in Palästina zu finden sind, fallen durch ihre Magerkeit und Unansehnlichkeit auf. Das Arabische Hausrind wird als die ursprüngliche Rasse angesehen, es ist zugleich das älteste und primitivste Rind. Dabei handelt es sich um ein borstig behaartes Tier, braun, schwarz oder bunt. Der lange, schwere Kopf ist von mittelgroßen gebogenen Hörnern gekrönt. Das Fleisch und die Euter sind schlecht entwickelt. Die Milcherzeugung ist sehr gering, nur 400-700 Liter jährlich.

Meist geben die Kühe im Sommer gar keine Milch und zu anderen Jahreszeiten auch nur dann, wenn sie ein Kalb haben. Daher läßt man das Kalb möglichst lange bei der Mutter; das ist auch der Hintergrund für die Beschreibung der Rückkehr der Lade aus dem Land der Philister nach Bet-Schemesch (1.Samuel 6,7). Rinder waren in biblischer Zeit so wichtig, daß es sogar einzelne gesetzliche Bestimmungen für den Umgang mit ihnen gab. Sie durften am Sabbat zur Tränke geführt und aus einer Grube herausgezogen werden, falls sie hineingefallen waren.

Domestizierung

Das Rind ist seit alters ein Haustier. Alle Haustiere stammen von einem wilden Ahnen ab. Der Ahn des Hausrindes ist der Auerochse, der schon vor einigen Jahrhunderten ausgerottet wurde. Die Umwandlung von wilden Tieren zu Haustieren wird als Domestikation bezeichnet. Zu diesem Zweck wurde das wilde Tier gezähmt. Dadurch, daß gewünschte Eigenschaften gezielt weitergezüchtet wurden, entstanden für den Menschen nützliche Haustiere.

Ein Haustier ist ein Tier, das in Bezug auf seine Ernährung, Sicherheit und Weiterexistenz völlig vom Menschen abhängig ist. Der moderne Mensch ist allerdings zu einem großen Teil ebenso vom Haustier und seinen Produkten abhängig. Von den etwa eine Million bekannten Tierarten wurden rund 50 zu Haustieren.

Nach Grzimek war »kein Ereignis in frühgeschichtlicher Zeit von ähnlich weitreichender Bedeutung für die Entstehung menschlicher Kultur wie die Haustierwerdung des Rindes. Das Hausrind ermöglichte den Schritt vom primitiven Hackbau der Jungsteinzeit zur hochentwickelten Ackerbaukultur und wurde damit zur Grundlage der asiatisch-europäischen Kultur überhaupt.«

Es ist lange Zeit unklar gewesen, von welchem Tier das Hausrind abstammt. Den neuesten Haustierforschungen zufolge gilt jedoch fast als sicher, daß der Auerochse (Bos primigenius) als Stammvater anzusehen ist (siehe auch Auerochse, S. 24-25).

Der Traum des Pharao

Der Pharao sprach zu Josef: »Mir träumte, ich stand am Ufer des Nils und sah aus dem Wasser steigen sieben schöne, fette Kühe; die gingen auf der Weide im Grase. Und nach ihnen sah ich andere sieben dürre, sehr häßliche und magere Kühe heraussteigen. Ich hab in ganz Ägyptenland nicht so häßliche gesehen. Und die sieben mageren und häßlichen Kühe fraßen die sieben ersten, fetten Kühe auf. Und als sie die hineingefressen hatten, merkte man's ihnen nicht an, daß sie die gefressen hatten, und waren häßlich wie zuvor. Da wachte ich auf.
Und ich sah abermals in meinem Traum sieben Ähren auf **einem** *Halm wachsen, voll und dick. Danach gingen auf sieben dürre Ähren, dünn und versengt. Und die sieben dünnen Ähren verschlangen die sieben dicken Ähren. Und ich habe es den Wahrsagern gesagt, aber die können's mir nicht deuten.«*
Josef antwortete dem Pharao: »Beide Träume des Pharao bedeuten das gleiche. Gott verkündet dem Pharao, was er vorhat. Die sieben schönen Kühe sind sieben Jahre, und die sieben guten Ähren sind dieselben sieben Jahre. Es ist ein
und derselbe Traum. Die sieben mageren und häßlichen Kühe, die nach jenen aufgestiegen sind, das sind sieben Jahre, und die sieben mageren und versengten Ähren sind sieben Jahre des Hungers. Das meinte ich, wenn ich gesagt habe zum Pharao, daß Gott dem Pharao zeigt, was er vorhat. Siehe, sieben reiche Jahre werden kommen in ganz Ägyptenland. Und nach ihnen werden sieben Jahre des Hungers kommen, so daß man vergessen wird alle Fülle in Ägyptenland. Und der Hunger wird das Land verzehren, daß man nichts wissen wird von der Fülle im Lande vor der Hungersnot, die danach kommt; denn sie wird sehr schwer sein. Daß aber dem Pharao zweimal geträumt hat, bedeutet, daß Gott solches gewiß und eilends tun wird.«
(1.Mose/Genesis 41,17-32)

Weitere bekannte Bibeltexte

Du sollst dem Ochsen, der da drischt, nicht das Maul verbinden. (5.Mose/Deuteronomium 25,4)

Ein Ochse kennt seinen Herrn und ein Esel die Krippe seines Herrn; aber Israel kennt's nicht, und mein Volk versteht's nicht. (Jesaja 1,3)

Rohrdommel

Wissenschaftlicher Name: Botaurus stellaris
Familienname: Ardeidae
Verbreitungsgebiet: Europa, Nordafrika,
                       Nord- und Mittelasien bis
                       Nordjapan
Deutscher Name: Rohrdommel
Biblischer Name: Rohrdommel
Hebräischer Name: קָאַת
Griechischer Name: ὄρνεον

---

*Und es (Edom) wird verwüstet sein von Geschlecht zu
Geschlecht, daß niemand hindurchgehen wird auf ewige
Zeiten, sondern Rohrdommeln und Igel werden's in Besitz
nehmen, Nachteulen und Raben werden dort wohnen. Und
er wird die Meßschnur darüber spannen, daß es verwüstet
werde, und das Bleilot werfen, daß es öde sei.*
(Jesaja 34,10-11)

Die Übersetzung des hebräischen Worts »qa'at«
bereitet bis heute Schwierigkeiten. Man weiß nicht
genau, welches Tier damit gemeint ist. Schon für die
griechische Übersetzung des Alten Testaments war
dies ein Problem. Sie schrieb an der oben zitierten
Stelle »orneon«, was ganz allgemein »Vogel« bedeutet. In der Liste der unreinen Tiere (3.Mose/Levitikus
11,18 und 5.Mose/Deuteronomium 14,17) nennt sie
für das gleiche Wort den Pelikan (siehe auch Rosa
Pelikan, S. 118-119). Luther übersetzte »qa'at« an
allen drei Stellen mit »Rohrdommel«.
Die Rohrdommel lebt dort, wo es Wassertümpel gibt;
sie ist in Wasserlandschaften mit ausgedehnten
Riedsümpfen heimisch. In Jesaja 34 wird das

Gericht Gottes über Edom beschrieben. Das Land soll
von Geschlecht zu Geschlecht öde werden: »Rohrdommeln und Igel werden's in Besitz nehmen«. Das
heißt aus Kulturland wird unwirtliches Sumpfgebiet,
in dem Sumpfvögel leben.

Phantastische Schutzfarbe

Die Rohrdommel führt in den meist nur schwer
zugänglichen Riedwildnissen ein verstecktes Leben.
Dadurch ist sie ein recht geheimnisvoller Vogel
geblieben, der weniger bekannt ist als die anderen
Reiherarten, die sich nicht so versteckt halten. Man
weiß noch nicht einmal, ob die Rohrdommel ein Tag-
oder ein Nachtvogel ist. Das Geheimnis dieses
scheuen Vogels wird noch durch seinen von weither
erklingenden Balzruf verstärkt. Dabei handelt es sich
um einen dunklen, unheilverkündenden Brummton,
den der Vogel meist in der Dämmerung und nachts
hören läßt. Dadurch verrät er seine Anwesenheit,
auch wenn er nur von wenigen Menschen gesichtet
wird, und dann auch meist nur durch Zufall.
Lange Zeit glaubte man, die Rohrdommel würde
beim Rufen ihren Schnabel in das Wasser stecken und
auf diese Weise einen hohlen, bedrohlichen Klang
erzeugen. Doch das war ein Irrtum, der heute widerlegt ist. Wie die Rohrdommel solch ein außerordentlich weittragendes Geräusch erzeugen kann, ist jedoch
immer noch unklar. Jedenfalls wird der Ton enorm
verstärkt, aber man weiß nicht, ob dafür die Speise-
oder die Luftröhre verantwortlich ist.
Die Rohrdommel ist darüber hinaus für die meister-
hafte Verwendung ihrer Schutzfarbe bekannt. Ihr
Federkleid ist rostfarben mit schwarzen Längsstreifen.
Wenn die Rohrdommel zwischen überjährigem Ried
steht, ist sie kaum zu erkennen. Das hängt zu einem
erheblichen Teil auch damit zusammen, daß der
Vogel bei Gefahr die sogenannte Pfahlhaltung ein-

BOTAURUS STELLARIS

nimmt. Die Rohrdommel streckt sich, richtet ihren Schnabel in die Höhe und ist dann sehr schmal. Ihre Schutzfarbe ist dadurch so wirkungsvoll, daß sie – unbeweglich zwischen den neben ihr und vor ihr emporragenden Riedstengeln stehend – so gut wie unsichtbar wird.

Bedroht und verfolgt

In Europa gab es früher sehr viele Rohrdommeln. Aber nach dem Zweiten Weltkrieg ist ihre Zahl stark zurückgegangen, und zwar aufgrund der Urbarmachung der für sie geeigneten Biotope. Um 1980 brüteten in Europa nur noch etwa 2500 Paare. Die Rohrdommel lebt nun einmal in einem Gebiet, das in seinem natürlichen Zustand für den Menschen kaum ökonomischen Wert hat.

Im Frühjahr steckt der männliche Vogel sein Territorium ab und lockt die Weibchen dorthin. Das Männchen ruft dann auch tagsüber. In einem einzigen Territorium brüten zuweilen mehrere Weibchen. Die Rohrdommel lebt vermutlich polygam. Es wird jedoch angenommen, daß das rufende Männchen auch andere Männchen in die Kolonie lockt, damit sie sich mit einem der Weibchen paaren.

Die Rohrdommeln, die in Westeuropa leben, überwintern meist auch dort. Wenn der Winter streng ist, kann das für sie verhängnisvoll werden. Dann herrscht Nahrungsknappheit, und viele Vögel gehen ein. Man schätzt, daß in jedem Winter mit einigen Wochen strengem Frost etwa 30 bis 50% der Rohrdommeln eingehen. Eine Reihe von Tieren zieht in die Länder rund um das Mittelmeer oder ins tropische Afrika. Dort haben sie gute Überlebenschancen, doch auf dem Flug dorthin kommen viele um, vermutlich aufgrund der hemmungslosen Jagd auf Zugvögel durch die Bewohner der Mittelmeerstaaten.

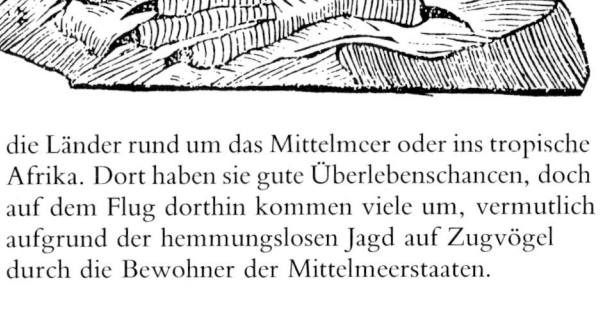

Palästinischer Uhu

Wissenschaftlicher Name: Bubo bubo ascalaphus
Familienname: Strigidae
Verbreitungsgebiet: Halbwüsten Nordafrikas
                        von Marokko bis Ägyp-
                        ten, Sinai, Südpalästina,
                        Syrische Wüste
Deutscher Name: Palästinischer Uhu
Biblischer Name: Uhu
Hebräischer Name: יַנְשׁוּף
Griechischer Name: κύκνος

Alle reinen Vögel esset. Diese aber sind es, die ihr nicht essen sollt: ... das Käuzchen, der Uhu, die Fledermaus. (5.Mose/Deuteronomium 14,11-12.16)

Übersetzer haben in der Vergangenheit Probleme mit dem hebräischen Wort »janšup« gehabt, das in der Liste der unreinen Tiere in 5.Mose/Deuteronomium 14 vorkommt. Man wußte nicht genau, um welches Tier es sich dabei handelte. Inzwischen konnte nachgewiesen werden, daß »Uhu« die richtige Übersetzung ist.

Die in Palästina lebende Unterart ist kleiner als ihr Verwandter in Europa. Der Vogel hält sich tagsüber in Erdhöhlen oder in dichten Sträuchern auf, so vor allem in der Wüstenlandschaft des Negeb. Im Jordantal lebt eine Varietät des Palästinischen Uhus. Der Europäische Uhu hat eine Flügelspannweite von maximal 170 cm. Das ist für eine Eule gewaltig. Uhus haben bewegliche Ohrfedern, die allerdings nichts mit dem Gehör zu tun haben, sondern diese Bezeichnung aufgrund ihrer Ähnlichkeit mit Ohren tragen.

Nicht menschenscheu

Der Uhu jagt kleine und auch größere Wirbeltiere. Von der europäischen Art ist bekannt, daß sie ohne Mühe flinke Beutetiere wie etwa Hasen, Birkhühner und Gänse überwältigen kann. Darüber hinaus hat man festgestellt, daß der Vogel auf seinen nächtlichen Jagdzügen andere Großeulen als Beute ansieht. Er zieht jedoch Ratten und Mäuse vor.

Der Europäische Uhu (Bubo bubo) ist in den Wäldern und Bergen des Nordens der Alten Welt zu finden; aber vielerorts ist er leider ausgestorben, was mit der Vernichtung seiner natürlichen Biotope und Nahrungsgrundlage zusammenhängt. Lange Zeit war man der Ansicht, der Uhu scheute den Menschen und würde sich ausschließlich in entlegenen Landstrichen aufhalten. Es hat sich jedoch herausgestellt, daß er häufig auch nahe der Dörfer schläft und brütet. Allerdings zieht er bewachsene Schluchten vor, wo Bergwände und Felsnischen gute Schlaf- und Brutplätze bieten.

Der Uhu ist die größte aller Eulen. In Europa wurde er immer schon heftig verfolgt, vor allem von Jägern, die ihn als Konkurrenten betrachteten. Auch seine Jungen hat man häufig aus den Horsten geholt, um lebende Uhus für die sogenannte Hüttenjagd zu benutzen. Die Eulen sollen Krähen und Greifvögel anlocken, die dann leicht abgeschossen werden können. Dazu wird der Uhu an einem Pfahl festgebunden. Der Jäger versteckt sich in einem halb eingegrabenen und mit Zweigen getarnten Unterstand. Schon bald wird der Uhu von Krähen und Greifvögeln entdeckt, die unentwegt auf den ihnen verhaßten Eulenvogel herabstoßen oder Scheinangriffe ausführen. Dem Jäger geht es darum, auf diese Weise möglichst viele Krähen und Greifvögel zu schießen, die er in seinem Jagdrevier nicht gern sieht. Das gelingt ihm auch, aber diese Form der Jagd wird von echten Waidmännern immer mehr verurteilt und heute kaum noch oder vielleicht sogar überhaupt nicht mehr ausgeübt.

König der Nacht

Der Uhu ist in verschiedenen Unterarten in Europa sowie in den Steppen und Wüsten Mittelasiens, in Nordafrika und in Nordamerika zu finden. In den tropischen Regionen ist er – wie in Israel – mit kleineren Unterarten vertreten. Seine Lebensweise ist jedoch im allgemeinen die gleiche. Der Uhu kann sich gut anpassen, und zwar sowohl hinsichtlich der Beute als auch hinsichtlich der Wahl der Brut- und Schlafplätze. Oft ist er in Ritzen und Nischen der großen ägyptischen Pyramiden zu finden. Das war schon im Altertum so, und man findet Abbildungen des Uhus in zahlreichen Hieroglyphen.

Der Name ist auf den dumpfen und weithin hörbaren Ruf des Männchens zurückzuführen, der sich etwa anhört wie: »Wuh-oh«. In der Paarungszeit antwortet das Weibchen mit einem etwas heller klingenden »Huh-huh«, einem deutlich zweisilbigen Ruf.

Das gilt auch für den Palästinischen Uhu. Wenn er in dunkler Nacht in dichten Wäldern zu hören ist, klingt sein Ruf recht unheimlich und erschreckend, und das gilt besonders, wenn man nicht weiß, woher dieser Ton kommt. Nicht umsonst sind viele Legenden dem »König der Nacht« gewidmet.

Wenn der niederländische Ornithologe K.H. Voous diesen Vogel aufgrund seines beeindruckenden Aussehens als einen seit altersher romantischen, sogar geheimnisvollen Nachtvogel beschreibt, so gilt dies auch für den Palästinischen Uhu.

BUBO BUBO ASCALAPHUS

31

Skorpion

Wissenschaftlicher Name: Buthus quinquestriatus;
neuerdings Leirus quin-
questriatus
Familienname: Buthidae
Verbreitungsgebiet: Nordafrika, Arabien,
Mesopotamien, Palästina
Deutscher Name: Skorpion
Biblischer Name: Skorpion
Hebräischer Name: עַקְרָב
Griechischer Name: σκορπίος

---

*Hüte dich, daß dein Herz sich nicht überhebt und du den
Herrn, deinen Gott, vergißt, der dich aus Ägyptenland
geführt hat, aus der Knechtschaft, und dich geleitet hat durch
die große und furchtbare Wüste, wo feurige Schlangen und
Skorpione und lauter Dürre und kein Wasser war, und ließ
dir Wasser aus dem harten Felsen hervorgehen.*
(5.Mose/Deuteronomium 8,14-15)

Skorpion – dieser Name beschert uns eine Gänsehaut.
In Hesekiel/Ezechiël 2,6 vergleicht Gott das widerspenstige Volk Israel, zu dem der Prophet gesandt ist,
mit Skorpionen: »Und du, Menschenkind, sollst dich
vor ihnen nicht fürchten noch vor ihren Worten
fürchten. Es sind wohl widerspenstige und stachlige
Dornen um dich, und du wohnst unter Skorpionen;
aber du sollst dich nicht fürchten vor ihren Worten
und dich vor ihrem Angesicht nicht entsetzen – denn
sie sind ein Haus des Widerspruchs«. Nach Offenbarung 9,3-10 sind die apokalyptischen Ungeheuer mit
Skorpionschwänzen ausgestattet.

Im Mittleren Osten gibt es zahlreiche Skorpione. Der
Leirus quinquestriatus ist der größte und am häufigsten vorkommende. 90% aller Skorpione gehören
dieser Art an. In den heißen Wüsten fühlen sie sich
erst richtig zu Hause.

Schmerzhafte Stiche

Skorpione gehören zu den Spinnentieren. Sie lähmen
ihre Beute mit Gift, das mit Hilfe des Giftstachels in
das Beutetier gebracht wird. Es gibt Arten, die auch
für den Menschen lebensgefährlich sind; die Gefahr
wird jedoch im allgemeinen stark übertrieben. Bei
den Arten, die es im Mittelmeerraum gibt, ist der
Stich zwar nicht tödlich, aber sehr schmerzhaft und
führt häufig zu Schwellungen und Fieber.
Der Skorpion ist an seinem merkwürdigen Hinterleib
leicht zu erkennen. Dieser Hinterleib besteht aus einer
Reihe von Segmenten. Die ersten sieben Segmente
sind direkt mit dem Kopf-Brust-Teil verbunden. Die
nächsten sechs Segmente sind schmaler und bilden
eine Art Schwanz. Das letzte Segment trägt den
gekrümmten, hohlen Giftstachel, der mit zwei
Giftdrüsen verbunden ist. Das Kopf-Brust-Stück
weist vier Laufbeine auf. Der Skorpion hat ein
Kiefern- und ein Mundgliedmaßenpaar. Das letztere
ist groß und auffällig, weil es mit kräftigen Scheren
versehen ist. Damit wird ein Beutetier gepackt, um
es dann mit dem Giftstachel zu lähmen oder zu töten.
Skorpione ernähren sich in der Hauptsache von
Insekten und Spinnen. Sie können ihren Schwanz
über den Rücken nach vorn legen, so daß sich der
Giftstachel nahe beim Kopf und den Scheren befindet.

LEIRUS QUINQUESTRIATUS

LEIRUS QUINQUESTRIATUS

Lebensweise

Im Mittelmeerraum leben die Skorpione nur in sehr trockenen Regionen. Dort suchen sie vorzugsweise steinige und sandige Stellen auf. Tagsüber verstecken sie sich unter Steinen oder in selbstgegrabenen Höhlen im Sand. Nach Einbruch der Dunkelheit kommen sie zum Vorschein und gehen auf die Jagd. Dabei handelt es sich nicht um eine Jagd im eigentlichen Sinn, denn Skorpione haben nur ein begrenztes Sehvermögen, dafür aber einen ausgezeichneten Vibrationssinn, mit dem sie etwa den »Tritt« eines Käfers in ca. 30 cm Entfernung fühlen können. So warten sie einfach, bis ein Beutetier in Sprungreichweite kommt.

In der Paarungszeit vollführen Skorpione ein ausführliches Balzspiel. Das Männchen und das Weibchen packen einander mit hoch erhobenem Schwanz bei den Scheren und drehen sich dann ausdauernd und lange herum oder bewegen sich abwechselnd vorwärts und rückwärts. So kann das stundenlang, gelegentlich sogar tagelang gehen. Schließlich gibt das Männchen ein Samenpaket ab, das vom Weibchen aufgenommen werden kann.

Skorpione sind lebendgebärend. Die Jungen entwickeln sich im Mutterleib. Bei ihrer Geburt sind sie nur einige Millimeter groß und fast weiß. Sie klettern sofort auf den Rücken der Mutter und bleiben dort, bis sie sich zum ersten Mal häuten. Das geschieht bereits nach etwa ein oder zwei Wochen. Dann verlassen sie ihre Mutter und machen sich selbständig. Nach etwa einem Jahr sind sie ausgewachsen. Obgleich die meisten Arten nicht lebensgefährlich sind, wird der Skorpion vom Menschen mit Recht gefürchtet. Skorpione dringen häufig in Zelte, Häuser und Schlafzimmer ein, weil in der Nähe des Menschen allerlei Kleintiere zu finden sind, die als Beute dienen können.

Bittet, so wird euch gegeben

Jesus sagt: »Bittet, so wird euch gegeben; suchet, so werdet ihr finden; klopfet an, so wird euch aufgetan. Denn wer da bittet, der empfängt; und wer da sucht, der findet; und wer da anklopft, dem wird aufgetan. Wo ist unter euch ein Vater, der seinem Sohn, wenn der ihn um einen Fisch bittet, eine Schlange für den Fisch biete? oder der ihm, wenn er um ein Ei bittet, einen Skorpion dafür biete? Wenn nun ihr, die ihr böse seid, euren Kindern gute Gaben geben könnt, wieviel mehr wird der Vater im Himmel den heiligen Geist geben denen, die ihn bitten!« (Lukas 11,9-13)

Dromedar

Wissenschaftlicher Name: Camelus dromedarius
Familienname: Camelidae
Verbreitungsgebiet: Nordafrika, Naher Osten
Deutscher Name: Dromedar
Biblischer Name: Kamel
Hebräischer Name: גָּמָל
Griechischer Name: κάμηλος

Die Königin von Saba kam nach Jerusalem mit einem sehr großen Gefolge, mit Kamelen, die Spezerei trugen und viel Gold und Edelsteine. Und als sie zum König Salomo kam, redete sie mit ihm alles, was sie sich vorgenommen hatte. (1. Könige 10,2)

Die Gattung Camelus besteht aus zwei Arten: dem Einhöckrigen und dem Zweihöckrigen Kamel. Das Einhöckrige Kamel wird als Dromedar bezeichnet. Vermutlich ist dieser Unterschied zwischen beiden Tieren für die Israeliten jedoch kein Unterscheidungsmerkmal gewesen, und auch in den Bibelübersetzungen wird meistens das Wort »Kamel« gebraucht, obwohl der hebräische Begriff »gamal« wahrscheinlich das Dromedar bezeichnet, ja man nimmt sogar an, daß in Palästina ausschließlich Dromedare lebten.

Wüstentiere

Im Mittleren Osten sind Kamele und Dromedare jahrhundertelang von unschätzbarem Wert gewesen. Karawanenreisen waren nur durch das Dromedar möglich; es gibt kein Tier, das das Dromedar in der Wüste ersetzen kann. Seine Eignung liegt in der Tatsache begründet, daß es besonders gut für das Leben unter glühender Sonne im Wüstenklima gerüstet ist.

Die Kamelartigen sind Einhufer. Sie haben keinen richtigen Huf, sondern einen Nagel und eine große Schwiele an ihren beiden Zehen. Diese werden beim Aufsetzen gespreizt und sind durch eine Haut miteinander verbunden. Zusammen mit der Haut bilden die beiden Zehen eine große Fläche. Dadurch können Dromedare und Kamele leicht auf weichem, nachgiebigem Sandboden laufen. Beide Tierarten können sehr lange Strecken unter extremen Bedingungen zurücklegen, ohne Wasser aufzunehmen.

Optimal genutzte Flüssigkeit

Sehr lange hat man geglaubt, Kamele und Dromedare könnten Wasser in ihren Höckern speichern und bräuchten deshalb lange Zeit nichts zu trinken. Plinius der Ältere, ein römischer Gelehrter des 1. Jahrhunderts nach Christus, glaubte, das Kamel würde Wasser als Reserve in seinem Magen speichern. Bis ins 19. Jahrhundert hinein galt dies als gesicherte Erkenntnis. Erst 1926 äußerte ein englischer Tierarzt Zweifel an dieser Theorie. Ein deutscher Gelehrter hat dann nachgewiesen, daß die Annahme tatsächlich falsch war. Allerdings haben Kamele ein wabenartiges Flüssigkeitsreservoir auf der Magenwand.

Ein Dromedar oder Kamel trinkt im Verhältnis nicht mehr als andere Tiere seiner Größe. Es kann jedoch sehr gut verhindern, daß sein Gewebe austrocknet. Wenn das Kamel Gelegenheit erhält, wieder zu trinken, nimmt es so viel Wasser auf, daß der Flüssigkeitsverlust schnell wieder ausgeglichen wird. Wenn ein Mensch 12% seiner Körperflüssigkeit durch Transpiration verliert, wird er krank, weil die Flüssigkeit nicht nur dem Gewebe, sondern auch dem Blut entzogen wird. Das Blut wird dadurch dickflüssig, und das Herz muß sehr viel kräftiger arbeiten, um das Blut weiterzupumpen. Beim Kamel wird die Flüssigkeit ausschließlich dem Gewebe entzogen, nicht aber dem Blut. Das Kamel kann bis zu 25% seines Körpergewichts durch Austrocknung verlieren, ohne ernsthaft Schaden zu nehmen. Man vermutet, daß die Kamele als einzige Säugetiere zu diesem Zweck ovale anstatt runder Blutzellen haben. Das Herz dieser Tiere wird also bei Austrocknung nicht überlastet.

Das Kamel vermeidet Flüssigkeitsverlust durch Schwitzen, indem die Körpertemperatur am Nachmittag von 34°C auf 40°C ansteigt. Zudem haben seine Nasenschleimhäute die Fähigkeit, Wasser aus der Atemluft zu resorbieren. Der Urin von Kamelen ist sehr konzentriert. Die Tiere können einen Teil der stickstoffhaltigen Abfallstoffe daraus wieder aufnehmen und auf diese Weise auch den Wasserverlust durch Urinieren begrenzen.

Ebenso wie andere Wüstentiere sind auch Kamele vom Schöpfer in besonderer Weise für ein Leben unter extremen Bedingungen ausgestattet worden. So wird von Kamelen berichtet, die auf einer achttägigen Reise durch Somalia kein Wasser zu sich genommen haben. Im Norden Australiens mußte eine Karawane eine Strecke von 846 km zurücklegen. Diese Reise dauerte 34 Tage. Die meisten Tiere, die man mitgenommen hatte, gingen an Erschöpfung ein. Einige aber hatten unterwegs Gelegenheit, verdorrtes Gras zu fressen. Die damit verbundene geringe Flüssigkeitsaufnahme hat ihnen das Leben gerettet.

Dromedare kommen ursprünglich aus Nordafrika und aus dem Nahen Osten. Kamele lebten in den Hochgebirgen Zentralasiens und sind von dort aus mehr oder weniger domestiziert auch in andere Teile Asiens gelangt.

Abrahams Knecht sucht eine Frau für Isaak

Der Knecht nahm zehn Kamele von den Kamelen seines Herrn und zog hin und hatte mit sich allerlei Güter seines Herrn und machte sich auf und zog nach Mesopotamien, zu der Stadt Nahors. Da ließ er die Kamele sich lagern draußen vor der Stadt bei dem Wasserbrunnen des Abends um die Zeit, da die Frauen pflegten herauszugehen und Wasser zu schöpfen.

Und er sprach: »Herr, du Gott Abrahams, meines Herrn, laß es mir heute gelingen und tu Barmherzigkeit an Abraham, meinem Herrn! Siehe, ich stehe hier bei dem

Wasserbrunnen, und die Töchter der Leute in dieser Stadt werden herauskommen, um Wasser zu schöpfen. Wenn nun ein Mädchen kommt, zu dem ich spreche: ›Neige deinen Krug und laß mich trinken‹, und es sprechen wird: ›Trinke, ich will deine Kamele auch tränken‹ –, das sei die, die du deinem Diener Isaak beschert hast, und daran werde ich erkennen, daß du Barmherzigkeit an meinem Herrn getan hast.«

Und ehe er ausgeredet hatte, siehe, da kam heraus Rebekka, die Tochter Betuëls, der ein Sohn der Milka war, die die Frau Nahors, des Bruders Abrahams, war, und trug einen Krug auf ihrer Schulter. Und das Mädchen war sehr schön von Angesicht, eine Jungfrau, die noch von keinem Manne wußte. Die stieg hinab zum Brunnen und füllte den Krug und stieg herauf.

Da lief ihr der Knecht entgegen und sprach: »Laß mich ein wenig Wasser aus deinem Kruge trinken«. Und sie sprach: »Trinke, mein Herr!« Und eilends ließ sie den Krug hernieder auf ihre Hand und gab ihm zu trinken. Und als sie ihm zu trinken gegeben hatte, sprach sie: »Ich will deinen Kamelen auch schöpfen, bis sie alle genug getrunken haben.« Und eilte und goß den Krug aus in die Tränke und lief abermals zum Brunnen, um zu schöpfen, und schöpfte allen seinen Kamelen. Der Mann aber betrachtete sie und schwieg still, bis er erkannt hätte, ob der Herr zu seiner Reise Gnade gegeben hätte oder nicht.
(1. Mose/Genesis 24,10-21)

Die Gefahr des Reichtums

Jesus sprach zu seinen Jüngern: »Wahrlich, ich sage euch: Ein Reicher wird schwer ins Himmelreich kommen. Und weiter sage ich euch: Es ist leichter, daß ein Kamel durch ein Nadelöhr gehe, als daß ein Reicher ins Reich Gottes komme.« Als das seine Jünger hörten, entsetzten sie sich sehr und sprachen: »Ja, wer kann dann selig werden?« Jesus aber sah sie an und sprach zu ihnen: »Bei den Menschen ist's unmöglich; aber bei Gott sind alle Dinge möglich.«
(Matthäus 19,23-26)

CAMELUS
DROMEDARIUS

35

Goldschakal

Wissenschaftlicher Name: Canis aureus
Familienname: Canidae
Verbreitungsgebiet: Afrika, Asien
Deutscher Name: Goldschakal
Biblischer Name: Schakal, Fuchs
Hebräischer Name: תַּן/שׁוּעָל
Griechischer Name: ἀλώπηξ

Die Wüste und Einöde wird frohlocken, und die Steppe wird jubeln und wird blühen wie die Lilien. Und wo es zuvor trocken gewesen ist, sollen Teiche stehen, und wo es dürre gewesen ist, sollen Brunnquellen sein. Wo zuvor die Schakale gelegen haben, soll Gras und Rohr und Schilf stehen. (Jesaja 35,1.7)

Das hebräische Wort »šu'al« wird meist mit »Fuchs« übersetzt – so etwa in der Simson-Geschichte: »Und Simson ging hin und fing dreihundert Füchse, nahm Fackeln und kehrte je einen Schwanz zum andern und tat eine Fackel je zwischen zwei Schwänze und zündete die Fackeln an und ließ die Füchse in das Korn der Philister laufen und zündete so die Garben samt dem stehenden Korn an und Weinberge und Ölbäume« (Richter 15,4-5).
In vielen Fällen wird in der Bibel aus dem Zusammenhang jedoch deutlich, daß wir es mit Schakalen zu tun haben. Bibelforscher neigen daher zu der Annahme, daß Simson 300 Schakale gefangen hat, um sie mit brennenden Fackeln durch das Getreide der Philister zu jagen. Denn es wäre sehr schwierig gewesen, so viele der als Einzelgänger lebenden Füchse zu fangen (siehe auch Palästinischer Fuchs, S. 152-153).
Der Schakal ist ein kräftig gebautes Tier. Er gehört zu den Hundeartigen und gleicht sowohl dem Wolf als auch dem Fuchs. Er hat recht hohe Beine, einen langen Schwanz und kurze Ohren. Sein Fell ist rötlichgrau, gemischt mit schmutzigweißen Haaren. Seine Schnauze ist spitzer als die des Wolfes, aber stumpfer als die des Fuchses. Er stellt gleichsam ein Bindeglied zwischen diesen beiden Tieren dar. In Palästina ist der Goldschakal die am weitesten verbreitete Art.

Regelrechte Plagegeister

Die Schakale leben in Palästina in Rudeln von bis zu 200 Tieren. Tagsüber halten sie sich versteckt, am liebsten in der Nähe von Wasserläufen mit bewaldeten Ufern und Dornbuschwäldern. In der Wüste verstecken sie sich in den Oasen. In der Dämmerung werden die Tiere aktiv. Sie lassen dann ihr unangenehmes Geheul hören, um das Rudel zusammenzurufen. Schakale sind sehr gesellig. Ihr Gejaule ertönt sogar als Reaktion auf Glockengeläut. So freundlich und so wohlklingend wie dieses ist der Ruf der Schakale allerdings nicht.

Auf der Suche nach Aas, das ihre bevorzugte Nahrung ist, ziehen die Rudel zu den Dörfern und Städten. Immer auf der Suche nach Freßbarem, das der Mensch zurückgelassen hat, streifen die Schakale durch die verlassenen Straßen. Die streunenden Hunde, die zur selben Zeit auf Nahrungssuche sind, beantworten das Gejaule der Schakale mit ihrem unheimlichen Blaffen. Verwilderte Hunde und Schakale sind Feinde, vor allem deshalb, weil sie die gleiche Nahrung suchen, also Konkurrenten sind. Schakale fressen nicht nur Aas, sondern auch pflanzliche Kost, Insekten und kleine Wirbeltiere. Notfalls jagen sie sogar kleine Haustiere. Durch die Beseitigung von Aas und den Fang von Heuschrecken sind sie nützliche Tiere. Sie richten allerdings auch beträchtlichen Schaden an: Sie stehlen beim Menschen alles, was freßbar ist, auch die Hühner. In Trockenzeiten ziehen sie in die Kulturlandschaft. Dort fressen sie Trauben, zerstören das Getreide und verwüsten häufig die Melonen- und Gurkenfelder. Diese Felder und die Weinberge werden daher bewacht. In Jesaja 1,8 heißt es von der Tochter Zions, daß sie übrigblieb »wie ein Häuslein im Weinberg, wie eine Nachthütte im Gurkenfeld«.

Intelligentes Tier

In Israel leben sowohl Schakale als auch Füchse. Der Schakal sucht den Menschen und seine Umgebung und holt sich dort, was er braucht. Der Fuchs stiehlt ebenfalls Kleinvieh, doch er verhält sich anders. Er ist nicht so sehr an den Menschen gebunden wie der Schakal, und er lebt auch nicht in Rudeln.
In Rußland sind die Schakale sehr nützlich als Vertilger der Bisamratten. Diese wegen ihres Pelzes geschätzten Tiere waren 1905 von einem Jäger aus Alaska mitgebracht und in der Nähe von Prag in zwei Teichen seines Gutes ausgesetzt worden. Sie vermehrten sich rasch und breiteten sich über ganz Europa aus. In Deutschland sind sie die Donau hinauf bis in den Schwarzwald und die Schwäbische Alb vorgedrungen. Durch ihre Grabtätigkeit am Ufer von Seen und Flüssen können Bisamratten großen Schaden anrichten. Sie sind nicht zuletzt auch Zwischenwirt vieler Parasiten. Die Schakale wenden bei der Jagd auf diese Ratten eine ganz besondere Methode an. Zu beiden Seiten eines Wasserlaufs streunen einige der Tiere am Ufer auf und ab und scheuchen so die Bisamratten auf.
Der Schakal hat den Ruf, feige und scheu zu sein. Zoologen schreiben ihm jedoch mehr Intelligenz zu als dem Fuchs. Der Wolf und der Mensch sind die einzigen Feinde des Schakals.
Dort, wo Wölfe und Schakale gemeinsam vorkommen, bleiben die Schakale hoffnungslos in der Minderheit. Die Wölfe lassen den Schakalen keine Chance, sich stärker zu vermehren.

Streunender Hund

Wissenschaftlicher Name: Canis familiaris
Familienname: Canidae
Verbreitungsgebiet: verwildert im Mittelmeerraum, Nordafrika, Arabien, Asien
Deutscher Name: Hund
Biblischer Name: Hund
Hebräischer Name: כֶּלֶב
Griechischer Name: κύων

Alle ihre Wächter sind blind, sie wissen alle nichts. Stumme Hunde sind sie, die nicht bellen können, sie liegen und jappen und schlafen gerne. Aber es sind gierige Hunde, die nie satt werden können. (Jesaja 56,10-11)

Der streunende Hund, der in Israel bis heute vorkommt, ist sehr alt. Er ist im gesamten Nahen Osten verbreitet. Die Wind- und Jagdhunde der Beduinen sind seine Nachfahren. Bereits vor der Zeit Moses wurden in Ägypten Hunde für die Jagd benutzt.
In der Bibel wird der Hund meist in negativem Sinne genannt. In Israel waren Hunde zunächst keine Haustiere. Sie wurden bei der Jagd, als Reisebegleiter und zur Bewachung der Herde eingesetzt. So spricht Hiob von seinen Spöttern, »deren Väter ich nicht wert geachtet hatte, sie zu meinen Hunden bei der Herde zu stellen« (Hiob/Ijob 30,1). Erst in der Zeit des Neuen Testaments scheint man Hunde als Haustiere gehalten zu haben (siehe den unten abgedruckten Bibeltext Matthäus 15,21-28).

Verachtet

Die streunenden Hunde gehören niemandem. Sie halten sich in der Nähe des Menschen auf und fressen von seinem Abfall. Sie verschmähen sogar Aas und Leichen nicht. So fällt der Leichnam von Isebel, der verbrecherischen Frau von König Ahab, zuletzt den streunenden Hunden anheim. (2.Könige 9,35-37). Streunende Hunde haben eine spitze Schnauze, gerade hochstehende Ohren, ein fahlrotes Fell und einen ziemlich langen Schwanz. Tagsüber schlafen sie in verborgenen Winkeln oder im Feld. Abends und nachts sammeln sie sich zu Gruppen und ziehen in die Städte und Dörfer, wo sie die Menschen häufig mit ihrem Gekläff aus dem Schlaf reißen. In Psalm 59,7.15 heißt es von den Übeltätern: »Jeden Abend kommen sie wieder, heulen wie die Hunde und laufen in der Stadt umher.«
Für den Menschen sind die streunenden Hunde jedoch nützlich, denn sie räumen alles beiseite, was freßbar ist. Sie stellen einen effizienten »Reinigungsdienst« dar. Das machte die Hunde jedoch zugleich zum Symbol der Unreinheit, und die Israeliten haßten sie.

Eigenschaften

Wilde Hunde kommen in Israel bis heute vor. Wenn sie sich in großen Rudeln sammeln, können sie für Menschen eine Gefahr darstellen. In Psalm 22 heißt es: »Hunde haben mich umgeben, und der Bösen Rotte hat mich umringt; sie haben meine Hände und Füße durchgraben. Aber du, Herr, sei nicht ferne; meine Stärke, eile, mir zu helfen! Errette meine Seele vom Schwert, mein Leben von den Hunden!« (Psalm 22,17.20-21). Die Bildersprache dieses Psalms, der im Neuen Testament auf das Leiden Jesu gedeutet wurde, stammt zweifellos aus der unmittelbaren Erfahrung der damaligen Zeit. Die streunenden Hunde stellen im Nahen Osten vor allem auch deshalb eine so große Gefahr dar, weil sie gefährliche Krankheiten, unter anderem die gefürchtete und meist tödliche Tollwut, auf das Vieh und auf die Menschen übertragen können.
Es gibt über Hunde aber auch viel Gutes zu sagen. Ihre Treue ist sprichwörtlich. Als Nachfahre des Wolfs, eines in hohem Maß sozialen Tiers, überträgt der Hund seinen Gehorsam gegenüber dem »Leitwolf« auf seine menschliche Bezugsperson, der er in einem Maße zum regelrechten Kameraden werden kann wie kein anderes zum Haustier gemachtes Tier. Das Gefühl für die Richtung ist beim Hund besonders stark entwickelt, und es wird von Hunden berichtet, die ihr Heim selbst über große Entfernungen wiederfinden konnten – in einer für sie fremden Umgebung.

Weitere Bibeltexte, in denen Hunde eine Rolle spielen

Wie ein Hund wieder frißt, was er gespien hat,
so ist der Tor, der seine Torheit immer wieder treibt.
(Sprüche/Sprichwörter 26,11)

Wer noch bei den Lebenden weilt, der hat Hoffnung;
denn ein lebender Hund ist besser als ein toter Löwe.
(Prediger/Kohelet 9,4)

Die kanaanäische Frau

Jesus zog sich zurück in die Gegend von Tyrus und Sidon. Und siehe, eine kanaanäische Frau kam aus diesem Gebiet und schrie: »Ach Herr, du Sohn Davids, erbarme dich meiner! Meine Tochter wird von einem bösen Geist übel geplagt.« Und er antwortete ihr kein Wort. Da traten seine Jünger zu ihm, baten ihn und sprachen: »Laß sie doch gehen, denn sie schreit uns nach.« Er antwortete aber und sprach: »Ich bin nur gesandt zu den verlorenen Schafen des Hauses Israel.« Sie aber kam und fiel vor ihm nieder und sprach: »Herr, hilf mir!« Aber er antwortete und sprach: »Es ist nicht recht, daß man den Kindern ihr Brot nehme und werfe es vor die Hunde.« Sie sprach: »Ja, Herr; aber doch fressen die Hunde von den Brosamen, die vom Tisch ihrer Herren fallen.« Da antwortete Jesus und sprach zu ihr: »Frau, dein Glaube ist groß. Dir geschehe, wie du willst!« Und ihre Tochter wurde gesund zu derselben Stunde. (Matthäus 15,21-28)

Canis familiaris

Wolf

Wissenschaftlicher Name: Canis lupus
Familienname: Canidae
Verbreitungsgebiet: Europa, Asien, Nordamerika
Deutscher Name: Wolf
Biblischer Name: Wolf
Hebräischer Name: זאב
Griechischer Name: λύκος

Benjamin ist ein reißender Wolf; des Morgens wird er Raub fressen und des Abends wird er Beute austeilen.
(1.Mose/Genesis 49,27)

Auf dem Sterbebett spricht Jakob die obenstehenden Worte zu Benjamin, seinem jüngsten Sohn. In den Evangelien lesen wir, daß Jesus zu seinen Jüngern sagte: »Siehe, ich sende euch wie Schafe mitten unter die Wölfe« (Matthäus 10,16). Diese und andere Stellen zeigen, daß der Wolf in Israel bekannt und gefürchtet war. Ein Hirt mußte zuweilen unter Lebensgefahr seine Herde gegen Wölfe verteidigen. Das Zusammenleben von Wolf und Lamm ist daher auch Kennzeichen des kommenden Friedensreiches: »Da werden die Wölfe bei den Lämmern wohnen und die Panther bei den Böcken lagern. Ein kleiner Knabe wird Kälber und junge Löwen und Mastvieh miteinander treiben« (Jesaja 11,6).
Der Wolf kommt in Israel bis heute vor. In den letzten 50 Jahren hat die Zahl der Wölfe jedoch stark abgenommen. Palästina ist die südliche Grenze ihres Verbreitungsraums. Weil es in Israel nur wenige Wälder gibt, lebt der Wolf dort nicht in Rudeln, wie es sonst für ihn die Regel ist. Im spärlich begrünten Jordantal und in der Wüste von Juda, wo er noch zu finden ist, hält er sich tagsüber zwischen den Felsen versteckt, nachts schleicht er zu den Schafställen und sucht nach Beute. In babylonischer Zeit war der Wolf in Palästina ein häufig vorkommendes und gefürchtetes Raubtier, das Schafe und andere Kleintiere bedrohte.

Kulturflüchtling

Der Wolf ist ein typischer Vertreter der Familie der Hundeartigen. Er ist aller Wahrscheinlichkeit nach der einzige Stammvater des Haushundes und damit aller Hunderassen. Das Tier wurde überall so gnadenlos verfolgt, daß es heute nur noch im Gebiet der GUS-Staaten, in Alaska und in Kanada nennenswerte Bestände gibt.
In Deutschland war der Wolf um 1900 so gut wie verschwunden. Das hängt vor allem damit zusammen, daß es zu Anfang des 18. Jahrhunderts wirkungsvollere Feuerwaffen gab, und auch das starke Gift Strichnin gegen ihn eingesetzt wurde. Allerdings sind in den extrem kalten Wintern der frühen 60er Jahre Wölfe von Polen über die zugefrorene Oder und Elbe bis nach Niedersachsen vorgedrungen.

Gewaltige Kraft

Der Wolf hat einen besonders massiven Schädel, wodurch sein Gebiß eine beträchtliche Kraft entwik-

CANIS LUPUS
PALLIPES
(INDISCHER
WOLF)

keln kann. So ist er in der Lage, den Oberschenkel-
knochen eines ausgewachsenen Elchs oder eines
anderen Großtiers zu durchbeißen. Er fängt vorzugsweise Huftiere. Wenn die Nahrung knapp wird, frißt
er notfalls auch Kadaver. In der äußersten Not
verschmäht er selbst pflanzliche Nahrung nicht. Das
Sprichwort »er hat Hunger wie ein Wolf« ist zutreffend, denn dieses Tier kann pro Tag mehr als 10 kg
Fleisch verschlingen. Nach einer solch üppigen
Mahlzeit vermag der Wolf dann auch mehrere Tage
ohne Nahrung zu überstehen.

In der Nacht legen Wölfe große Entfernungen zurück,
zuweilen bis zu 60 km täglich. Der Europäische Wolf
jagt meist in Rudeln von bis zu 20 Tieren. Solch ein
Wolfsrudel verteidigt sein Jagdrevier, das mit Urin
und Auswurf abgegrenzt wird. Das Wolfsrudel ist
eine der am höchsten entwickelten sozialen Organisa-
tionen, die wir im Tierreich kennen. Wölfe jagen
vorzugsweise Elche, Hirsche, Rentiere und wilde
Schafe. Ein Wolf allein würde diese großen Beutetiere
nicht überwältigen können, ein ganzes Wolfsrudel ist
dazu dagegen leicht in der Lage.

Die Jagdtechnik der Wölfe erfordert guten Kontakt
untereinander und eine regelrechte Arbeitsteilung.
Die Tiere suchen als Beute vorzugsweise ein altes und
schwaches Tier aus, das sie von der Herde trennen.
Bisweilen teilt sich ein jagendes Wolfsrudel, und
während ein Teil des Rudels dem Beutetier nachjagt,
vollführt der andere eine Zangenbewegung. Dadurch

gerät das Beutetier in die Falle. Ihre hohe Geschwindigkeit über eine kurze Entfernung und ihre Technik
der gemeinsamen Jagd macht die Wölfe zu unschlag-
baren Jägern.

Weitere Bibeltexte über den Wolf

*Ich will zu den Großen gehen und mit ihnen reden; die
werden um des Herrn Weg und ihres Gottes Recht wissen.
Aber sie alle haben das Joch zerbrochen und die Seile
zerrissen. Darum wird sie auch der Löwe aus dem Walde
zerreißen, und der Wolf aus der Steppe wird sie verderben,
und der Panther wird um ihre Städte lauern; alle, die von
da herausgehen, werden zerfleischt. Denn ihrer Sünden sind
zu viele, und sie bleiben in ihrem Ungehorsam.*
(Jeremia 5,5-6)

*Des Herrn Wort geschah zu mir: »Du Menschenkind,
sprich zu ihnen: ›Du bist ein Land, das nicht beregnet ist,
das nicht benetzt wurde zur Zeit des Zorns. Die Oberen
in seiner Mitte sind wie reißende Wölfe, Blut zu vergießen
und Menschen umzubringen um ihrer Habgier willen.
Darum schüttete ich meinen Zorn über sie aus, und mit dem
Feuer meines Grimmes machte ich ihnen ein Ende und ließ
so ihr Treiben auf ihren Kopf kommen, spricht Gott der
Herr.‹« (Hesekiel/Ezechiël 22,23-24.27.31)*

*Jesus sagt: »Seht euch vor vor den falschen Propheten, die
in Schafskleidern zu euch kommen, inwendig aber sind sie
reißende Wölfe.« (Matthäus 7,15)*

Bezoarziege

Wissenschaftlicher Name:	Capra aegagrus
Familienname:	Bovidae
Verbreitungsgebiet:	Gebirge Vorderasiens, griechische Inseln, Kleinasien, Nordafrika
Deutscher Name:	Bezoarziege
Biblischer Name:	Ziege
Hebräischer Name:	עֵז
Griechischer Name	αἴξ

Siehe, meine Freundin, du bist schön! Siehe, schön bist du! Deine Augen sind wie Taubenaugen hinter deinem Schleier. Dein Haar ist wie eine Herde Ziegen, die herabsteigen vom Gebirge Gilead. (Hoheslied 4,1)

Schafe und Ziegen waren jahrhundertelang das wichtigste Kleinvieh der Israeliten. Die Ziegen waren wegen ihres Fleischs, ihrer Milch und ihres Fells für den Menschen ausgesprochen nützlich. Zum Bau der Stiftshütte wurde den Israeliten aufgetragen: »Du sollst Teppiche aus Ziegenhaar machen als Zelt über der Wohnung, elf Teppiche« (2.Mose/Exodus 26,7). Wer sich in der Bibel auskennt, wird auch an den Betrug des Jakob denken, dem es mit Ziegenfellen um Hals und Hände gelang, sich wie sein behaarter Bruder anzufühlen (1.Mose/Genesis 27,1-29). Als Passalamm durften die Israeliten notfalls einen einjährigen Ziegenbock schlachten. Ziegenböcke wurden hauptsächlich für das Sündopfer benutzt (3.Mose/Levitikus 9,3;16,5). Im großen Sühneritual am Versöhnungstag wurden einem Ziegenbock die Sünden des Volkes auferlegt, bevor man ihn zu den Dämonen in die Wüste jagte (3.Mose/Levitikus 16,10.20-22). Der Bock war dafür besonders geeignet, weil man ihn aufgrund seines Aussehens und seiner Kampfeslust selbst als ein Tier mit dämonischen Zügen betrachtete. Dementsprechend verkörpern in Jesu Bildrede vom Weltgericht (Matthäus 25,32-46) die Ziegenböcke die Gottlosen; und in nachbiblischer Zeit hat man dem Satan Bockszüge verliehen.

Wildziegen

In Syrien lebte neben der Mamré-Ziege ursprünglich auch die wilde Urziege (Capra primigenia). Skelettreste dieses Tieres hat man in der Anteliashöhle im Libanon und bei Ausgrabungen in der Nähe von Aschkelon gefunden. Forscher gehen davon aus, daß die Bezoarziege der Stammvater der Hausziege ist. Die domestizierte Ziege gibt es schon sehr lange; sie stammt aus jener Zeit, als Landwirtschaft und Viehzucht entstanden. Ihre Ursprünge liegen im Nahen Osten und reichen bis nach Persien. Dort gab es weiträumige Landschaften mit wilden Gräsern und Getreide. Auch an den Berghängen grasten die wilden Schafe und Ziegen.

Das Schaf und die Ziege sind die ältesten Haustiere. Schon in der biblischen Urgeschichte werden sie erwähnt: In 1.Mose/Genesis 4,2 heißt es, daß Abel ein Schafhirte wurde. Mit Schafhirte ist in diesem Fall ein Hirte für Kleinvieh wie Schafe und Ziegen gemeint. Lange Zeit sind die israelitischen Hirten Nomaden gewesen, die mit ihren Herden immer auf der Suche nach geeignetem Weidegrund unterwegs waren. Mit Schafen und Ziegen war solch ein unstetes Leben möglich.

Auffällige Hörner

Die Bezoarziege lebt in Herden in felsigen Regionen; sie ist ein ausgezeichneter Kletterer, der bevorzugt auf den Hügeln und an den Berghängen zu finden ist. Die Böcke sind den größten Teil des Jahres von den Ziegen getrennt. In der Ruhezeit halten die Tiere stets einigen Abstand voneinander. Nur die jungen Ziegen haben Körperkontakt zur Mutter. Die Bezoarziege hat sehr große Hörner, die mindestens 80 cm, gelegentlich sogar 130 bis 150 cm lang werden können. Sie sind säbelförmig und sehen dadurch aus wie mächtige Waffen. Wegen ihrer gekrümmten Form sind sie jedoch nicht gefährlich.

Die Bezoarziege war früher in den Gebirgen Vorderasiens und auf den griechischen Inseln weitverbreitet. Heute kann man sie nur noch auf Kreta und auf der kleinen Insel Erimomilus im Mittelmeer finden. An anderen Stellen leben noch Bastardformen. Seit es Feuerwaffen gibt, wurden die Wildziegen allmählich ausgerottet, vor allem wegen ihres Fleischs, ihrer Haut und ihrer schön geformten Hörner.

Eigenartig ist das Interesse an den sogenannten Bezoar-Steinen. Dabei handelt es sich um Magensteine, die aus verschluckten Haaren bestehen, die die Ziegen bei der Reinigung ihres Fells ins Maul bekommen. Diese Haare sind unverdaulich und werden zu harten, glatten Ballen zusammengepreßt. Der Volksglaube sah in diesen Magensteinen ein Wundermittel gegen allerlei Krankheiten und Gebrechen.

Dort, wo viele Ziegen vorkommen, ist ihre Freßsucht für den Wald verhängnisvoll. Ziegen sind nicht wählerisch, sie fressen alles Grün, das sie auf Bäumen und an Sträuchern erreichen können. Dazu richten sie sich auf ihren Hinterbeinen auf, recken sich soweit wie möglich, um auch den letzten Sproß Grün zu erreichen. An vielen Stellen im Mittelmeerraum sind die wilden und später auch die verwilderten Ziegen mit am Verschwinden der Wälder beteiligt. Auch in Israel tragen die Ziegen zum Teil die Schuld daran, daß es in weiten Teilen des Landes kaum noch Wälder gibt. Jahrhundertelang konnten die Tiere sich ungestört daran gütlich tun.

Die Herkunft von Jakobs Reichtum

Als Rahel den Josef geboren hatte, sprach Jakob zu Laban: »Laß mich ziehen und reisen an meinen Ort und in mein Land. Gib mir meine Frauen und meine Kinder, um die ich dir gedient habe, daß ich ziehe; denn du weißt, wie ich dir gedient habe.« Laban sprach zu ihm: »Laß mich Gnade

vor deinen Augen finden. Ich spüre, daß mich der Herr segnet um deinetwillen. Bestimme den Lohn, den ich dir geben soll.« Er aber sprach zu ihm: »Du weißt, wie ich dir gedient habe und was aus deinem Vieh geworden ist unter mir. Du hattest wenig, ehe ich herkam; nun aber ist's geworden zu einer großen Menge, und der Herr hat dich gesegnet auf jedem meiner Schritte. Und nun, wann soll ich auch für mein Haus sorgen?« Er aber sprach: »Was soll ich dir denn geben?«

Jakob sprach: »Du sollst mir gar nichts geben; sondern wenn du mir tun willst, was ich dir sage, so will ich deine Schafe wieder weiden und hüten. Ich will heute durch alle deine Herden gehen und aussondern alle gefleckten und bunten Schafe und alle schwarzen Schafe und die bunten und gefleckten Ziegen. Was nun bunt und gefleckt sein wird, das soll mein Lohn sein. So wird meine Redlichkeit morgen für mich zeugen, wenn du kommst wegen meines Lohnes, den ich von dir nehmen soll: was nicht gefleckt oder bunt unter den Ziegen und nicht schwarz sein wird unter den Lämmern, das sei ein Diebstahl, wenn es sich bei mir findet.« Da sprach Laban: »Wohlan, es sei, wie du gesagt hast.«

Und er sonderte an jenem Tage aus die sprenkligen und bunten Böcke und alle gefleckten und bunten Ziegen, wo nur etwas Weißes daran war, und alles, was schwarz war unter den Lämmern, und tat's unter die Hand seiner Söhne und machte einen Raum, drei Tagereisen weit, zwischen sich und Jakob. Jakob aber weidete die übrigen Herden Labans. Und Jakob nahm frische Stäbe von Pappeln, Mandelbäumen und Platanen und schälte weiße Streifen

daran aus, so daß an den Stäben das Weiße bloß wurde, und legte die Stäbe, die er geschält hatte, in die Tränkrinnen, wo die Herden hinkommen mußten zu trinken, daß sie da empfangen sollten, wenn sie zu trinken kämen. So empfingen die Herden über den Stäben und brachten Sprenklige, Gefleckte und Bunte.

Da sonderte Jakob die Lämmer aus und machte sich eigene Herden; die tat er nicht zu den Herden Labans. Wenn aber die Brunstzeit der kräftigen Tiere war, legte er die Stäbe in die Rinnen vor die Augen der Herde, daß sie über den Stäben empfingen. Aber wenn die Tiere schwächlich waren, legte er sie nicht hinein. So wurden die schwächlichen Tiere dem Laban zuteil, aber die kräftigen dem Jakob. Daher wurde der Mann über die Maßen reich, so daß er viele Schafe, Mägde und Knechte, Kamele und Esel hatte.
(1.Mose/Genesis 30,25-43)

Nubischer Steinbock

Wissenschaftlicher Name: Capra ibex nubiana
Familienname: Bovidae
Verbreitungsgebiet: Arabische Halbinsel, Israel, Nordafrika
Deutscher Name: Nubischer Steinbock
Biblischer Name: Steinbock
Hebräischer Name: אַקּוֹ/יָעֵל
Griechischer Name: ἔλαφος

Saul nahm dreitausend auserlesene Männer aus ganz Israel und zog hin, David samt seinen Männern zu suchen, in Richtung auf die Steinbockfelsen. (1.Samuel 24,3)

»Die hohen Berge geben dem Steinbock Zuflucht«, heißt es in Psalm 104,18. Die Art, die damit gemeint ist, ist der Nubische Steinbock, der vermutlich früher im bewohnten Hügelland zu finden war. Schon vor langer Zeit ist er in die Wüstengebiete zurückgedrängt worden, aber auch dort ist er inzwischen vom Aussterben bedroht. Heute kann man dieses herrliche Tier noch im Gebirge bei Be'er Sheva (Beerscheba), der Hauptstadt des Negeb, beobachten. Auch im Hai-Bar Nationalpark gibt es noch überlebensfähige Herden.

Geschickte Kletterer

In 1.Samuel 24,3 wird berichtet, daß Saul mit 3000 auserlesenen Männern auszog, um David und seine Männer bei den Steinbockfelsen zu suchen, wohin er

Capra ibex nubiana

sich zurückgezogen hatte. Diese »Steinbockfelsen« in den Bergfestungen bei En-Gedi existieren heute noch, und immer noch sind dort Steinbockherden zu finden. Sie sind eines der zahlreichen Wunder der Wüste, die durch diese herrlichen Tiere belebt wird.

Der Nubische Steinbock ist ein muskulöses Tier, das mit seinen großen, säbelförmigen Hörnern besonders auffällt. Der beeindruckende, gehörnte Kopf wurde daher als Symbol der israelischen Naturschutzorganisation gewählt. Alle Steinbockarten sind geschickte und kräftige Bergbewohner. Mit unvorstellbarer Leichtigkeit erklettern diese Tiere auch die steilsten Berghänge. Wenn Steinböcke plötzlich aufgescheucht oder bedroht werden, warnt der wachende Bock mit einem scharfen flötenden Ton. Die Ziegenherde reagiert sofort und trabt die Felsen hinauf. Dabei finden die Tiere auch auf den kleinsten Unebenheiten Halt. In Anpassung an ihre hauptsächlich kletternde Lebensweise haben die Tiere besonders geformte Hufe, mit denen sie sich gleichsam an den Felsen festklammern können. Von einer Stütze aus, die kaum breiter als ein Riß im Fels ist, und die in unseren Augen keinerlei Halt bietet, kann ein Steinbock bis zu zwei Meter senkrecht in die Höhe springen. Das ist eine Leistung, zu der kein anderes Tier in der Lage ist.

Besondere Kräfte

Steinböcke gehören zu den typischen Wiederkäuern des Hochgebirges. Sie sind in Eurasien und Nordafrika verbreitet. Der Nubische Steinbock und der seltene Äthiopische Steinbock, die im Mittleren Osten leben, sind Unterarten der Familie, die in Europa durch den Alpensteinbock vertreten ist. Dieser war in der Mitte des vorigen Jahrhunderts durch Überjagung fast ausgerottet worden. Diese Bejagung war eine Folge der besonderen Eigenschaften, die Steinböcken zugeschrieben wurden. Man glaubte z.B., daß Blut und Hörner Heilkraft hätten. Im Mittelalter schrieb man Steinböcken sogar Zauberkraft zu. Das hing vor allem damit zusammen, daß diese Tiere in unzugänglichen Gebieten leben, auch extremen Witterungsumständen widerstehen können und Musterbeispiele für Kraft und Geschicklichkeit sind.

Aufgrund der jahrhundertelangen Bejagung gab es um etwa 1700 in der Schweiz keinen Steinbock mehr. Zu Anfang unseres Jahrhunderts wurden einige Steinböcke im Peter-und-Paul-Wildpark ausgesetzt. Heute gibt es in den Schweizer, in den Italienischen, den Österreichischen und den Französischen Alpen wieder mehr als 6000 Tiere. Sie sind nicht mehr gefährdet, denn ihre natürlichen Feinde wie Wolf, Bär und Luchs kommen nur noch an wenigen Stellen vor, und der Mensch hat die Steinböcke unter Naturschutz gestellt.

Steinböcke leben hoch oberhalb der Baumgrenze im Gebirge, und zwar in Höhen bis zu 3000 und 3500 m. Im Winter sind diese Tiere auf Stellen angewiesen, an denen nur wenig oder gar kein Schnee liegt. Sie klettern geschickt an diesen kahlen Felswänden entlang, um ihre karge Nahrung zu suchen. Selbst

nachts sind sie auf Futtersuche, wobei sie sicher ihren Weg in Felsgebieten finden, die für den Menschen so gut wie unzugänglich sind.

Reh

Wissenschaftlicher Name: Capreolus capreolus
Familienname: Cervidae
Verbreitungsgebiet: Europa, Asien
Deutscher Name: Reh
Biblischer Name: Reh, Hirsch, Hinde
Hebräischer Name: אַיָּל (m.), אַיָּלָה (f.)
Griechischer Name: ἰσχύς, ἔλαφος

Ich beschwöre euch, ihr Töchter Jerusalems, bei den Gazellen oder bei den Hinden auf dem Felde, daß ihr die Liebe nicht aufweckt und nicht stört, bis es ihr selbst gefällt. (Hoheslied 2,7)

In Israel lebten viele Rehe. Bis zum Ende des vorigen Jahrhunderts waren sie auf dem Karmel weit verbreitet. Wahrscheinlich haben die Verfasser der Bibel immer Rehe gemeint, wenn die Übersetzer »Hirsch« oder »Hirschkuh« schrieben. So wird sehr wahrscheinlich auch das Reh das Emblem des Stamms von Naftali gewesen sein, von dem es in 1.Mose/Genesis 49,21 heißt: »Naftali ist ein schneller Hirsch«. Das Reh ist ein besonders zierliches Tier. In der Bibel gilt es deshalb als Verkörperung der Anmut: »Dein Born sei gesegnet, und freue dich des Weibes deiner Jugend. Sie ist lieblich wie eine Gazelle und holdselig wie ein Reh. Laß dich von ihrer Anmut allezeit sättigen und ergötze dich allewege an ihrer Liebe« (Sprüche/Sprichwörter 5,18-19).

Kulturfolger

Was seinen Lebensraum angeht, ist das Reh nicht sonderlich wählerisch. Ausreichend Deckung, Ruhe und Nahrung machen fast jedes Gelände für das Reh geeignet. Das Reh ist ein regelrechter Kulturfolger. Weil sich das Reh gut an den Menschen angepaßt hat, ist dieses Tier die am häufigsten vorkommende Hirschart geworden. In den meisten Lebensräumen des Rehs gibt es keine großen Raubtiere mehr, die den Bestand einschränken können und die Population gesund erhalten. Diese Aufgabe muß heute vom Menschen übernommen werden. Wenn hier keine geeigneten Maßnahmen ergriffen werden, entstehen problematische Situationen. So nimmt in Deutschland der Bestand an Rehen immer mehr zu (Schätzungen zufolge ist in der Bundesrepublik/alte Bundesländer der Bestand allein zwischen 1968 und 1980 von 1,3 Millionen auf 1,5-2 Millionen angewachsen). Da Rehe sich bevorzugt von jungen Knospen ernähren, hat diese Zunahme in dem ohnehin schon angegriffenen Wald teilweise erhebliche Schäden zur Folge.

Ein anmutiges Tier

Das Reh ist ein besonders schönes Tier. Es bewegt sich anmutig und äußerst geschmeidig. Mühelos springt es über Hecken, Sträucher und Abgrenzungen. Im Sommer hält es sich tagsüber in seiner Deckung auf. Wenn es dämmert, macht es sich auf die Suche nach Nahrung. An besonders geschützten

Stellen sind Rehe auch tagsüber aktiv, was ihrem natürlichen Verhalten entspricht (siehe auch Rothirsch, S. 48-49). Im Winter schließen sich die Tiere zu Gruppen oder Sprüngen zusammen, denen weibliche und männliche Tiere angehören. Im Frühjahr suchen sich diese ein eigenes Territorium. Die weiblichen Tiere brauchen eine geschützte Stelle für ihr Junges. Wenn das Kitz geboren ist, bleibt es einige Tage in dem Versteck. Es liegt bewegungslos da und wird wegen seiner Schutzfarbe nur selten entdeckt. Auch die Böcke stecken im Frühjahr ein eigenes Gebiet ab und verteidigen dieses Territorium gegen Rivalen. Die Grenzen ihres Gebiets werden mit Geruchsmarken und Fegestellen markiert. Der Rehbock hat an der Stirn eine Geruchsdrüse. Indem er mit seinem Gehörn (so nennt man das Geweih des Rehbocks in der Jägersprache) reibt, bewegt er sich gleichzeitig mit dieser Drüse an Ästen und dünnen Baumstämmen entlang. Der zurückbleibende Geruch zeigt einem anderen Bock an, daß er das Territorium eines Rivalen betritt.

Verzögerte Tragzeit

Die Brunftzeit der Rehe liegt im Sommer, etwa zwischen Ende Juli und Mitte August. Dann werden die Grenzen des Territoriums heftig verteidigt. Zwischen der Zeit des Beschlagens, wie man die Paarung der Hirschartigen nennt, und der Geburt des Jungtieres liegen neun Monate. Das weibliche Reh hat eine verzögerte Tragzeit. Die Frucht wächst in den ersten sechs Monaten nur etwa bis zur Größe einer Maus heran. Die Entwicklung steht in den Wintermonaten fast still. Erst nach Februar setzt sich das Wachstum ungestört fort, und im Mai wird das Kitz geboren. Ältere Weibchen werfen zwei, manchmal sogar drei Junge. Der Bock bekommt nach einigen Jahren ein herrliches Gehörn. Dieses Gehörn wächst auf den sogenannten »Rosenstöcken« und hat recht dicke, mit kleinen Knoten überzogene Stangen. Eine Hauptstange erhält zwei bis sechs Enden. Dann ist das Gehörn ausgewachsen.

Rothirsch

Wissenschaftlicher Name: Cervus elaphus
Familienname: Cervidae
Verbreitungsgebiet: Europa, Asien, Nord-
amerika, Nordafrika
Deutscher Name: Rothirsch
Biblischer Name: Hirsch, Hinde
Hebräischer Name: אַיָּל (m.), אַיָּלָה (f.)
Griechischer Name: ἔλαφος

Wie der Hirsch lechzt nach frischem Wasser,
so schreit meine Seele, Gott, zu dir.
(Psalm 42,2)

Das Wort »Hirsch« wird in der Bibel häufig verwendet. In den meisten Fällen meint man jedoch das
weibliche Tier: die Hinde. Ohne Zweifel werden
Hirsche in Palästina überall vorgekommen sein. Auch
der Rothirsch war hier früher zu finden.
Bereits seit vielen Jahrhunderten ist der Rothirsch
jedoch aus dem biblischen Land verschwunden. Man
hat sein Vorhandensein in der Vergangenheit nur
durch historische Funde in Höhlen nachweisen
können. Forscher haben festgestellt, daß sich die
Höhlenbewohner des Karmel von zahlreichen Tierarten ernährten. Man hat von diesen Tieren Knochen
und Schädel sowie Knochenreste von Fleischmahlzeiten gefunden. Entlang der Höhlenwände haben

Archäologen zahlreiche Tierreste entdeckt. Zweifellos
wurde in jener Zeit auch Jagd auf Hirsche und Rehe
gemacht, die wohlschmeckendes und gutes Fleisch
lieferten.
In der Bibel ist der Hirsch ebenso wie das Reh ein
Symbol der Anmut: »Bis der Tag kühl wird und die
Schatten schwinden, wende dich her gleich einer
Gazelle, mein Freund, oder gleich einem jungen
Hirsch auf den Balsambergen« (Hoheslied 2,17). Er
ist außerdem ein Symbol für Schnelligkeit. »Der Herr
ist meine Kraft, er wird meine Füße machen wie
Hirschfüße und wird mich über die Höhen führen«,
sang der Prophet (Habakuk 3,19), und in Psalm 18,34
heißt es: »Er macht meine Füße gleich den Hirschen
und stellt mich auf meine Höhen«.

Nachttiere

Der Rothirsch weist gut 20 Unterarten auf, die weit
verbreitet sind. Die in Nordamerika vertretene Art
wird ebenfalls als Rothirsch angesehen, man nennt sie
jedoch Wapiti.
Rothirsche sind Waldtiere. Ursprünglich waren sie
Tagtiere, aber in den meisten Lebensräumen sind sie
zu Nachttieren geworden. Jagdgegner behaupten,
dies sei die Folge der jahrhundertelangen starken
Bejagung. Jäger geben dem Freizeitverhalten die

CERVUS ELAPHUS

Schuld, durch das die Lebensräume gestört werden. In den Ruhegebieten für dieses Wild, in denen sich keine Menschen aufhalten dürfen, findet man Hirsche tatsächlich auch tagsüber. Dann sind sie allerdings niemals aktiv. Erst gegen Abend gehen sie auf Nahrungssuche, sie »äsen«, wie man das Grasen bei diesen Tieren nennt.

Die Brunft der Hirsche regt die Phantasie in hohem Maße an. Ende September/Anfang Oktober lassen die männlichen Tiere ihren weit erklingenden Brunftruf hören. Man bezeichnet dies als »Röhren«. In jener Zeit versucht der Hirsch, eine Gruppe weiblicher Tiere um sich zu sammeln, ein sogenanntes Brunftrudel. Der Herrscher darüber wird als »Platzhirsch« bezeichnet. Dabei handelt es sich um ein ausgewachsenes und starkes Tier. Der Platzhirsch paart sich mit den Hinden seines Rudels. Jäger bezeichnen dies als »beschlagen«.

In der Umgebung eines solchen Brunftrudels treiben sich junge und schwächere Hirsche herum, die Nebenhirsche. Diese versuchen, Hinden des Platzhirschs fortzulocken. Das Röhren soll die Rivalen beeindrucken. Regelmäßig kommt es zu Kämpfen mit Konkurrenten, und dabei wird gelegentlich auch ein schwächerer Hirsch getötet. Selten kommt es vor, daß kämpfende Hirsche sich mit ihren Geweihen so ineinander verkeilen, daß sie eines elenden Todes sterben müssen.

Brunftwaffe

Das ausgewachsene männliche Tier hat ein imposantes Geweih. Es ist verzweigt und hat runde Stangen mit einer ganzen Reihe von Seitenenden. Es wird in der Brunftzeit als Waffe benutzt. Heinz Sielmann beschreibt einen solchen Kampf: »Der Anblick kämpfender Hirsche gehört zu den aufregendsten Naturbeobachtungen. Mit größter Kraft stemmen sich die Widersacher gegeneinander. Bei mit solcher Wucht geführten Kämpfen kann man das Aufeinanderschlagen der Geweihe schon von weitem hören. In den meisten Fällen besteht die Auseinandersetzung zweier rivalisierender Brunfthirsche in einem Turnier (Duell), bei dem es nur um das Messen der Körperkräfte geht. Es ist also kein Beschädigungskampf. Die Wucht des Angriffs fängt das Geweih auf, und bevor ein körperlich unterlegener Hirsch erschöpft die Breitseite bietet, dürfte er sich fast stets durch eilige Flucht in Sicherheit bringen.« Einige Monate später, meist im Februar, wird das Geweih abgeworfen. Sofort beginnt die Entwicklung eines neuen Geweihs. Lange Zeit ist dieses neue Geweih mit einer lebenden, samtartigen Haut überzogen, in der sich Blutgefäße befinden. Erst wenn das Geweih ganz ausgewachsen ist, wird die Blutzufuhr zur Basthaut unterbrochen; die Kalkmasse härtet aus und die Haut vertrocknet. Das Bastgeweih wird vom Hirsch »gefegt«. Er reibt damit an Zweigen und Ästen von Bäumen und Sträuchern entlang, um den hinderlichen und juckenden Bast zu entfernen. Die Säfte der malträtierten Baumrinde ziehen in die Stangen ein und verleihen dem Geweih die kalkige Farbe und den Glanz. Die Spitzen der Enden sind meist blankpoliert. Für die Entwicklung des Geweihs ist hochwertige Nahrung notwendig. In stark kultivierten Ländern werden die Hirsche zusätzlich gefüttert, da die Größe der Waldgebiete für die vorhandenen Tiere als natürliche Nahrungsgrundlage nicht mehr ausreicht.

Chamäleon

Wissenschaftlicher Name: Chamaeleo chamaeleon
Familienname: Chamaeleonidae
Verbreitungsgebiet: Afrika, Mittelmeerraum,
                          Kleinasien, Indien
Deutscher Name: Chamäleon
Biblischer Name: Chamäleon
Hebräischer Name: תִּנְשֶׁמֶת
Griechischer Name: ἀσπάλαξ

*Von den kleinen Landtieren, die auf der Erde kriechen,
gelten für euch als unrein die Mäuse und Maulwürfe, alle
Eidechsenarten und das Chamäleon. Wer sie berührt,
nachdem sie verendet sind, ist bis zum Abend unrein.
(3.Mose/Levitikus 11,29-31; GuNa)*

Chamäleons leben hauptsächlich in Afrika, doch man
findet sie auch in anderen Ländern rund um das
Mittelmeer. Es ist allgemein bekannt, daß diese
seltsamen Tiere ihre Farbe verändern können. Diese
die Phantasie anregende Eigenschaft hat seit jeher die
Aufmerksamkeit des Menschen erregt. Jahrhundertelang hatte man keine Erklärung für dieses Phänomen.
Das machte Chamäleons zu geheimnisvollen Lebewesen.
Die Farbveränderung entsteht durch Einwirkung von
Lichtreizen oder durch bestimmte Empfindungen,
vor allem Erschrecken oder Gefahr. Die Haut des
Chamäleons enthält Farbstoffzellen. Diese können
ihre Form verändern, wodurch die Farbstoffpigmente
eine andere Lage in den Zellen einnehmen. Das
Chamäleon kann auf diese Weise grün, gelb oder

CHAMAELEO CHAMAELEON

50

braun werden. Es gleicht sich damit der Farbe der Blätter an, zwischen denen es sich versteckt. Ein Chamäleon kann zwar nicht jede beliebige Farbe annehmen, aber es gibt Arten, die sich recht genau an ihre Umgebung anpassen können. Ihre Körperteile nehmen zu diesem Zweck verschiedene Farben an, je nach Sonnen- und Schatteneinwirkung auf ihre Haut. Die normale Farbe des Chamäleons ist grün, wobei es die unterschiedlichsten Schattierungen gibt. Diese entstehen durch die Position der unter der Oberhaut liegenden sechseckigen Zellen. Nicht alle Körperteile sind farbempfindlich. Ein vom Kinn zum After verlaufender Streifen und die Innenseite der Extremitäten verändern ihre Farbe niemals.

Seltsame Augen

In Israel gibt es überall Chamäleons. Sie halten sich am liebsten dort auf, wo es Bäume und Wasser gibt, vor allem im Jordantal. Chamäleons sehen sehr eigenartig aus, was insbesondere auf ihre merkwürdigen Augen zurückzuführen ist. Diese werden von dicken Augenlidern umschlossen, die gleichsam eine Hülle für die Augen bilden. Die Augenlider lassen nur eine kleine Öffnung für die Pupille frei. Auf diese Weise ist das Sehvermögen der Tiere besonders gut. Die Augen können unabhängig voneinander bewegt werden; das Chamäleon kann mit einem Auge nach vorn und gleichzeitig mit dem anderen in eine völlig andere Richtung blicken. Das gibt es bei keinem anderen Tier.

Diese Fähigkeit bietet einen großen Vorteil. Das Chamäleon kann, ohne sich zu bewegen, seine gesamte Umgebung auf Beute hin ausspähen. Um diese Beute zu packen, besitzt das Chamäleon eine besonders ausgebildete Zunge, die der Zunge eines Ameisenbären sehr ähnlich ist. Das Chamäleon kann sie fast 20 cm weit herausstrecken. In Ruhestellung liegt die Zunge zusammengerollt in einer Kehlöff-

nung. Sie wird von neun Muskelpaaren bewegt; wenn die Zunge nach vorn schießt, wird sie zugleich von zwei großen Schlagadern mit Blut vollgepumpt, wodurch sie sich stark vergrößert.

Früher glaubte man, das Chamäleon sei in der Lage, sich aufzublasen und mit zusammengepreßter Luft seine Zunge nach vorn zu schleudern. Das hebräische Wort »tinšemet« steht im Zusammenhang mit »kräftig Atem holen«.

Zangenförmige Füße

Die Füße und vor allem die Zehen des Chamäleons sind ebenfalls auf eine ganz besondere Weise ausgebildet. Alle Füße sind etwa gleich lang und haben fast die gleiche Form, was sehr selten vorkommt. Sie sind dünn, lang und rund. Die fünf Zehen sind kurz und stehen einander in einer Zweier- und einer Dreiergruppe gegenüber. Jede Zehengruppe ist von einer gemeinsamen Haut umgeben. Die Zehen bilden auf diese Weise eine Art Zange, mit der Äste sicher umfaßt werden können. Damit der Griff so sicher wie möglich ist, ist die Haut an der Innenseite der Zehen rauh und körnig. Diese zangenförmigen Greifextremitäten sind einmalig in ihrer Art. Die Anordnung der Zehen an den Vorderfüßen ist der an den Hinterfüßen entgegengesetzt. Sie stehen also umgekehrt zueinander.

Chamäleons sitzen stundenlang unbeweglich in Gruppen zu 3 bis 6 Tieren auf einem Strauch oder einem Baum. Ihre Augen sind stets aktiv und ihre klebrige Zunge schießt regelmäßig blitzartig nach vorn, um eine Fliege, einen Käfer oder ein anderes Insekt zu fangen. Chamäleons sind an das Leben auf den Bäumen und an den Fang von Insekten perfekt angepaßt.

Weißer Storch

Wissenschaftlicher Name: Ciconia ciconia
Familienname: Ciconiidae
Verbreitungsgebiet: Europa bis Turkestan, Nordafrika
Deutscher Name: Weißer Storch
Biblischer Name: Storch
Hebräischer Name: חֲסִידָה
Griechischer Name: ασίδα

Der Storch unter dem Himmel weiß seine Zeit, Turteltaube, Kranich und Schwalbe halten die Zeit ein, in der sie wiederkommen sollen; aber mein Volk will das Recht des Herrn nicht wissen. (Jeremia 8,7)

Der Storch ist in Israel ein vorübergehender Gast. Einige Tiere überwintern allerdings auch dort. Auch kommt es im Frühjahr vor, daß manche Störche zurückbleiben, um zu brüten. Wenn sich die Störche im Frühjahr auf den Heimweg nach Norden machen, überfliegen sie Palästina in großer Zahl. Der hebräische Name charakterisiert diesen Vogel als gutartig und liebevoll, ein Vogel, der für seine Jungen sorgt, ganz im Gegenteil zum Strauß, der seine Eier angeblich ihrem Schicksal überläßt (was natürlich nicht der Fall ist – siehe Syrischer Strauß, S. 138-139). Die Gutartigkeit und das liebevolle Verhalten sind allgemein bekannt.

Zugzeit voller Gefahr

Die Weißen Störche, die im Osten Deutschlands und in Polen brüten, ziehen über den Balkan, Kleinasien, an der Syrischen Wüste und am Sinai entlang nach Mittel- und Südafrika, um dort zu überwintern. Bei der Rückkehr im Frühjahr fliegen sie die Küstenebene und den Jordan entlang. Sie suchen dann überall nach Nahrung und kommen nur langsam voran.

Bei ihren Zügen müssen Störche große Entfernungen zurücklegen. Es gibt zwei Routen: die eine führt über den Bosporus, die andere über Gibraltar. Im September ziehen wahrscheinlich 500000 Störche durch den Mittleren Osten. Diese Zeit ist voller Gefahren. Die großen Vögel kollidieren häufig mit Hochspannungsleitungen oder fallen ungünstigen Witterungsbedingungen zum Opfer, denen gegenüber sie sehr empfindlich sind. Eine der Ursachen für ihren Rückgang ist auch die Jagd auf diese Vögel in den Ländern rund um das Mittelmeer.

Es ist von großer Bedeutung, daß die Vögel auf ihren langen Reisen gute Rastplätze finden. Dort haben sie Gelegenheit, sich auszuruhen und Nahrung zu suchen, um wieder zu Kräften zu kommen. Wenn es nicht genug von diesen Stellen gibt, sind die Störche rasch erschöpft. In ihrem Winterquartier in Südafrika fressen sie zahlreiche große Heuschrecken. Diese werden dort jedoch mit Insektiziden bekämpft. Auch das ist ein Grund dafür, daß viele Störche eingehen. Hierzulande ist es vor allem die konsequente Zerstörung von Feuchtbiotopen, die sich für die Störche verhängnisvoll ausgewirkt hat. So ging im Gebiet der Bundesrepublik Deutschland/alte Bundesländer die Anzahl von Brutpaaren bei dem hierzulande vorwiegend vertretenen Weißen Storch, der hinsichtlich seiner Ernährung auf ausgedehnte Feuchtwiesen etc. angewiesen ist, von 7500 im Jahr 1907 auf 980 im Jahr 1980 und dann noch einmal auf 500 im Jahr 1988 zurück. Das für Storchenpaare bereitgestellte Wagenrad auf dem Dach wirkt wie ein Hohn, wenn gleichzeitig alle Wiesen drainiert sind.

Im Gegensatz zu den Weißen Störchen leben die Schwarzen Störche (Ciconia nigra) in Afrika nicht in Gruppen, sondern suchen sich als Einzelgänger ihre Plätze an langen, schmalen Flüssen und Wasserläufen und halten sich dort meist recht gut versteckt.

Segelflieger

Störche, die über Gibraltar nach Süden ziehen, müssen das Mittelmeer überqueren und wählen dazu den kürzesten Weg. Die Vögel lassen sich zu Hunderten gleichzeitig von der Thermik in die Höhe tragen. Wenn sie eine bestimmte Höhe erreicht haben, gleiten sie mühelos zum gegenüberliegenden Ufer. Ein mitteleuropäischer Storch legt auf seiner Reise nach Mittelafrika etwa 7000 km zurück. Für diese großen Vögel ist das eine sehr ermüdende Unternehmung. Sie brauchen dafür eine recht lange Zeit. Wenn sie 6 bis 8 Stunden täglich im Segelflug dahingleiten, brauchen sie für die Reise etwa 23 Tage.

Die schmale Meerenge des Bosporus wird von vielen Greifvögeln und Störchen als Route gewählt. Dort gibt es im Herbst Tage, an denen Zehntausende von Störchen vorüberziehen. Wenn sie dann im Segelflug umeinander kreisen, in die Höhe steigen und langsam nach Süden hinabgleiten, ist dies ein atemberaubendes Schauspiel. Kurz bevor die Störche ihre Reise antreten, sammeln sie sich in kleinen Gruppen.

CICONIA CICONIA

Felsentaube

Wissenschaftlicher Name: Columba livia
Familienname: Columbidae
Verbreitungsgebiet: Südeurasien, Nord- und Mittelafrika
Deutscher Name: Felsentaube
Biblischer Name: Taube
Hebräischer Name: יוֹנָה
Griechischer Name: περιστερά

Nach vierzig Tagen tat Noah an der Arche das Fenster auf, das er gemacht hatte, und ließ einen Raben ausfliegen; der flog immer hin und her, bis die Wasser vertrockneten auf Erden. Danach ließ er eine Taube ausfliegen, um zu erfahren, ob die Wasser sich verlaufen hätten auf Erden.
(1.Mose/Genesis 8,6-8)

Es wird in der Bibel nicht gesagt, welche Taubenart Noah aus der Arche aufsteigen ließ, um zu erfahren, ob das Land nach der Sintflut wieder zum Vorschein kam. Vermutlich ist an die Felsentaube gedacht. Diese war und ist bis heute in Israel ein häufig zu findender Standvogel. Die Felsentaube ist der Urahn der verwilderten Tauben, die in London den Trafalgar Square, in Venedig den Markusplatz und in Amsterdam die Dam bevölkern. Auch die zahmen Tauben und Brieftauben stammen von der Felsentaube ab. Die Felsentaube stellt zwei grundlegende Bedingungen an ihren Lebensraum: Sie braucht offenes Gelände, wo sie Nahrung suchen, und es müssen Felshöhlen, Hohlräume oder Ruinen vorhanden sein, in denen sie nisten kann. Beim Propheten Jeremia heißt es: »O ihr Bewohner von Moab, verlaßt die Städte und wohnt in den Felsen und tut wie die Tauben, die da nisten in den Löchern!« (48,28). Diese Taube nistet auch an Gebäuden, die oftmals die gleichen Möglich-

keiten bieten wie Felsen und Ruinen. In der sich ständig ausweitenden Kulturlandschaft Israels gibt es genügend Nahrung für die Tauben.
Daneben sind in Israel verschiedene Arten der Turteltaube, darunter vor allem die Türkentaube weit verbreitet (siehe auch S. 136-137).

Haustier und Opfertier

Bereits in biblischer Zeit hat man Tauben als Haustiere in einer Art Taubenturm oder Columbarium gehalten. In Jesaja 60,8 wird darauf hingewiesen: »Wer sind die, die da fliegen wie die Wolken und wie die Tauben zu ihren Schlägen?« In der Literatur des Talmud wird die Taube oft als Haustier erwähnt. Die Tatsache, daß man bereits im Altertum Tauben als Haustiere hielt, ist wohl darauf zurückzuführen, daß die Taube das Opfertier für die Armen war. Sie war überhaupt der einzige Vogel, der als Opfertier verwendet wurde. Die Taube mußte zu diesem Zweck natürlich stets verfügbar sein. So bestand z.B. das Opfer einer Wöchnerin aus einem einjährigen Schaf und einer Felsen- oder einer Turteltaube. Eine Wöchnerin, die sich kein Schaf leisten konnte, opferte ersatzweise zwei Felsen- oder Turteltauben (3.Mose/Levitikus 12,8). Nach dem Bericht von Lukas 2,24 machte Maria von diesem Armenrecht Gebrauch. Sowohl die Turteltaube als auch die Felsentaube werden in der Bibel eindeutig genannt. Im Hohenlied 2,12 heißt es: »Die Blumen sind aufgegangen im Lande, der Lenz ist herbeigekommen, und die Turteltaube läßt sich hören in unserm Lande.« In Vers 14 wird dagegen die Felsentaube beschrieben: »Meine Taube in den Felsklüften, im Versteck der Felswand, zeige mir deine Gestalt, laß mich hören deine Stimme; denn deine Stimme ist süß, und deine Gestalt ist lieblich.« Im Hohenlied 1,15 wird die Anmut und in Matthäus 10,16 die Wehrlosigkeit und Arglosigkeit der Tauben erwähnt. Im Evangelium ist die Taube Symbol des heiligen Geistes (siehe den unten abgedruckten Text).

Columba livia

Auffallendes Balzverhalten

Die Felsentaube ist am auffallend weißen Bürzel und den beiden schwarzen Bändern auf den Flügeln zu erkennen. Ihre Federn glitzern wegen der Strukturfarben in der Sonne. In Psalm 68,14 wird dies eigens erwähnt: »Wenn ihr zu Felde liegt, glänzt es wie Flügel der Tauben, die wie Silber und Gold schimmern.« Wer auf einem Felsen steht, sieht, wie die Tauben unter ihm wie glitzernde Pfeile umherfliegen. Tauben haben ein auffallendes und die Phantasie anregendes Paarungsverhalten, das manchmal fast menschlich anmutet. Oskar und Magdalena Heinroth haben das Balzverhalten der Felsentaube untersucht und eindrücklich beschrieben: »Die Paarungseinleitung geschieht in der Weise, daß von den nebeneinander sitzenden Gatten jeder sich in eigentümlich hastiger Weise mit dem Schnabel über den Rücken weg von hinten unter den Flügel fährt; es sieht beinahe so aus, als wollte er sich den Rücken putzen. Ab und zu krabbeln sie sich gegenseitig mit dem Schnabel am Kopf und Hals, und die Täubin steckt ihren Schnabel in den ihres Mannes, um sich wie ein

Junges füttern zu lassen.« Ein solches Paarungsverhalten kann man überall und bei allen Taubenarten beobachten.

Die Felsentaube kann sehr schnell fliegen; dabei erzeugt der Wind, der an ihren Flügeln vorbeirauscht, ein pfeifendes Geräusch. Es wurden schon Geschwindigkeiten von 185 km/h gemessen. Felsentauben werden vom Wanderfalken gejagt. Wenn dieser hinter seiner Beute herjagt, läßt sich die Taube mit an den Körper gepreßten Flügeln pfeilschnell senkrecht hinabfallen. Mit großem Geschick verschwindet sie dann in einer der Felsspalten. Das gelingt natürlich nicht jeder Taube, die so verfolgt wird.

Die Taufe Jesu

Es begab sich zu der Zeit, daß Jesus aus Nazareth in Galiläa kam und ließ sich taufen von Johannes im Jordan. Und alsbald, als er aus dem Wasser stieg, sah er, daß sich der Himmel auftat und der Geist wie eine Taube herabkam auf ihn. Und da geschah eine Stimme vom Himmel: »Du bist mein lieber Sohn, an dir habe ich Wohlgefallen.«
(Markus 1,9-11)

Kolkrabe

Wissenschaftlicher Name: Corvus corax
Familienname: Corvidae
Verbreitungsgebiet: Nord- und Westeuropa, Nordatlantik, Nordafrika, nördliches Asien, Nord- und Mittelamerika
Deutscher Name: Kolkrabe
Biblischer Name: Rabe
Hebräischer Name: עֹרֵב
Griechischer Name: κόραξ

Mein Freund ist weiß und rot, auserkoren unter vielen Tausenden. Sein Haupt ist das feinste Gold. Seine Locken sind kraus, schwarz wie ein Rabe. (Hoheslied 5,10-11)

In der Bibel ist mehrfach die Rede von Gottes Fürsorge für die Raben (Hiob/Ijob 38,41; Psalm 147,9; Lukas 12,24 – siehe unten). Eine wichtige Rolle spielen die Raben auch in der Geschichte von dem Propheten Elia, der am Fluß Krit von Raben mit Brot und Fleisch versorgt wird (siehe den unten abgedruckten Bibeltext). Was hier geschieht, ist ein Wunder; aber es ist kein Zufall, daß die Bibel davon erzählt, daß Gott sich gerade dieser intelligenten Tiere bediente, um für Elia zu sorgen. Auffällig ist allerdings, daß für diese Aufgabe Vögel ausgewählt wurden, von denen es in 3.Mose/Levitikus 11,13 heißt, daß sie »ein Greuel« sind. Jedoch lebten sie am Flusse Krit und wiesen genau die Eigenschaften auf, die sie für diesen Auftrag geeignet machten.

Intelligente Vögel

Raben sind gierige Tiere, die überall auf der Suche nach Nahrung herumfliegen. Sie fressen vornehmlich Aas, aber sie schlagen auch Beutetiere, fressen Eier, Samen usw. Der Rabe ist der größte der Krähenvögel. Er ist als sehr intelligent bekannt und gilt als Vogel, dem es gelingt, auch in Zeiten des Mangels und der Hungersnot Nahrung zu finden.
Azaria Alon stellt in »Flora und Fauna im Land der Bibel« fest, daß man sich auch heute noch gut vorstellen kann, daß die Raben, die in Höhlen und Felsspalten rund um die Schlucht des Krit leben, eine solche Aufgabe vollbringen, denn oft kann man sie mit großen Fleischstücken in ihren Schnäbeln zu ihren Nestern und Verstecken fliegen sehen.

Wiedereinführung

In Israel leben drei Rabenarten. Der Borstenrabe (Corvus rhipidurus) kommt nur im Tal des Toten Meeres vor. Dort brütet er auf unzugänglichen Felsen. Der Wüstenrabe (Corvus ruficollis) ist nur im Jordantal zu finden. Der Kolkrabe lebt in ganz Palästina und jenseits des Jordan.
In der Liste der unreinen Tiere in 3.Mose/Levitikus 11,15 werden »alle Raben mit ihrer Art« genannt. Offensichtlich sind hier die anderen Krähenarten mit eingeschlossen.
Der hebräische Name »ʿoreb« heißt »der, der schwarz ist«. Der Rabe ist ein echter Aasvogel, doch er betrachtet fast alles als Nahrung. So ist er zugleich ein Greifvogel. Er frißt Schnecken und Würmer, er fängt aber auch kleine Säugetiere und Vögel. Der Rabe ist ein Kulturfolger geworden, weil er in der Nähe des Menschen leicht Nahrung finden kann. Wenn er sich einmal gepaart hat, bleibt er seinem Partner ein Leben lang treu.
In Europa sind die Bestände stark zurückgegangen. Am häufigsten ist der Rabe noch im Alpenraum zu finden. Der früher in allen ausgedehnten Waldgebieten Mitteleuropas heimische Vogel war um 1940 auf westdeutschem Gebiet nur noch in Schleswig-Holstein und in den Alpen vertreten. Da die Jagd auf ihn ganzjährig verboten wurde, konnte der Bestand sich jedoch wieder erholen. Der Rabe nistet heute auch in Baden-Württemberg, Niedersachsen und Westfalen.

Elia wird von Raben versorgt

Elia, der Tischbiter, aus Tischbe in Gilead sprach zu Ahab: »So wahr der Herr, der Gott Israels, lebt, vor dem ich stehe: es soll diese Jahre weder Tau noch Regen kommen, ich sage es denn.«

Da kam das Wort des Herrn zu ihm: »Geh weg von hier und wende dich nach Osten und verbirg dich am Bach Krit, der zum Jordan fließt. Und du sollst aus dem Bach trinken, und ich habe den Raben geboten, daß sie dich dort versorgen sollen.«

Er aber ging hin und tat nach dem Wort des Herrn und

die Raben brachten ihm Brot und Fleisch des Morgens und des Abends, und er trank aus dem Bach.
(1.Könige 17,1-6)

Überflüssige Sorge

Jesus sprach zu seinen Jüngern: »Darum sage ich euch: Sorgt nicht um euer Leben, was ihr essen sollt, auch nicht um euren Leib, was ihr anziehen sollt. Denn das Leben ist mehr als die Nahrung und der Leib mehr als die Kleidung.

Seht die Raben an: sie säen nicht, sie ernten auch nicht, sie haben auch keinen Keller und keine Scheune, und Gott ernährt sie doch. Wieviel besser seid ihr als die Vögel! Wer ist unter euch, der, wie sehr er sich auch darum sorgt, seines Lebens Länge eine Spanne zusetzen könnte?«
(Lukas 12,22-25)

Nebelkrähe

Wissenschaftlicher Name: Corvus corone cornix
Familienname: Corvidae
Verbreitungsgebiet: Osteuropa, Westasien
Deutscher Name: Nebelkrähe
Biblischer Name: Krähe
Hebräischer Name: עֹרֵב
Griechischer Name: κόραξ

Alle reinen Vögel esset. Diese aber sind es, die ihr nicht essen sollt: der Adler, der Habicht, der Fischaar und alle Raben mit ihren Arten.
(5.Mose/Deuteronomium 14,11-12.14)

Auf der Liste der unreinen Tiere werden unter anderem alle Rabenarten genannt. Dazu gehört als häufigste Vertreterin auch die Nebelkrähe, die in Israel weit verbreitet ist. Azaria Alon stellt in seinem Werk »Flora und Fauna im Land der Bibel« allerdings fest, daß der Bestand an Krähen dort deutlich zurückgegangen ist, während bis zu Beginn der 60er Jahre der Himmel im Winter häufig verdunkelt war von großen Krähenschwärmen, vor allem Nebelkrähen (Corvus corone cornix) und Dohlen (Corvus monedula). Der Grund für den Rückgang ist unbekannt. Im Winter sieht man sie häufig überhaupt nicht mehr, und nur die kleine einheimische Population, die hier schon immer brütete, ist geblieben.
Die Krähen gehören zu den Singvögeln. Sie haben ein einzigartiges, sehr kompliziert gebautes Stimmorgan, die Syrinx. Krähen singen nicht wie andere Singvögel. Die Rabenkrähe verfügt jedoch über ein auffallend großes Repertoire an verschiedenen Lauten, die zum Teil sehr melodiös sind. Auch die Dohle, die kleine Turmkrähe, erzeugt angenehm klingende Laute, und dies überaus häufig.

Unterart der Aaskrähe

Krähen sind kluge, geschickte und neugierige Vögel. Sie können sich sehr gut den jeweils herrschenden Umständen anpassen, daher sind sie überall in der Welt zu finden. Lediglich in Neuseeland waren sie nicht heimisch, sondern wurden vom Menschen eingeführt. Am Südpol findet man sie überhaupt nicht. Krähen haben ein auffallend großes Gehirnvolumen und sind daher sehr gelehrig.
Wer sich für Krähen interessiert, weiß, daß hierzulande östlich der Elbe die grauschwarze Nebelkrähe vorkommt, während westlich davon die einfarbig schwarze Rabenkrähe lebt.
Beide gehören zur Art der Aaskrähe (Corvus corone). Während die Rabenkrähe standorttreu ist, unternimmt die Nebelkrähe vor allem von ihren nördlichen und östlichen Verbreitungsgebieten aus im Herbst weite Wanderungen bis Mittel- und Südeuropa.

Kreuzungen und Mischformen

Im Überschneidungsgebiet ihrer Verbreitung kommt es zu Kreuzungen und Mischformen zwischen den beiden Rassen. Dazu heißt es bei Grzimek: Die Nebelkrähe ist »in tiergeographischer Hinsicht recht bemerkenswert. Die Mischzone zwischen Raben- und Nebelkrähe kann fünfundzwanzig bis hundertsechzig Kilometer breit sein und verläuft durch Schleswig-Holstein, über Fehmarn und die Lübecker Bucht, zur

CORVUS CORONE

CORVUS CORONE CORNIX

mittleren und oberen Elbe und Moldau, zwischen Linz und Wien quer durch die Alpen; hier biegt sie nach Westen um und zieht sich entlang den Südalpen zum Ligurischen Meer.«

Von den Nebelkrähen aus Osteuropa, die im Westen überwintern, bleiben stets einige Jungvögel zurück. Bei Stimme, Verhalten, Körperbau und Eiern ist kein Unterschied zwischen beiden Rassen festzustellen. Insgesamt ist die Zahl der Nebelkrähen in den letzten Jahrzehnten stark zurückgegangen, was zum einen mit der Zerstörung ihrer Brutbiotope, zum anderen mit einer intensiven Bejagung zusammenhängt. Dieser Rückgang ist auch in den Gebieten festzustellen, die die Nebelkrähen im Winter aufsuchen. In Nord- und Osteuropa, bis tief nach Rußland hinein, ist sie Brutvogel. Dort besetzt sie die ökologische Nische der Rabenkrähe.

Bei der Wahl des Lebensraums und der Nahrung gibt es keinen großen Unterschied zwischen beiden Rassen. In den Niederlanden und in Niedersachsen scheint die Nebelkrähe etwas häufiger in offenem Gebiet vorzukommen und häufiger Aas und Abfälle zu fressen, was als Folge der Konkurrenz durch die Rabenkrähen angesehen wird. Dort sind auch Brutfälle der Nebelkrähe bekannt, allerdings fast immer in Vermischungsfällen mit einer Rabenkrähe oder als Kreuzung aus beiden Arten. Die Nachkommen aus einem solchen Mischpaar paaren sich häufig wieder mit einer Rabenkrähe, wodurch schon bald von der Vermischung mit der Nebelkrähe wenig oder überhaupt nichts mehr bleibt.

Wachtel

Wissenschaftlicher Name: Coturnix coturnix
Familienname: Phasianidae
Verbreitungsgebiet: Europa, Asien, Afrika
Deutscher Name: Wachtel
Biblischer Name: Wachtel
Hebräischer Name: שְׂלָו
Griechischer Name: ὀρτυγομήτρα

---

*Da erhob sich ein Wind, vom Herrn gesandt, und ließ
Wachteln kommen vom Meer und ließ sie auf das Lager
fallen, eine Tagereise weit rings um das Lager, zwei Ellen
hoch auf der Erde. Da machte sich das Volk auf und
sammelte Wachteln diesen ganzen Tag und die ganze Nacht
und den andern ganzen Tag; und wer am wenigsten
sammelte, der sammelte hundert Scheffel. Und sie breiteten
sie rings um das Lager aus, um sie zu dörren.*
(4.Mose/Numeri 11,31-32)

Wachteln ziehen zweimal pro Jahr in großer Zahl über
Israel hinweg. Eine Situation, wie sie die Israeliten in
dem oben abgedruckten Text in der Wüste erlebten,
kam dort jedes Jahr im Frühjahr und im Herbst vor,
wenn die aus dem Norden kommenden und später
dorthin zurückkehrenden großen Wachtelschwärme
vor Erschöpfung zu Boden stürzten. Die Jäger

spannten dann Netze aus und fingen sie zu Tausenden. Es blieben nur wenige Vögel übrig, die den
Winter in landwirtschaftlichen Gebieten und auf
brachliegendem Gelände verbrachten.
In 4.Mose/Numeri 11,32 ist von dem Dörren der
Vögel die Rede, wodurch das Fleisch haltbar gemacht
wurde. Es wurde ein großer Vorrat angelegt, denn
das ganze Volk sollte davon essen: »... nicht nur einen
Tag, nicht zwei, nicht fünf, nicht zehn, nicht zwanzig
Tage lang, sondern einen Monat lang« (4.Mose/Nu-
meri 11,19-20).

Versteckte Lebensweise

Wachteln sind wärmeliebende Vögel. Ihr Brutgebiet
erstreckt sich von Westeuropa über ganz Mittelasien
bis nach Japan. Sie überwintern am Südrand der
Sahara. Ursprünglich ist die Wachtel ein Vogel der
ausgedehnten Graslandschaften und Steppen mit
niedrigem Bewuchs. In biblischer Zeit war dieses
spezielle Biotop vielerorts zu finden.
Wachteln ziehen gern in dichten Schwärmen flach
über dem Erdboden hin. Das war schon im Altertum

bekannt. An den Zugrouten hat man immer schon viele Wachteln gefangen. Noch zu Beginn dieses Jahrhunderts wurde in Ägypten eine halbe Million bis eine Million Wachteln pro Jahr gefangen.

Aufgrund ihrer versteckten Lebensweise bekommt man die Wachteln sonst nicht so ohne weiteres zu Gesicht. Allerdings lassen sie ihren typischen Ruf dort hören, wo sie sich aufhalten. Der Ruf der Wachtel ist ein hübscher Dreiklang. Er wird häufig wiedergegeben als »piek-wer-wick...piek-wer-wick«. Die Betonung liegt auf der ersten Silbe, dann folgt eine kurze Pause und die beiden letzten Silben sind zusammengefaßt. Dadurch ergibt dieser Ruf eine melodische Kadenz. Der rufende Vogel bewegt sich unsichtbar durch die Vegetation, und sein Ruf ertönt immer wieder von einer anderen Stelle aus. Wenn man in diese Richtung geht oder sich auf diesen Punkt konzentriert, kommt der Ruf dann doch wieder aus einer anderen Richtung. Dadurch ist es so gut wie unmöglich, die Wachtel zu entdecken.

Feldhuhn

Die Wachtel ähnelt stark dem Rebhuhn, doch sie ist etwas kleiner. Auf dem Rücken ist sie braun mit rostgelben Streifen. Die Unterseite ist ein wenig heller. Der Rücken ist gewölbt, wodurch der Vogel einen gedrungenen Eindruck macht. Er lebt fast überall in Europa. Je weiter man nach Süden kommt, um so häufiger findet man ihn. Im Sommer leben Wachteln gern in den Getreidefeldern. Dort ernähren sie sich von den Getreidekörnern, von Insekten und von Grünzeug.

Die Vögel, die in Europa und Mittelasien brüten, ziehen im Herbst nach Abessinien und in den Sudan. Beide Zugrouten führen über Palästina, den Sinai und Ägypten. Die Vögel werden häufig von starken Winden hilflos vorangetrieben. Die Wachtel ist der einzige Zugvogel unter den europäischen Hühnervögeln. In Europa ist die Zahl der Wachteln stark zurückgegangen, was hauptsächlich mit der intensiven Landwirtschaft zusammenhängt. Auch der Einsatz von Insektiziden und Kunstdünger hat sich nachteilig ausgewirkt. Und schließlich werden bei der Jagd während des Vogelzugs und in den Überwinterungsgebieten sehr viele Wachteln getötet.

In der Vergangenheit wurden Trichterkäfige benutzt, um Hühnervögel zu fangen. Aus dem Mittelalter ist der Wachtelfang mit Netzen bekannt. Dazu bediente man sich eines sogenannten Wachtelbeins, einer kleinen Lockpfeife. Dabei handelte es sich um ein Ziegenknöchelchen mit einem Ledersäckchen daran, das mit Pferdehaar gefüllt war. Damit konnte der Wachtelschlag nachgeahmt werden, indem man das Säckchen auf die Handfläche drückte. Durch diesen Ton wurden die Wachtelhähne angelockt. In einigen Gegenden Südeuropas ist diese Technik noch bis kurz nach dem Zweiten Weltkrieg angewandt worden.

Nilkrokodil

Wissenschaftlicher Name: Crocodylus niloticus
Familienname: Crocodylidae
Verbreitungsgebiet: Afrika, Madagaskar,
                           Seychellen, Komoren;
                           vielerorts gefährdet
Deutscher Name: Nilkrokodil
Biblischer Name: Krokodil, Leviatan
Hebräischer Name: לִוְיָתָן
Griechischer Name: δράκων

Fängst du das Krokodil mit einer Angel,
daß ihm die Schnur die Zunge niederdrückt?
Ziehst du ein Binsenseil durch seine Nase
und schlägst ihm einen Haken durch den Kiefer?
Kannst du mit Speeren seinen Körper spicken,
mit der Harpune seinen Kopf durchbohren?
Faß es doch an – du tust es nicht noch einmal;
an diesen Kampf denkst du ein Leben lang!
(Hiob/Ijob 40,25-26.31-32; GuNa)

Es ist historisch erwiesen, daß das Nilkrokodil in
früheren Zeiten in Palästina vorkam. Dieses Tier lebte
unter anderem in der Umgebung von Caesarea, und
auch südlich des Karmel gab es Nilkrokodile. Die
antiken Geschichtsschreiber Strabo und Plinius
berichten über eine »Krokodilstadt« und einen »Kro-
kodilfluß«. Die Stadt ist längst verschwunden, aber
bei dem Fluß handelt es sich um den Nachal Tanninim
(arab. Nahrez-Zerqa). Dieser kommt vom Karmel
her und bildet in seinem Mittellauf einen Sumpf, in
dem heute noch Krokodile vorkommen sollen.
»Tannin« ist neben »liwjatan« der zweite hebräische
Begriff für Krokodil.
Das Nilkrokodil ist eine große Krokodilart, die
mindestens sechs Meter lang wird. Nachts macht es
sich auf die Suche nach Beute, dabei lauert es Tieren
auf, die zum Wasser kommen, um zu trinken.

Antilopen, Gazellen und Wildschweine, aber auch
Schafe, Ziegen, Rinder und Esel sind seine Beute.
Gelegentlich fällt dem Krokodil auch ein Mensch zum
Opfer. In Hiob/Ijob 40 heißt es, daß Speer und
Harpune ihm nichts anhaben können. Erst der
moderne Mensch mit seinen Feuerwaffen hat das
Krokodil an vielen Stellen ausgerottet.

Wasserungeheuer

Krokodile sind amphibische Reptilien mit einer
eigenartigen Lebensweise. Sie leben in Seen und
Flüssen und halten sich gern auch in Flußmündungen
auf. Dort liegen sie häufig stundenlang in der Sonne.
Ihr Jagdrevier ist das Wasser. Kleine Krokodile leben
von Fischen und Wasservögeln, die großen Arten
suchen das flache Wasser an den Ufern auf; dort liegen
sie bewegungslos wie Baumstämme und warten, bis
Tiere zur Tränke kommen. Dann zerren sie ihre Beute
ins Wasser, wo diese ertrinkt.
Krokodile können nicht kauen. Sie reißen große
Stücke aus ihrer Beute und schlingen sie hinunter.
Tiere, die nicht allzu groß sind, werden in einem
Stück verschlungen. Ein großes Beutetier wird unter
Wasser deponiert, bis es sich teilweise zersetzt hat und
das Krokodil problemlos Stücke herausreißen kann.
Die Zähne des Krokodils sind sehr scharf und spitz.
An jeder Seite des Unterkiefers senkt sich ein Zahn
beim Schließen des Mauls in eine Höhlung im Oberkiefer. Diese Höhlung ist seitlich geöffnet. Dadurch
ist der Zahn immer sichtbar, auch wenn das Maul
geschlossen ist. Das Aussehen, das so entsteht, wird
als »Krokodillächeln« bezeichnet.
Krokodile bedienen sich ihres langen, seitlich abge-
flachten Schwanzes, um zu schwimmen. Dabei halten
sie ihre Beine an den Körper gepreßt. Die plump
wirkenden Tiere können sich überraschend schnell
und geschmeidig bewegen. Ohren, Augen und
Nasenöffnungen befinden sich erhöht auf dem Kopf.
Das ist sehr hilfreich; denn wenn der Körper des
Krokodils unsichtbar unter dem Wasserspiegel liegt,
kann es dennoch hören, atmen und die Umgebung
beobachten.

Wenn ein Krokodil einmal unter Wasser verschwindet, werden seine Augen von einer Membran, einem dünnen Vlies, abgedeckt. Dennoch kann es sehen. Seine Ohren und Nasenöffnungen werden mit Hilfe von Klappen geschlossen. Das Krokodil jagt auch unter Wasser. Dabei ist es gezwungen, sein Maul zu öffnen, um die Beute zu packen. Dennoch dringt kein Wasser in seine Lungen, denn das Krokodil kann seine Maulhöhle und die Kehlöffnung voneinander mit Hilfe eines Gaumenanhangs und der Rückseite seiner Zunge abtrennen.

Gefährdet

Krokodile sind Tiere, denen die Menschen keine besondere Sympathie entgegenbringen – abgesehen von ihrer Haut, die für vielerlei Dinge des modischen Bedarfs hoch geschätzt wird. Große Mengen von Krokodilhäuten werden legal oder illegal gehandelt. Die International Union for the Conservation of Nature and Natural Resources (IUCN) hat die Zahl der wildlebenden Krokodile untersucht. Dabei stellte sich heraus, daß es von jeder Art zunehmend weniger Tiere gibt, daß manche Arten gefährdet sind, ja daß einige bereits als ausgestorben gelten müssen. In fast allen Fällen ist dies auf die Jagd nach den Häuten zurückzuführen. Wie viele andere bedrohte Tiere sind die Krokodile zusätzlich aber auch durch das Verschwinden ihrer Lebensräume gefährdet.

Mesopotamischer Damhirsch

Wissenschaftlicher Name: Dama dama mesopotamica; neuerdings Cervus dama mesopotamica
Familienname: Cervidae
Verbreitungsgebiet: wenige Exemplare im irakisch-iranischen Grenzgebiet
Deutscher Name: Mesopotamischer Damhirsch
Biblischer Name: Hirsch, Hinde
Hebräischer Name: יַחְמוּר
Griechischer Name: ἔλαφος

Dies sind die Großtiere, die ihr essen dürft: Rind, Lamm, Zicklein, Damhirsch, Gazelle, Rehbock, Wildziege, Wisent, Wildschaf und Steinbock. (5.Mose/Deuteronomium 14,4-5; Einh)

Gegen Ende des letzten Jahrhunderts lebte der Damhirsch noch auf dem Tabor und nahe des Sees Genezareth/Gennesaret. In diesem gesamten Verbreitungsgebiet ist er inzwischen ausgerottet, aber möglicherweise gibt es noch einige Exemplare im Süden des Iran. Die von den Behörden erlassenen Jagdgesetze kamen für ihn zu spät. Es gibt zwei Arten, und zwar den Europäischen Damhirsch (Cervus dama) und den Mesopotamischen Damhirsch (Cervus dama mesopotamica). Dieses Tier lebte unter anderem in Israel.

Von den Römern mitgebracht

Damhirsche kamen vor der letzten Eiszeit fast überall in Europa und Asien vor, doch sie waren in Mitteleuropa schon früh ausgestorben und fanden sich nur noch in Kleinasien. Bereits im Altertum wurden sie von den Phöniziern in die Länder rund um das Mittelmeer eingeführt und dann von den Römern nach Norden, besonders nach Britannien, mitgebracht – noch heute gibt es in England das meiste Damwild. Über Dänemark kam es im Mittelalter

nach Deutschland, und zwar ebenfalls zuerst als Gehegewild.

Seit jener Zeit lebt der Damhirsch in vielen europäischen Ländern wieder in freier Wildbahn. Dadurch hat er sich in der Fauna Nordwesteuropas seinen Platz erobert. Damhirsche werden jedoch auch seit Jahrhunderten vom Menschen gehalten und gezüchtet, wodurch es bei diesen Tieren zahlreiche farbliche Schattierungen gibt.

Vom Rothirsch unterscheidet der Damhirsch sich durch die kleinere Gestalt, die kürzeren Beine, den kürzeren Hals und den längeren Schwanz. Erwachsene männliche Damhirsche haben ein schönes, kräftiges Geweih. Die Stangen enden in breiten, flachen »Schaufeln«. Die Ränder dieser Schaufeln sind mit Spitzen versehen. Der Damhirsch ist ebenso schnell und behende im Sprung wie der Rothirsch.

Ein junger männlicher Damhirsch trägt in seinem zweiten Lebensjahr »Spieße«, wie man sie in der Jägersprache nennt. Im dritten Jahr ist daraus bereits ein Gabelgeweih geworden. Mit jedem Jahr wird das Geweih imposanter, und wenn der Damhirsch zehn Jahre alt ist, hat das Geweih meist den Höhepunkt seiner Entwicklung erreicht. Der Damhirsch trägt dann ein beeindruckendes Schaufelgeweih.

Parkhirsche

Damhirsche stellen an ihre Umgebung keine besonderen Anforderungen. Sie sind in der Morgen- und Abenddämmerung am aktivsten. Den größten Teil des Jahres leben die Geschlechter getrennt voneinander, im Winter schließen sich die Tiere zu Rudeln zusammen. In der zweiten Oktoberhälfte beginnt die Brunftzeit, die bis Mitte November andauert. Dann lassen die männlichen Damhirsche ein weithin hörbares knurrendes Gebrüll ertönen. Sie haben feste Brunftplätze und suchen diese häufig mehrere Jahre hintereinander auf. Jeder Hirsch markiert sein Territorium, indem er die Rinde von Baumstämmen mit seinem Geweih zerreißt und an bestimmten Stellen uriniert.

Was ihre Nahrung angeht, so sind Damhirsche ganz und gar nicht wählerisch. Sie fressen eine Vielzahl von Kräutern, Gräsern, Früchten und Beeren, Blättern, Pilzen, Schößlingen und Baumrinde. In überwiegend kultivierten Regionen finden die Tiere in freier Wildbahn nicht genügend Nahrung, daher werden sie im Winter und manchmal auch das ganze Jahr über zusätzlich gefüttert.

Unter allen Hirscharten sind sie die beliebtesten Parktiere. So lebten gegen Ende des vorigen Jahrhunderts in Großbritannien rund 70000 Damhirsche in Parks. In freier Wildbahn ebenso scheu wie das Rotwild, wird das Damwild in Parks oft sehr zutraulich und nimmt sogar von den Besuchern Futter aus der Hand. Da falsche Fütterung schlimme Folgen haben kann, werden heute in fast allen Wildgehegen geeignete Futtermittel an die Besucher ausgegeben. Der Mesopotamische Damhirsch hat ein Geweih mit einem sehr kurzen Augsproß, einem starken Mittelsproß und meist noch einem sogenannten zusätzlichen Hintersproß. Das Tier trägt einen kurzen Schwanz und ein besonders dichtes, wolliges Fell am Nacken und auf dem Widerrist.

Nubischer Wildesel

Wissenschaftlicher Name: Equus asinus africanus
Familienname: Equidae
Verbreitungsgebiet: ausgestorben
Deutscher Name: Nubischer Wildesel
Biblischer Name: Esel
Hebräischer Name: חֲמוֹר
Griechischer Name: ὄνος

Abraham stand früh am Morgen auf und gürtete seinen Esel und nahm mit sich zwei Knechte und seinen Sohn Isaak und spaltete Holz zum Brandopfer, machte sich auf und ging hin an den Ort, von dem ihm Gott gesagt hatte.
(1.Mose/Genesis 22,3)

Im alten Israel war der Esel Lasttier, Reittier und Zugtier zugleich. Er ist nicht so schnell wie ein Pferd, aber ausdauernder. Vor allem in Bergregionen und in schwierigem Gelände ist der Esel dem Pferd überlegen, weil er trittsicherer ist. In der Bibel wird er an vielen Stellen erwähnt. Das Reiten auf einem Esel war in biblischer Zeit kein Zeichen von Armut oder Einfachheit, ganz im Gegenteil! Jahrhundertelang war in Israel gerade der Esel ein Symbol für Vornehmheit. Ein zahmer Esel mit hellem oder weißem Fell war das Reittier eines neuen Königs. Deboras Lobgesang (Richter 5,10) zeigt, daß weiße Esel besonderen Persönlichkeiten vorbehalten waren. Jaïr hatte dreißig Söhne, die auf dreißig Eseln ritten (Richter 10,4). Als Saul die Eselinnen seines Vaters sucht, »findet« er das Königtum (1.Samuel 9–10). Davids Familie reitet auf Eseln (2.Samuel 16,2).
Da das Pferd in der Bibel mit Luxus und Krieg assoziiert wird, erwartet man von dem künftigen Heilskönig, daß er in der Tradition der alten Zeit auf einem Esel reiten und die Pferde aus Jerusalem beseitigen werde. Jesus hat diese Erwartung erfüllt (siehe die beiden unten abgedruckten Texte aus Sacharja 9,9-10 und Matthäus 21,1-9).

Unentbehrlich

Der zahme Esel des Ostens stammt vom Nubischen Wildesel ab, der einst in gebirgigen Gegenden von Somalia bis Marokko verbreitet war. Er war ein ausgesprochen genügsames Tier (dem die sprichwörtlichen Disteln und Stroh ausreichten), das zudem äußerst trittsicher war.
Von den drei Wildeselarten: dem Nubischen, dem Somalischen und dem Algerischen hat nur der Somalische-Wildesel in wenigen Exemplaren hier und da in freier Wildbahn überlebt. Seine Zahl in einer bestimmten Region wird durch den Wassermangel in Grenzen gehalten. In den trockenen Sommermonaten dürfen sich die Wildesel nie weiter als zehn bis zwanzig Kilometer von einer Wasserstelle entfernen. In solch einem kleinen Gebiet ist das Futter beschränkt, daher können dort nur wenige Esel leben.

Aus Israel ist der Wildesel, der dort einst in großer Zahl vorkam, verschwunden. Im südlichen Hai-Bar Nationalpark hat man Somalische Wildesel aus Äthiopien ausgesetzt, um diese Tiere wieder einzubürgern (siehe S. 154-156).

Verachtet

Obgleich der Esel als unentbehrliches Last- und Reittier von den Israeliten sehr geschätzt wurde, durfte man ihn nicht als Opfertier verwenden. Fast nirgendwo auf der Welt wird das Fleisch von Eseln gegessen. Die Israeliten durften es nur in Notfällen zu sich nehmen. Bei der Belagerung von Samaria beispielsweise wurde ein Eselskopf für achtzig Silberlinge verkauft (2.Könige 6,25).
Ein toter Esel wurde nicht begraben, sondern außerhalb der Stadt zu den Abfällen geworfen. Vermutlich hat Simson an solch einer Stelle »einen frischen Eselskinnbacken« gefunden. Seine Worte: »Mit eines Esels Kinnbacken hab ich sie geschunden; mit eines Esels Kinnbacken hab ich tausend Mann erschlagen« (Richter 15,16), gelten als ein Ausruf der Verachtung. Ein Eselsbegräbnis, wie es Jeremia dem König Jojakim vorhersagt (Jeremia 22,19), ist also gar kein Begräbnis.
Trotzdem ist »Esel« im Alten Testament kein Schimpfwort. Im alten Israel wurden sehr viele Esel gehalten und eingesetzt. Das Pferd, das erst während der Herrschaft von König Salomo erwähnt wird, hat in biblischer Zeit den Esel nicht verdrängen können, nicht einmal im militärischen Bereich. Die Israeliten, die aus Babel zurückkehrten, führten 736 Pferde, 245 Maultiere, 435 Kamele und 6720 Esel mit sich (Esra 2,66-67). Offensichtlich war der Esel in jener Zeit das wichtigste Tier.

Die Israeliten behandelten den Esel gut. In den Zehn Geboten wird er ausdrücklich erwähnt (2. Mose/Exodus 20,17). Der Sabbat galt auch für den Esel als Ruhetag; in Exodus 23,12 ist er wiederum eigens genannt.

Der Esel gilt als störrisch, faul und dumm, aber das ist ein Vorurteil! Jahrhundertelang hat dieses Tier dem Menschen in den Ländern des Ostens unschätzbare Dienste erwiesen. Und noch heute wird es dort hoch geschätzt, obgleich viele seiner Aufgaben mehr und mehr von Maschinen übernommen werden.

Bileams sprechende Eselin

Bileam stand am Morgen auf und sattelte seine Eselin und zog mit den Fürsten der Moabiter. Aber der Zorn Gottes entbrannte darüber, daß er hinzog. Und der Engel des Herrn trat in den Weg, um ihm zu widerstehen. Er aber ritt auf seiner Eselin, und zwei Knechte waren mit ihm. Und die Eselin sah den Engel des Herrn auf dem Wege stehen mit einem bloßen Schwert in seiner Hand. Und die Eselin wich vom Weg ab und ging auf dem Felde; Bileam aber schlug sie, um sie wieder auf den Weg zu bringen. Da trat der Engel des Herrn auf den Pfad zwischen den Weinbergen, wo auf beiden Seiten Mauern waren. Und als die Eselin den Engel des Herrn sah, drängte sie sich an die Mauer und klemmte Bileam den Fuß ein an der Mauer, und er schlug sie noch mehr. Da ging der Engel des Herrn weiter und trat an eine enge Stelle, wo kein Platz mehr war auszuweichen, weder zur Rechten noch zur Linken. Und als die Eselin den Engel des Herrn sah, fiel sie in die Knie unter Bileam. Da entbrannte der Zorn Bileams, und er schlug die Eselin mit dem Stecken.

Da tat der Herr der Eselin den Mund auf, und sie sprach zu Bileam: »Was hab ich dir getan, daß du mich nun dreimal geschlagen hast?« Bileam sprach zur Eselin: »Weil du Mutwillen mit mir treibst! Ach daß ich jetzt ein Schwert in der Hand hätte, ich wollte dich töten!« Die Eselin sprach zu Bileam: »Bin ich nicht deine Eselin, auf der du geritten bist von jeher bis auf diesen Tag? War es je meine Art, es so mit dir zu treiben?« Er sprach: »Nein.«

Da öffnete der Herr dem Bileam die Augen, daß er den Engel des Herrn auf dem Wege stehen sah mit einem bloßen Schwert in seiner Hand, und er neigte sich und fiel nieder auf sein Angesicht. Und der Engel des Herrn sprach zu ihm: »Warum hast du deine Eselin nun dreimal geschlagen? Siehe, ich habe mich aufgemacht, um dir zu widerstehen; denn dein Weg ist verkehrt in meinen Augen. Und die Eselin hat mich gesehen und ist mir dreimal ausgewichen. Sonst, wenn sie mir nicht ausgewichen wäre, so hätte ich dich jetzt getötet, aber die Eselin am Leben gelassen.«

Da sprach Bileam zu dem Engel des Herrn: »Ich habe gesündigt; ich hab's ja nicht gewußt, daß du mir entgegenstandest auf dem Wege. Und nun, wenn dir's nicht gefällt, will ich wieder umkehren.« Der Engel des Herrn sprach zu ihm: »Zieh hin mit den Männern, aber nichts anderes, als was ich zu dir sagen werde, sollst du reden.« So zog Bileam mit den Fürsten Balaks. (4. Mose/Numeri 22,21-35)

Gott fragt Hiob

Wer hat dem Wildesel die Freiheit gegeben, wer hat die Bande des Flüchtigen gelöst, dem ich die Steppe zum Hause gegeben habe und die Salzwüste zur Wohnung? Er verlacht das Lärmen der Stadt, die Schreie des Treibers hört er nicht; er durchstreift die Berge, wo seine Weide ist, und sucht, wo es grün ist. (Hiob/Ijob 39,5-8)

Der Einzug des Friedenskönigs

Du, Tochter Zion, freue dich sehr, und du, Tochter Jerusalem, jauchze! Siehe, dein König kommt zu dir, ein Gerechter und ein Helfer, arm und reitet auf einem Esel, auf einem Füllen der Eselin. Denn ich will die Wagen wegtun aus Ephraim und die Rosse aus Jerusalem, und der Kriegsbogen soll zerbrochen werden. Denn er wird Frieden gebieten den Völkern, und seine Herrschaft wird sein von einem Meer bis zum andern und vom Strom bis an die Enden der Erde. (Sacharja 9,9-10)

Jesus zieht in Jerusalem ein

Als sie nun in die Nähe von Jerusalem kamen, nach Betfage an den Ölberg, sandte Jesus zwei Jünger voraus und sprach zu ihnen: »Geht hin in das Dorf, das vor euch liegt, und gleich werdet ihr eine Eselin angebunden finden und ein Füllen bei ihr; bindet sie los und führt sie zu mir! Und wenn euch jemand etwas sagen wird, so sprecht: ›Der Herr bedarf ihrer.‹ Sogleich wird er sie euch überlassen.« Das geschah aber, damit erfüllt würde, was gesagt ist durch den Propheten, der da spricht: »Sagt der Tochter Zion: Siehe, dein König kommt zu dir sanftmütig und reitet auf einem Esel und auf einem Füllen, dem Jungen eines Lasttiers.« Die Jünger gingen hin und taten, wie ihnen Jesus befohlen hatte, und brachten die Eselin und das Füllen und legten ihre Kleider darauf, und er setzte sich darauf. Aber eine sehr große Menge breitete ihre Kleider auf den Weg; andere hieben Zweige von den Bäumen und streuten sie auf den Weg. Die Menge aber, die ihm voranging und nachfolgte, schrie: »Hosianna dem Sohn Davids! Gelobt sei, der da kommt in dem Namen des Herrn! Hosianna in der Höhe!« (Matthäus 21,1-9)

Maultier

Wissenschaftlicher Name: Equus asinus asinus x
Equus przewalskii caballus
Familienname: Equidae
Verbreitungsgebiet: als domestiziertes Tier
weit verbreitet
Deutscher Name: Maultier
Biblischer Name: Maultier
Hebräischer Name: פֶּרֶד
Griechischer Name: ἡμίονος

---

*König David sprach: »Ruft mir den Priester Zadok und
den Propheten Nathan und Benaja, den Sohn Jojadas!«
Und als sie hineinkamen vor den König, sprach der König
zu ihnen: »Nehmt mit euch die Großen eures Herrn und
setzt meinen Sohn Salomo auf mein Maultier und führt ihn
hinab zum Gihon. Und der Priester Zadok samt dem
Propheten Nathan salbe ihn dort zum König über Israel.
Und blast die Posaunen und ruft: ›Es lebe der König
Salomo!‹ Und zieht wieder hinauf hinter ihm her, und er
soll kommen und sitzen auf meinem Thron und für mich
König sein. Denn ihn setze ich zum Fürsten über Israel
und Juda ein.« (1.Könige 1,32-35)*

In der Bibel wird neben dem zahmen und dem
Wildesel auch der Maulesel oder das Maultier (he-
bräisch »pered«) genannt. Der Maulesel entsteht aus
der Kreuzung eines Pferdehengstes mit einer Eselin.

Das Maultier ist ein Bastard aus der Kreuzung eines
Eselhengstes mit einer Pferdestute. Eine solche
Vermischung war den Israeliten nicht erlaubt. So
heißt es in 3.Mose/Levitikus 19,19: »Laß nicht
zweierlei Art unter deinem Vieh sich paaren und besäe
dein Feld nicht mit zweierlei Samen und lege kein
Kleid an, das aus zweierlei Faden gewebt ist.«
Die Israeliten hielten sich strikt an dieses Gebot, aber
dies war für sie weiter kein Hindernis. Sie züchteten
die Maultiere und Maulesel zwar nicht, aber sie
kauften sie in den Nachbarländern, vermutlich in
Bet-Togarma, einem Landstrich nördlich Palästinas.
Salomo erhielt Pferde und Maultiere als Geschenk
(1.Könige 10,25). Die Juden, die aus Babel nach Juda
zurückkehrten, brachten 736 Pferde und 245 Maultiere mit (Esra 2,66).

Reittier und Lastenträger

In den Ländern des Ostens ist das Maultier häufiger
zu finden als der Maulesel. Wegen seines großen
Nutzens wird es bevorzugt gezüchtet. Beide Arten
erben hinsichtlich ihres Körperbaus die meisten
Merkmale von ihrer Mutter. Das Maultier gleicht also
eher einem Pferd. Seine langen Ohren und sein Rufen
verraten es jedoch.
Zur Zeit Davids war das Maultier in Israel das
offizielle Reittier des Königs (siehe den oben abgedruckten Text) und der Prinzen (2.Samuel 13,29).
Den verschiedenen Texten ist nicht immer zu entnehmen, ob Maultier oder Maulesel gemeint ist.
2.Könige 5,17 zeigt, daß das Maultier auch als
Lastenträger benutzt wurde.

EQUUS HEMIONUS (HALBESEL, ONAGER)

Eigenschaften

Die alten Römer schätzten das Maultier als Reittier und als Lasttier auf ihren Feldzügen sehr. Sie führten das Tier schon bald in anderen Ländern ein, etwa in Spanien und Frankreich. Vor allem in Bergregionen ist das Maultier nicht zu ersetzen. So sind etwa in Südamerika die Maultiere das, was das Dromedar für die Wüste ist.

Ein gesundes Maultier kann bis zu 150 kg tragen und mit dieser Last jeden Tag mehr als 20 km zurücklegen. Danach weist es kaum Anzeichen von Ermüdung auf. Es ist mit kargem Futter zufrieden. Maultiere haben eindeutig die guten Eigenschaften der beiden Elterntiere in sich vereint. Die Genügsamkeit und die Ausdauer des Maultiers sowie sein ruhiger Gang sind ein Erbe des Esels. Seine Kraft hat es von der Stute.

Ein Maultier ist fast immer größer als ein Esel. Es kann sogar noch größer als ein Pferd werden.

Als Reittier werden die großen, schlanken Tiere gewählt. Die kleineren sind stärker und besser als Lastenträger geeignet. Die Tiere fürchten sich nicht vor Feuer, daher wurden sie früher häufig zum Ziehen von Feuerlöschwagen benutzt. Sie können starke Hitze ebenso gut ertragen wie große Kälte. Napoleon überquerte auf einem Maultier die Alpen, was für ein solches Tier kein Problem ist.

Man vermutet, daß die ersten Kreuzungen zwischen Pferden und Eseln Zufällen zu verdanken sind. Als sich die Brauchbarkeit der Nachkommen herausstellte, hat man begonnen, die Tiere zu züchten. Maultiere und Maulesel sind meist unfruchtbar, weil die Elterntiere sich zoologisch zu sehr voneinander unterscheiden. Man kann sie also nicht weiterzüchten. Maultiere sind vielseitiger verwendbar als Pferde, außerdem reagieren sie weniger negativ auf schlechte Behandlung und passen sich problemlos an.

Arabisches Vollblut

Wissenschaftlicher Name: Equus przewalskii caballus
Familienname: Equidae
Verbreitungsgebiet: domestiziertes Tier
Deutscher Name: Arabisches Vollblut
Biblischer Name: Pferd, Roß
Hebräischer Name: סוס
Griechischer Name: ἵππος

Kannst du dem Roß Kräfte geben oder seinen Hals zieren mit einer Mähne? Kannst du es springen lassen wie die Heuschrecken? Schrecklich ist sein prächtiges Schnauben. Es stampft auf den Boden und freut sich, mit Kraft zieht es aus, den Geharnischten entgegen. Es spottet der Furcht und erschrickt nicht und flieht nicht vor dem Schwert. Auf ihm klirrt der Köcher und glänzen Spieß und Lanze. Mit Donnern und Tosen fliegt es über die Erde dahin und läßt sich nicht halten beim Schall der Trompete. Sooft die Trompete erklingt, wiehert es »Hui!« und wittert den Kampf von ferne, das Rufen der Fürsten und Kriegsgeschrei. (Hiob/Ijob 39,19-25)

Das Pferd wird in der Bibel häufig erwähnt. Von den Ägyptern und den Kanaanitern wurden schon lange vor den Israeliten Pferde benutzt. Ihre Heere mit den Streitwagen waren dadurch stärker und mobiler. In Josua 11,4 wird beschrieben, wie die Völker gegen die Israeliten gesammelt wurden: »Diese zogen aus mit ihrem ganzen Heer, ein großes Volk, soviel wie der Sand am Meer, und sehr viele Rosse und Wagen.« Dem stand das unerfahrene israelitische Heer gegen-über, das nur aus Fußvolk bestand. Im Königsgesetz gebietet Gott dem israelitischen König, sich nicht auf seine militärische Stärke zu verlassen (deshalb soll er nicht viele Pferde halten) und auch nicht Männer seines eigenen Volkes als Söldner nach Ägypten zu verkaufen, um dafür Pferde oder Streitwagen einzuhandeln (5.Mose/Deuteronomium 17,16).

Aber die Könige haben immer wieder gegen dieses Gebot verstoßen. Schon Salomo rüstete die Streitkräfte Israels in großem Umfang mit Pferde- und Streitwagen aus (1.Könige 5,6) und ließ Wagen- und Reiterstädte errichten (1.Könige 9,19). Joram, der König von Israel, und Ahazia, der König von Juda, zogen mit ihren Wagen zu Jehu (2.Könige 9,21). Es hängt mit dieser vorwiegend militärischen Nutzung zusammen, daß das Verschwinden der Pferde aus Jerusalem zu den Zeichen der Heilszeit gehört (Micha 5,9; Sacharja 9,10).

Bereits im Altertum waren Zaumzeug und Gebiß bekannt, um Pferde zu lenken und »im Zaum« zu halten. In Sprüche/Sprichwörter 26,3 heißt es: »Dem Roß eine Peitsche und dem Esel einen Zaum und dem Toren eine Rute auf den Rücken!« Der Jakobusbrief mahnt seine Leser, ihre Zunge zu hüten – so wie man ein Pferd durch das Zaumzeug lenkt (Jakobus 3,3).

Vollblutpferde

Es ist möglich, daß im Gebiet des Euphrat und des Tigris Wildpferde lebten. Dabei könnte es sich um die Stammform der östlichen Warmblutrassen gehandelt haben. Die reinen Nachfahren dieses Tieres sind die Arabischen Vollblüter. Sie waren der ganze Stolz arabischer Scheichs. Pferde sind im Altertum von Mesopotamien aus bis nach Syrien, Arabien und Ägypten sowie in andere angrenzende Länder gelangt.

EQUUS
PRZEWALSKII
CABALLUS

In Brehms neuer Tierenzyklopädie heißt es über das Arabische Vollblutpferd: »Das Arabische Vollblutpferd oder der Araber ist noch heute das edelste aller Pferde. Jahrtausendelange, verständnisvolle Zucht hat ihm allmählich Vollendung der Gestalt und eine Fülle hervorragender Eigenschaften verliehen.«

In den Augen der Araber muß das Pferd folgende Merkmale aufweisen: einen harmonischen Körperbau, kurze und bewegliche Ohren, ein fleischloses Gesicht, Nasenöffnungen so groß wie ein Löwenmaul, schwere und dennoch zierliche Knochen, schöne, dunkle, hervorspringende Augen, einen langen Hals, eine breite Brust und ein breites Kreuz, einen schmalen Rücken, runde Hinterschenkel, sehr schwere und sehr lange falsche Rippen, einen eingeschnürten Leib, lange Oberschenkel, Muskeln gleich denen eines Kamels, einen glatten, schwarzen Huf und eine dünne Mähne, einen reich behaarten Schwanz, dick an der Wurzel und dünn am Ende. Für die Araber ist das Pferd das edelste aller Tiere;

daher gebührt ihm fast die gleiche Ehrerbietung wie einer vornehmen Person.

Wildpferde

Ein in Europa ausgerottetes Wildpferd ist der Tarpan (Equus przewalskii silvaticus). Dabei handelte es sich um ein kleines Tier. Tarpanpferde lebten in großen Herden, die aus kleineren Gruppen bestanden. Diese Gruppen wurden von einem Hengst als dem unumschränkten Herrscher geführt. In den hoch gelegenen, offenen Steppen zogen die Tiere von einem Weideplatz zum nächsten. Tarpanpferde waren wachsam und scheu, tapfer und kampfeslustig. Vor Raubtieren haben sie sich offensichtlich nicht gefürchtet. Sie griffen sogar Wölfe an und schlugen sie mit ihren Vorderhufen zu Boden. Untereinander trugen die Hengste ebenfalls heftige Kämpfe aus. Junge Hengste mußten sich durch erbitterte Zweikämpfe ihren Platz erobern.

Bankivahuhn

Wissenschaftlicher Name: Gallus gallus
Familienname: Galliformes
Verbreitungsgebiet: Indien, Südostasien, Indonesien, als domestiziertes Haushuhn (Gallus gallus domesticus) weltweit verbreitet
Deutscher Name: Bankivahuhn
Biblischer Name: Hahn, Huhn, Küken
Hebräischer Name: זַרְזִיר
Griechischer Name: ἀλέκτωρ

Drei haben einen stolzen Gang, und auch der vierte schreitet stattlich einher: der Löwe ...; der stolzierende Hahn; der Ziegenbock; und der König, gegen den sich niemand erhebt. (Sprüche/Sprichwörter 30,29-31; GuNa)

Die bekannteste Bibelstelle, an der ein Hahn vorkommt, ist die unten abgedruckte Geschichte von der Verleugnung des Petrus. Diese Stelle findet sich in allen vier Evangelien. Das Krähen des Hahns wird auch im Zusammenhang mit Jesu Verheißung erwähnt: »So wacht nun; denn ihr wißt nicht, wann der Herr des Hauses kommt, ob am Abend oder zu Mitternacht oder um den Hahnenschrei oder am Morgen« (Markus 13,35). Den liebevollen Umgang der Glucke mit ihren Küken gebraucht Jesus als Bild für seine liebende Zuwendung zu den Menschen: »Jerusalem, Jerusalem, die du tötest die Propheten und steinigst, die zu dir gesandt sind! Wie oft habe ich deine Kinder versammeln wollen, wie eine Henne ihre Küken versammelt unter ihre Flügel; und ihr habt nicht gewollt!« (Matthäus 23,37).

Zeitansage

Die ursprüngliche Heimat der Haushühner ist Indien. Über Persien und Mesopotamien sind die Bankivahühner etwa im fünften Jahrhundert vor Christus nach Palästina gebracht worden. Später wurden in Israel Haushühner gehalten. Ursprünglich durften in der Stadt Jerusalem keine Hühner gehalten werden, doch daran hat sich die Bevölkerung nicht gestört. Es gab gute Gründe, vor allem die Hähne zu schätzen. Schließlich hatte man damals noch keine Uhren. Das Krähen der Hähne am frühen Morgen wurde zu einer eindeutigen Zeitansage, mit der eine der vier römischen Nachtwachen bezeichnet wurde.
In unserer Zeit hält fast jeder (arabische) Bauer in Palästina Hühner. Bereits 1930 waren es mehr als eine Million, und die Zahl hat bis heute stark zugenommen. Man hält dort Haushühner einer einheimischen Rasse, eine kleine Hühnerart. In Palästina sind darüber hinaus zahlreiche Hühner eingeführt worden, vor allem Leghorn und andere Rassen mit hoher Legeleistung. Die Bevölkerung hält die Hühner im allgemeinen auf sehr einfache Art in ihren Gärten und Scheunen und füttert sie hauptsächlich mit den Abfällen der Dreschböden. Die Eierproduktion liegt bedeutend niedriger als in unseren Regionen. Die traditionelle Art der Federviehhaltung wird in Israel jedoch mehr und mehr durch moderne Methoden ersetzt.

Eierproduzent

Das Bankivahuhn wurde von den Menschen in Südasien bereits vor etwa 4000 Jahren domestiziert. Fünf oder sechs Jahrhunderte später wurde es nach China und noch etwas später nach Ägypten gebracht. Dort experimentierte man mit dem künstlichen Ausbrüten von Eiern. Etwa 500 Jahre vor Christus lernten die Griechen und Römer und später auch die nördlichen Völker das Huhn kennen. Die Lebensweise des Haushuhns hat sich im Laufe der Jahrhunderte verändert. Aus einem wildlebenden Tier ist ein zahmes Haustier geworden. In freier Wildbahn sucht das Bankivahuhn abends hoch in den Bäumen einen Ast, auf dem es ruht. Das Haushuhn muß sich mit einem Stock oder einer Latte im Schlafstall begnügen. Wenn Hühner frei herumlaufen dürfen, ist ihr Verhalten wesentlich natürlicher. Dann suchen sie abends ebenfalls gerne Bäume auf, um die Nacht dort zu verbringen. Für wilde Hühner ist dies der sicherste Ruheplatz.
Das Bankivahuhn wurde domestiziert, um für den Menschen Eier und Fleisch zu liefern. In freier Wildbahn legt das Huhn nur fünf bis sechs Eier, um sie auszubrüten. Das Haushuhn muß allerdings möglichst viele Eier legen. Daher wird die Brütigkeit reduziert. Die Eier werden der Henne weggenommen, damit sie mit dem Eierlegen fortfährt. Unter anderem durch Kreuzung mit anderen Rassen und spezielle Zuchtmethoden ist die Eierproduktion stark angestiegen. Daneben werden viele Schlachthühner gezüchtet.
In den letzten Jahrzehnten wurde das Huhn in den westlichen Ländern zu einer Art Eierlegmaschine degradiert. Aufgrund von Protesten gegen die »Legebatterien«, in denen Hühner auf sehr engem Raum gehalten werden und ihre Versorgung völlig mechanisiert ist, ist die Methode der »Bodenhaltung« entstanden. Dabei werden Hühner zu Tausenden in großen Scheunen gehalten und haben etwas mehr Platz als Batteriehühner.

Die Verleugnung des Petrus

Petrus war unten im Hof. Da kam eine von den Mägden des Hohenpriesters; und als sie Petrus sah, wie er sich wärmte, schaute sie ihn an und sprach: »Und du warst auch mit dem Jesus von Nazareth.« Er leugnete aber und sprach: »Ich weiß nicht und verstehe nicht, was du sagst.« Und er ging hinaus in den Vorhof, und der Hahn krähte. Und die Magd sah ihn und fing abermals an, denen zu sagen, die dabeistanden: »Das ist einer von denen.« Und er leugnete abermals. Und nach einer kleinen Weile sprachen die, die dabeistanden, abermals zu Petrus: »Wahrhaftig, du bist

einer von denen; denn du bist auch ein Galiläer.« Er aber
fing an, sich zu verfluchen und zu schwören: »Ich kenne
den Menschen nicht, von dem ihr redet.« Und alsbald krähte
der Hahn zum zweiten Mal. Da gedachte Petrus an das
Wort, das Jesus zu ihm gesagt hatte: »Ehe der Hahn
zweimal kräht, wirst du mich dreimal verleugnen.« Und er
fing an zu weinen. (Markus 14,66-72)

Dorkasgazelle

Wissenschaftlicher Name: Gazella dorcas
Familienname: Bovidae
Verbreitungsgebiet: Mittelmeerraum von Afrika bis Vorderasien
Deutscher Name: Dorkasgazelle
Biblischer Name: Gazelle, Reh
Hebräischer Name: צְבִי
Griechischer Name: δόρκων

Ich beschwöre euch, ihr Töchter Jerusalems, bei den Gazellen oder bei den Hinden auf dem Felde, daß ihr die Liebe nicht aufweckt und nicht stört, bis es ihr selbst gefällt. Da ist die Stimme meines Freundes! Siehe, er kommt und hüpft über die Berge und springt über die Hügel. Mein Freund gleicht einer Gazelle oder einem jungen Hirsch. Siehe, er steht hinter unsrer Wand und sieht durchs Fenster und blickt durchs Gitter. (Hoheslied 2,7-9)

Die Gazelle wird mit Recht eines der zierlichsten und anmutigsten Säugetiere in freier Wildbahn genannt. Dieses Ansehen genoß das Tier bereits im Altertum beim Volk der Israeliten. Einer der Namen, die Israel gegeben wurden, war »ʾeres haṣ̌ebij« das heißt »Land der Gazelle«. Das deutet darauf hin, daß dort in biblischer Zeit viele Gazellen lebten und daß sie den Menschen vertraut waren.

In Europa kommt die Gazelle nicht vor. Rehe sind hier jedoch weit verbreitet. Das ist vermutlich der Grund, warum die Übersetzer früher die Namen dieser Tiere häufig austauschten. Oft weist die Beschreibung in der Bibel jedoch eindeutig auf die Gazelle hin. Gazellen gibt es in Israel bis heute – dank der Schutzmaßnahmen, die man für sie ergriffen hat. In der Vergangenheit wurden Gazellen verantwortungslos und heftig bejagt.

Sei wie die Gazelle

Für die Hebräer in biblischer Zeit war die weibliche Gazelle Inbegriff für Liebe und Schönheit. Das kommt in den Namen zum Ausdruck, die dem Tier gegeben wurden. Ebenso wie das Reh ist auch die Gazelle ein anmutiges Tier. Sie hat schlanke Beine, trägt den fein gezeichneten Kopf auf einem schlanken Hals, die Ohren sind beweglich, und der Ausdruck der Augen erscheint fast zärtlich.

In 1.Chronik 12,9 heißt es in der Lutherübersetzung über Davids Helden: »Von den Gaditern gingen über zu David nach der Bergfeste in der Wüste starke Helden und Kriegsleute, die Schild und Spieß führten, und ihr Angesicht war wie das der Löwen, und sie waren schnell wie Rehe auf den Bergen«. Gerade weil der Verfasser die Schnelligkeit betonen wollte, liegt es auf der Hand, daß auch hier im Urtext nicht das Reh, sondern die Gazelle gemeint ist. In der neuen Übersetzung der Bibel in heutigem Deutsch ist daher sie erwähnt. Das Reh ist zwar zierlich, behende und schnell, aber der Gazelle ist es in dieser Hinsicht unterlegen. Die Schnelligkeit der Gazellen wird auch daran deutlich, daß diese Tiere von den Geparden oder Jagdleoparden, den schnellsten Raubtieren, gejagt werden. Diese machen sich vorzugsweise an Antilopen und Gazellen heran, die schnellsten Hirschartigen.

Die Gazelle bevorzugt offenes Gelände. Eine junge Gazelle kann bereits nach einigen Stunden stehen und laufen. In der ersten Zeit läßt die Mutter das Junge zurück, wenn sie äst und kommt alle paar Stunden zu ihm zurück, um es zu säugen. Aber schon nach einigen Tagen folgt die junge Gazelle ihrer Mutter, und nach ein paar Wochen ist sie so schnell und behende, daß sie nur noch schwer zu fangen ist.

Die Dorkasgazelle lebt zusammen mit einigen weiteren Arten in der Sahelzone, der Halbwüste, die an die Sahara grenzt. Dort gibt es meist genügend Niederschläge, aber sehr unregelmäßig. Nach einem Jahr mit viel Regen fällt manchmal einige Jahre lang überhaupt kein Tropfen. Dennoch können sich diese Wüstentiere dort halten. Gazellen und andere Grasfresser kommen mit sehr wenig Feuchtigkeit aus; sie können das Wenige, das vorhanden ist, optimal nutzen.

Grazile Tiere

Die Dorkasgazelle ist etwas kleiner und schlanker als das Reh. Sie hat sehr dünne Beine und geringelte Hörner, die nach oben und hinten gerichtet sind. Seit biblischer Zeit ist diese Art die klassische Gazelle. Zu der Zeit, als es diese Tiere noch in großer Zahl gab, boten sie einen überwältigenden Anblick. In Brehms neuer Tierenzyklopädie ist das überaus lebendig geschildert: »Diese Gazelle ist in der Wüste ein so ansprechendes Bild, daß schon seit alten Zeiten die morgenländischen Dichter sie mit aller Glut ihrer Seele besungen haben. Das Auge der angebeteten Liebsten vergleichen die Dichter mit dem Auge der Gazelle; für den schlanken, weißen Hals der Geliebten finden sie kein schmückenderes Wort als den Ver-

GAZELLA DORCAS

... der Gazelle. Wegen ihrer Anmut
...ypter die Gazelle der Götterköni-
... ihr die Kälber; ihre Schönheit
...es Hohen Liedes zum Bild die-

...elten geworden. Sechs der Gazel-
...den vom Aussterben bedrohten
... allem für die nordafrikanischen
...1. Im Süden Israels leben Dorkas-
...Nationalpark (siehe S. 154–156).

Gazella dorcas

Lämmergeier

Wissenschaftlicher Name: Gypaetus barbatus
Familienname: Aegypiidae
Verbreitungsgebiet: Europa, Asien, Afrika
Deutscher Name: Lämmergeier, Bartgeier
Biblischer Name: Bartgeier, Geier
Hebräischer Name: פֶּרֶס
Griechischer Name: γρύψ

Dies sind die Vögel, die ihr nicht essen dürft: Aasgeier, Schwarzgeier, Bartgeier ...
(5.Mose/Deuteronomium 14,12; Einh)

Der Lämmer- bzw. Bartgeier ist am Toten Meer und auf dem Sinai nur noch selten zu finden. Dieser wirklich eindrucksvolle Vogel hat Flügel mit einer Spannweite von 2,5 m. Er trägt ein dunkles Federkleid und hat einen kleinen Kopf mit einem kräftigen Hackschnabel. Am Kinn ist deutlich ein Bart zu erkennen.

Sein spanischer Name ist »quebrantahuesos«, was Knochenbrecher heißt. Der hebräische Name »peres« (von paras – zerbrechen) weist in die gleiche Richtung. Bereits im Altertum war bekannt, daß der Lämmergeier große Knochen auf Felsen fallen läßt, damit sie zersplittern. Eine Zeitlang hat man dieses Verhalten als reine Erfindung abtun wollen, inzwischen ist es aber gut belegt und auch gefilmt worden. Der Lämmergeier hat außerdem eine merkwürdig geformte Zunge, mit der er das Mark aus den Knochen und das Gehirn aus den Schädeln herausziehen kann.

Im Mittelmeerraum zeigt der Lämmergeier eine Vorliebe für Schildkröten, die dort seine wichtigste

Nahrung darstellen. Diese Tiere läßt er, genauso wie die großen Knochen, aus großer Höhe auf Felsen fallen, damit ihr Panzer zerbricht. In der Bibel wird der Lämmergeier nur in der Liste der unreinen Tiere im 3. und 5. Buch Mose (Levitikus und Deuteronomium) genannt. An anderen Stellen wird nur der allgemeine Begriff »Geier« verwendet.

Schlachtplätze

Der Lämmergeier spielte schon in der griechischen Sagenwelt eine Rolle. Es wird berichtet, daß der Trauerspieldichter Aischylos 456 vor Christus von diesem Vogel getötet wurde, indem das Tier aus großer Höhe eine Schildkröte auf den Schädel des Dichters fallen ließ – was von den Ernährungsgewohnheiten des Lämmergeiers her gar nicht so unwahrscheinlich ist.

Die meisten Raubtiere lassen Schildkröten in Ruhe. Sie »wissen«, daß sie damit nichts anfangen können und finden Beute, die sie leichter überwältigen können. Für den Lämmergeier ist die langsame Schildkröte dagegen eine wunderbare Mahlzeit, da er mit dem Panzer keine Schwierigkeiten hat. In Vorderasien und in Nordafrika hat man Stellen entdeckt, wo Dutzende zerbrochener und auseinandergerissener Panzer von Schildkröten als Überreste von solchen Mahlzeiten herumlagen. Diese »Schlachtplätze« waren bereits im vorigen Jahrhundert bekannt, doch erst in den letzten Jahrzehnten hat man die Lämmergeier bei ihrem geschickten Tun beobachtet.

In den Bergen und auf den Hochebenen Mittelasiens sind große Huftiere immer noch die Beute von Wölfen, Panthern und anderen Räubern. Die Knochen und Beine mit den Hufen bleiben zurück. Aber die Lämmergeier können auch sie verwerten. Selbst die Rückenwirbel großer Säugetiere werden von ihnen verschlungen.

Sehr gefährdet

Die Lämmergeier haben sich allmählich an die Gesellschaft des Menschen angepaßt. In Mittelasien, in der Nähe der Lager nomadisierender Hirten, leben sie zusammen mit anderen Geiern und Aasfressern von dem, was der Mensch als Abfall fortwirft, sofern es nur freßbar ist. In Spanien fressen die Lämmergeier vor allem die Nachgeburt und die toten Lämmer aus den Schaf- und Ziegenherden.

In den Alpen griff dieser große Geier in der Vergangenheit Ziegen, Schafe und Gemsen an, ließ sie in die Tiefe stürzen und raubte ihre Lämmer. So ist der Name »Lämmergeier« entstanden. Man hat diesen Vogel sogar beschuldigt, auch Kinder zu rauben – zu Unrecht, aber es war Vorwand genug, ihn dort vollständig auszurotten.

En aqeb, araba-tal

77

Die rasch wachsende Weltbevölkerung und der sich
verbessernde Hygienestandard lassen dem Lämmergeier heute kaum noch Überlebensmöglichkeiten.
Kadaver bleiben häufig nicht mehr zurück, und der
Abfall wird in den meisten Dörfern immer weniger.
Dieser Vogel kann wohl nur mit großer Mühe vor
dem Aussterben bewahrt werden.
Unter allen Großgeiern ist der Lämmergeier der
geschickteste, wenn es darum geht, tote und kranke
Tiere aufzuspüren. Er kann auf der Nahrungssuche
große Entfernungen zurücklegen, denn er ist ein
perfekter Segler. Mit seinen riesigen Flügeln hält er
sich mühelos in der Luft und kann sich ohne Anstrengung treiben lassen.

Gänsegeier

Wissenschaftlicher Name: Gyps fulvus
Familienname: Aegypiidae
Verbreitungsgebiet: Mittelmeergebiet bis Nordindien
Deutscher Name: Gänsegeier
Biblischer Name: Geier
Hebräischer Name: נֶשֶׁר
Griechischer Name: ἀετός

Laß dir die Haare abscheren und geh kahl um deiner verzärtelten Kinder willen; ja, mach dich kahl wie ein Geier, denn sie sind gefangen von dir weggeführt. (Micha 1,16)

In Palästina sind die Geier sehr viel häufiger zu finden als die Adler. In Matthäus 24,28 heißt es in der »alten« Lutherübersetzung zwar: »Wo aber ein Aas ist, da sammeln sich die Adler«; in der revidierten Fassung werden dort jedoch mit Recht die Geier genannt. Denn sie sind Aasfresser, was man von den Adlern nur in Ausnahmefällen behaupten kann.

Der Gänsegeier ist der größte und eindrucksvollste aller in Israel lebenden Vögel. Bis Anfang der 60er Jahre war er dort zu Tausenden zu finden. In den Höhlen und Spalten der steilen Felswände baute er sein Nest. Bei dem hygienischen Standard, der sich inzwischen herausgebildet hat, kommt es allerdings nicht mehr vor, daß Aas lange liegenbleibt. Der stetig wachsende Nahrungsmangel und die Jagd auf diese Vögel haben die Population erheblich ausgedünnt.

Reinliche Vögel

Geier haben aufgrund ihrer Freßgewohnheiten den Ruf, ekelerregende, unangenehme Vögel zu sein, doch das ist ein Vorurteil. Die Federn des Gänsegeiers sind trotz der Tatsache, daß er bisweilen halb in die Kadaver hineinkriecht, immer sehr sauber. Bei den blutigen Mahlzeiten zwischen wild durcheinanderspringenden Artgenossen werden vor allem der Kopf und der Hals beschmutzt. Doch nach Beendigung der Mahlzeit badet und trinkt der Geier ausführlich, sobald er Gelegenheit dazu hat. Man vermutet, daß die Sauberkeit zu einem großen Teil auch durch die schmutzabweisende Eigenschaft seiner Federn möglich wird, die von sehr feiner Struktur sind.

Wenn ein in sehr großer Höhe schwebender Gänsegeier erkennt, daß ein Artgenosse oder eine andere Geierart eine Beute entdeckt hat, eilt er ebenfalls dorthin. Bei den Überresten eines verendeten großen Tieres machen sich die Geier gegenseitig die Plätze streitig. Es wird gekämpft und in größtmöglicher Eile gefressen. Meist kommen auch noch Krähen, Raben, Schakale und verwilderte Hunde hinzu, so daß die Konkurrenz groß ist. Eine Beute ist bei so vielen Fressern schnell verschwunden.

Der Gänsegeier hat einen weniger kräftigen Schnabel als beispielsweise der Mönchsgeier. Er frißt nicht nur Fleisch, sondern auch die Eingeweide und geronnenes Blut. Die Zunge des Gänsegeiers ist mit zahnförmigen, verhornten Papillen versehen; er kann damit Fleischbrocken gut in seinem Schnabel festhalten. Seine Füße sind nicht dazu geeignet, Beute zu fangen. Seine Krallen sind zu lang und zu stumpf. Geier können allerdings gut laufen. Die meisten Greifvögel begeben sich nur selten und widerwillig auf den Erdboden. Geier laufen hingegen oft und lange bei ihrer Beute herum. Der Gänsegeier hat einen hübschen, beigefarbenen Halskragen.

Weil in Mitteleuropa keine Kadaver großer Huftiere mehr zurückbleiben, ist der Gänsegeier dort schon lange verschwunden. In biblischer Zeit und auch noch in den Jahrhunderten danach waren Gänsegeier jedoch sehr nützlich, wenn es darum ging, tote Tiere zu

GYPS FULVUS

78

beseitigen. In warmem Klima ist die rasche Beseitigung von Kadavern erforderlich. Im Mittleren Osten haben Geier diese Arbeit bis weit in unser Jahrhundert hinein übernommen.

Thermiksegler

Aas liegt meist weit verstreut und muß erst mühsam gefunden werden. Der Gänsegeier ist also gezwungen, ausgedehnte Flüge über einem großen Gebiet zu unternehmen. Alle Geierarten sind Meister im Segelflug. Sie lassen sich auf der nach oben steigenden

Auftrieb. Darüber hinaus sind sie in der Lage, enge Kreise zu ziehen.

Sie steigen kreisend auf einer Thermiksäule bis zur Spitze auf, manchmal 2000 m hoch. Dann schweben sie in langem Gleitflug zur nächsten Thermiksäule und steigen dort wieder in große Höhen auf. Mit geringer Anstrengung legen sie auf diese Weise große Entfernungen zurück.

Warmluft, der Thermik, treiben. Sie können dann aus großer Höhe das Gelände erkunden und ohne große Anstrengung beträchtliche Entfernungen zurücklegen. Das Gebiet, das ein Gänsegeier kontrollieren kann, wird dadurch noch vergrößert, daß er das Verhalten anderer Geier beobachtet.

Alle Geier der Alten und der Neuen Welt sind echte Segelflieger. Sie haben breite Flügel mit fingergleich gespreizten großen Schlagfedern. Diese erzeugen bei niedrigen Geschwindigkeiten einen guten und raschen

GYPS FULVUS

79

Seeadler

Wissenschaftlicher Name: Haliaeetus albicilla
Familienname: Accipitridae
Verbreitungsgebiet: Europa, nördliche und gemäßigte Regionen Asiens
Deutscher Name: Seeadler
Biblischer Name: Fischadler, Fischaar
Hebräischer Name: עָזְנִיָּה
Griechischer Name: ἁλιαίετος

Diese aber sind es, die ihr nicht essen sollt: der Adler, der Habicht, der Fischaar, der Taucher, die Weihe, der Geier mit seinen Arten.
(5.Mose/Deuteronomium 14,12-13)

Auf der Liste der unreinen Vögel wird im Hebräischen der »'oznijah« genannt. Die Übersetzung dieses Wortes bereitet Schwierigkeiten, aber in der talmudischen Tradition wird es mit »Seeadler« wiedergegeben. Es ist allerdings nicht sicher, ob tatsächlich dieser Adler oder der Fischadler gemeint ist. Wahrscheinlich bezeichnet jedoch auch das »aliaietos« der griechischen Bibelübersetzung eher den Seeadler. Dieser ist in ganz Nord- und Mittelasien verbreitet. Zweifellos ist er in biblischer Zeit sehr viel zahlreicher gewesen als heute. Er ist ein beeindruckender Greifvogel. Fast einen Meter groß, fällt er vor allem durch seine gewaltigen Flügel auf. Ihre Spannweite beträgt fast 2,5 m. Sein Federkleid ist dunkelbraun, nur der reinweiße Schwanz hebt sich auffällig davon ab.

Der Geier des Nordens

Der Seeadler gehört zur Gruppe der Habichtvögel. Vermutlich ist er auch mit der Weihe oder dem Milan verwandt. Der Seeadler ist ein auffallend starker Greifvogel. Er hat einen großen und kräftigen, ein wenig gewölbten Schnabel, der ihm ein gefährliches Aussehen verleiht. Seine Klauen sind mit starken Zehenballen ausgestattet. Dadurch ist er in der Lage, auch glatte Beute sicher festzuhalten. Das ist vor allem dann wichtig, wenn er Fische fängt, die zusammen mit Wasservögeln seine wichtigste Beute darstellen. Im Flug sind die riesigen, breiten Flügel so stabil wie ein Brett. Der Seeadler ist eher ein Segler als ein Flieger. Er ruft zuweilen mit schrillen und manchmal krächzenden Tönen, die ein wenig an den Möwenschrei erinnern. Wenn er ruft, streckt er seinen Hals, um ihn dann weit nach hinten zu beugen, wodurch sein Kopf fast auf dem Rücken liegt.

Der Seeadler wird auch »Geier des Nordens« genannt, denn er ist kein echter Jäger. Dafür fehlen ihm die Geschicklichkeit und die Angriffsgeschwindigkeit der anderen Greifvögel. Seine gewaltigen Flügel erlauben keine schnelle Überrumpelungsaktion. Dadurch ist dieser Adler geneigt, sich – vor allem im Winter – mit Kadavern zufriedenzugeben. Er fängt zwar große Fische, doch er raubt sie auch anderen Fischfressern, z.B. großen Möwen und dem Fischadler.

Unter den Wasservögeln ist das Bleßhuhn seine Hauptbeute. Das hängt unter anderem damit zusammen, daß Bleßhühner im Winter in großer Zahl an der Küste und an Binnengewässern vorkommen. Seeadler jagen auch gemeinsam. Ein Tier folgt dem untergetauchten Vogel, langsam über das Wasser segelnd. Der andere Adler beschreibt Halbkreise über der Stelle, an der das Beutetier zum Vorschein kommen muß. Der Vogel beobachtet die Wasseroberfläche sehr genau und schlägt im richtigen Augenblick zu.

Junge Gänse und Enten halten sich in der Mauser gern in den großen Riedsümpfen nahe bei freien Flächen auf. Der Seeadler macht dort Jagd auf diese leicht zu schlagenden Beutetiere. Er sucht jedoch auch geduldig die Küste nach toten Vögeln, Muscheltieren und Krebsen ab. Es gibt eine ganze Reihe kleiner Greifvögel, die geschicktere Jäger sind als der äußerlich so beeindruckende Seeadler.

Verehrt und geschützt

Der Seeadler ist weit über den Norden der Alten Welt verbreitet; ursprünglich kam er in fast allen Gebieten vor. Heute ist er aus den alten Bundesländern fast verschwunden, während er in den neuen Bundesländern und in den anderen Ostsee-Anrainerstaaten, vor allem Norwegen, noch stärker vertreten ist. Er hält sich am liebsten an breiten Flüssen mit dichtem Uferwald und in großen Flußdeltas auf. Er baut große Horste in den Bäumen, aber auch auf Küstenfelsen, in Riedfeldern und Sträuchern und manchmal sogar auf dem Erdboden. Er benutzt diese Horste viele Jahre hintereinander. Das Weibchen brütet 35 bis 40 Tage lang zwei Eier aus. Häufig kommt ein Jungvogel durch Nahrungsmangel um. Er wird dann von dem anderen Jungtier aufgefressen. Nur in der Hälfte der Brutfälle werden beide Jungvögel groß.

In Westsibirien wird der Seeadler von der Bevölkerung verehrt. Bei den Kasim-Ostjaken gilt er sogar als heiliger Vogel. Die russischen Fischer am Ob schützen ihn, denn der Vogel ist ihnen nützlich. Er sucht die großen Vorratsbecken auf, in denen sie die gefangenen Fische bis zum Herbst aufbewahren und beseitigt die toten Fische.

Zur Erhaltung und Vermehrung müßten die Reviere der Seeadler besonders in der Nistzeit vor Störungen geschützt sein. Horstbäume dürfen nicht gefällt werden. Heinz Sielmann bemerkt: »Da Seeadler am Ende einer relativ langen Nahrungskette stehen, hat man vor allem in Schleswig-Holstein mit der Anlage von Futterplätzen begonnen, um die Adler mit pestizidarmer Nahrung zu versorgen – welch ein jämmerlicher Zustand unserer Welt, wenn sie so vor Giften überquillt, daß selbst im fernsten Alaska die Seeadler unfruchtbar werden!«

Haliaeetus albicilla

Langohrigel

Wissenschaftlicher Name: Hemiechinus auritus
Familienname: Erinaceidae
Verbreitungsgebiet: Nordafrika, Arabien, Kleinasien, Indien bis in den Osten Chinas
Deutscher Name: Langohrigel, Großohrigel
Biblischer Name: Igel
Hebräischer Name: אנקה
Griechischer Name: μυγαλῆ

Diese sollen euch auch unrein sein unter den Tieren, die auf Erden kriechen: das Wiesel, die Maus, die Kröte, ein jegliches mit seiner Art, der Igel, der Molch, die Eidechse, die Blindschleiche und der Maulwurf.
(3.Mose/Levitikus 11,29-30; Luth 1912)

Es ist oft schwierig, die Tiere, die in der Bibel genannt werden, richtig zu identifizieren, vor allem, wenn außer dem Namen keine weiteren Einzelheiten genannt sind. So ist z.B. auch die Übersetzung »Igel« für das hebräische Wort »'anaqah« nicht sicher. Die »alte« Lutherübersetzung nennt ihn zwar in 3.Mose/Levitikus 11,29-30. Aber manche Ausleger sind heute der Ansicht, daß mit »'anaqah« der Gecko gemeint ist, ein zu den Eidechsen gehörendes Tier, das denn auch in der revidierten Fassung der Lutherbibel hier eingefügt ist. Es ist allerdings nicht ganz auszuschließen, daß die Übersetzung »Igel« doch korrekt ist. In Palästina leben sehr viele Igel, die sich nach verschiedenen Arten unterscheiden lassen.

Ein nächtlicher Jäger

Der Langohrigel ist in der Küstenebene Israels und im Negeb weit verbreitet. Er hat relativ lange Ohren und recht kurze Stacheln. Igel fressen hauptsächlich Insekten, Schnecken und Würmer, doch sie verschmähen auch Frösche, Mäuse und pflanzliche Kost (in erster Linie Früchte) nicht. Der Langohrigel macht sich in den Sommermonaten in die Weingärten auf, um nachts die heruntergefallenen Trauben zu fressen. Wenn Igel die Möglichkeit dazu haben, fressen sie auch Eier und Jungvögel. In Europa ist der Igel ein Bewohner trockener, offener Landschaften mit niedrigem Bewuchs. Er ist auch häufig in Gärten und Parks zu finden, doch meist wird er überhaupt nicht bemerkt. Wer Igel in seiner Nähe hat, kann sie mit einer Schale Milch anlocken, die Igel gerne trinken. Igel sind dämmerungs- und nachtaktive Tiere. Tagsüber verstecken sie sich in ihrem Nest, das sie aus Gras und Blättern zwischen der Vegetation oder unter Baumstümpfen bauen. Der Igel hat kurze Beine. Wenn er normal läuft, sieht es so aus, als würde er sich mit seinem Bauch über den Boden schieben. Dennoch kann er sich sehr rasch fortbewegen. Er ist in der Lage, Mäuse und Frösche zu fangen und muß dafür rasch reagieren können. Wenn er trabt, steht er höher auf seinen Beinen. Er ist ein Sohlengänger und stützt sich beim Laufen vollständig auf seine Fußsohle.

Obgleich Igel rasch laufen können, rollen sie sich bei Gefahr lieber zusammen als zu fliehen. Dies geschieht mit Hilfe von starken Ringmuskeln, die wie eine Art Hülle denjenigen Teil des Körpers überziehen, der mit Stacheln bedeckt ist. Wenn sich der Igel zusammenrollt, wird die Haut des Rückens angespannt, so daß sich die Stacheln aufrichten. Das Zusammenrollen ist eine sehr wirkungsvolle Abwehrmethode, die allerdings gegen die Gefahren des modernen Straßenverkehrs nichts ausrichten kann.

Ein zusammengerollter Igel ist leicht hochzuheben. Wer das tut, muß aber fast immer feststellen, daß das Tier voller Flöhe und Zecken sitzt. Alle Igel haben mit Ungeziefer zu kämpfen.

Geräuschvolle Genießer

Wenn Igel miteinander kämpfen, geben sie brummende, stöhnende Knurrlaute von sich. Auch bei der Nahrungssuche sind sie nicht geräuschlos. Schnüffelnd, prustend und schmatzend suchen sie zwischen Blättern und Vegetation nach etwas Eßbarem.

Ein Igelweibchen wirft zweimal jährlich Junge. Nach einer Tragzeit von etwa 35 Tagen bringt sie zwischen zwei und neun Junge zur Welt, die blind, taub und nackt sind. Sie haben lediglich eine dünne Decke aus sehr kleinen, weichen Stacheln. Wenn sie nach zwei Wochen ihre Augen öffnen, sind die jungen Igel bereits behaart und mit festeren Stacheln ausgestattet. Nach drei Wochen verlassen sie das Nest.

Hartnäckig hält sich der Glaube, Igel seien unempfindlich gegen Schlangengift. Das ist zwar nicht zutreffend, doch können sie ohne nachteilige Folgen eine größere Giftmenge verkraften als andere Tiere gleicher Größe. Wirklich immun sind sie aber nicht. Es trifft allerdings zu, daß der Igel Schlangen fängt. Er wehrt den Biß der Schlange mit den Stacheln auf seinem Kopf ab und durchbeißt rasch das Rückgrat seiner Beute.

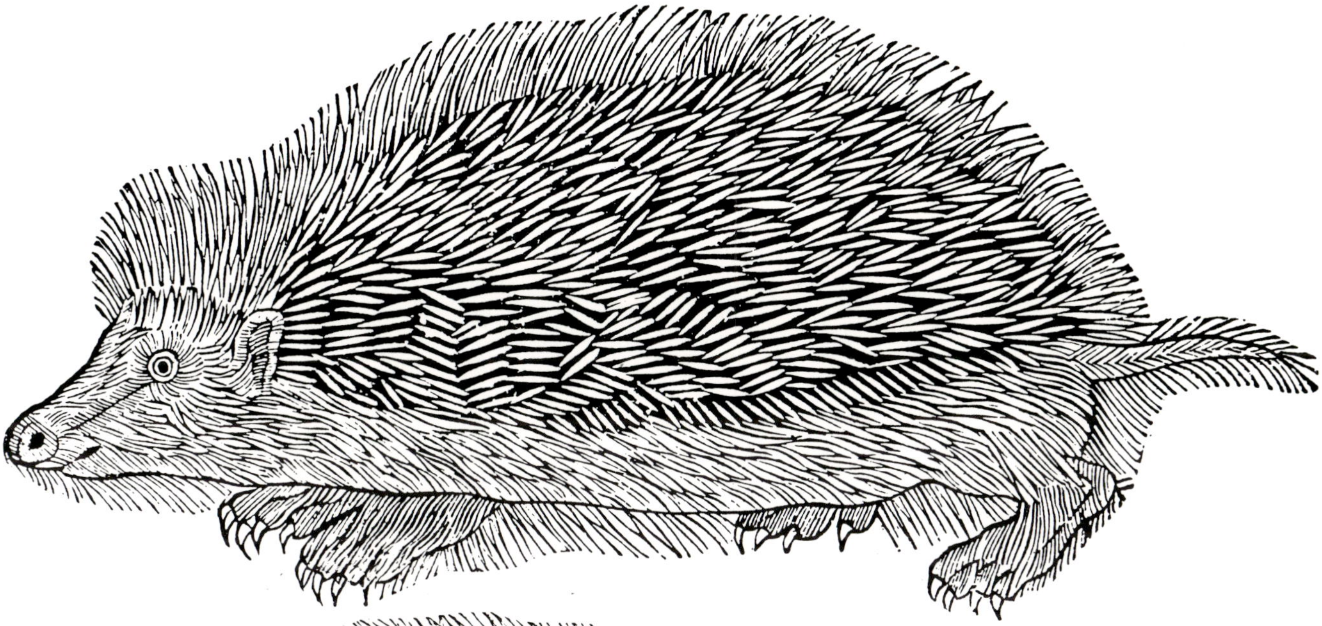

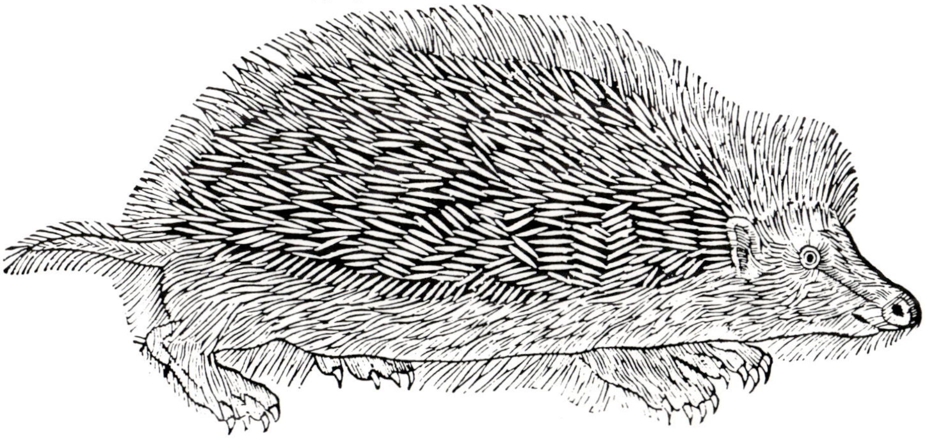

HEMIECHINUS AURITUS

83

Nilpferd

Wissenschaftlicher Name:	Hippopotamus amphibius
Familienname:	Hippopotamidae
Verbreitungsgebiet:	Afrika
Deutscher Name:	Nilpferd, Flußpferd
Biblischer Name:	Behemot, Nilpferd
Hebräischer Name:	בְּהֵמוֹת
Griechischer Name:	θηρίον

Sieh dir als Beispiel doch das Nilpferd an,
das mein Geschöpf ist gradeso wie du!
Es frißt zwar Gras, nicht anders als ein Rind,
doch achte auf die Kraft in seinen Lenden,
und sieh die starken Muskeln seines Bauches!
Sein Schwanz ist kräftig wie der Stamm der Zeder,
die Sehnen seiner Schenkel stark wie Seile.
Die Knochen gleichen festen Bronzeröhren,
die Rippen sind so hart wie Eisenstangen.
Es ist ein Meisterwerk in meiner Schöpfung,
und niemand als sein Schöpfer kann's bezwingen.
Das Gras zum Fressen liefern ihm die Berge,
wo neben ihm die wilden Tiere spielen.
Es hat sein Lager unter Dornenbüschen
und sein Versteck im Sumpf und Ried des Ufers.
Die dichten Büsche spenden ihm den Schatten
und auch die Weiden, die das Ufer säumen.
Wenn auch das Wasser steigt, bleibt's ruhig liegen;
wenn ihm der Fluß ins Maul dringt, flieht es nicht.
Nur einer kann ihm gegenübertreten
und ihm ein Fangseil durch die Nase ziehen!
(Hiob/Ijob 40,15-24; GuNa)

Das Nilpferd ist ein kräftig gebautes Tier, das einem Angreifer sehr gefährlich werden kann. Es ist jedoch kein Raubtier, sondern ein Pflanzenfresser, so wie es aus der Beschreibung im Buch Hiob/Ijob auch deutlich hervorgeht. Das Nilpferd ist ein richtiges Wassertier. Es hat einen rundherum glatten Körper und ist fast unbehaart. Sein Kopf geht allmählich in den Hals über und dieser ebenso in den Rumpf. Die Beine des Nilpferds sind kurz, die Zehen durch Schwimmhäute miteinander verbunden.

Die Augen, die Ohren und die Nasenöffnungen eines Nilpferds befinden sich hoch auf seinem Kopf. Auf diese Weise kann es fast vollständig unter Wasser verschwinden, während seine Augen, seine Ohren und seine Nase gerade noch über die Wasseroberfläche hinausragen. Dadurch kann es seine Umgebung beobachten und Geräusche wahrnehmen. Das Nilpferd kann sehr gut schwimmen und nötigenfalls rund fünf Minuten lang unter Wasser bleiben, ohne Atem zu holen.

Mit dem Schwert gegürtet

Ein ausgewachsenes Nilpferd wiegt rund 2000 kg, ältere Tiere können sogar bis zu 3000 kg schwer werden. Nilpferde sind Herdentiere, die in Gruppen von 20 bis 40 Tieren leben. Ältere männliche Tiere sondern sich von der Gruppe ab und leben allein. Die Gruppe verläßt das Wasser nur an ruhigen Stellen, um am Ufer im Schlamm zu schlafen. Die lang ausgestreckt liegenden Tiere erwecken dann den Eindruck, als fühlten sie sich äußerst behaglich. Zahlreiche Vögel halten sich bei ihnen auf und reinigen ihre Haut von Insekten und Blutegeln.

Genauso wie beim Wildschwein sind auch die Eckzähne im Unterkiefer des Nilpferdes stark entwickelt.

HIPPOPOTAMUS
AMPHIBIUS

Sie können bis zu 70 cm lang werden und stellen dann gewaltige Waffen dar. In der Lutherübersetzung heißt es sehr schön: »Er ist das erste der Werke Gottes; der ihn gemacht hat, gab ihm sein Schwert« (Hiob/Ijob 40,19). In der Vergangenheit deutete man diese Stelle teilweise sogar dahingehend, daß hier der Elefant gemeint sei, der in Israel jedoch nicht vorkommt. Nilpferde gehen nachts an Land, um zu weiden, wobei sie häufig früher angelegte Pfade benutzen. Tagsüber halten sie sich meist ruhend im Wasser auf. Sie haben ein riesiges, breites Maul, mit dem sie gut grasen können.

Irreführender Name

Aus Inschriften und Felszeichnungen in Ägypten weiß man, daß Nilpferde früher überall im Nil lebten. In Israel waren diese Tiere im Jordan heimisch, wo man große und kleine Nilpferdskelette gefunden hat. In Palästina sind sie jedoch schon seit Jahrhunderten ausgestorben, ebenso in Ägypten und Nubien. Um Nilpferde in freier Wildbahn beobachten zu können,

muß man jetzt bis nach Zentralafrika reisen. Dort leben noch zwei Arten.

Der Name »Nilpferd« ist so gesehen nicht ganz zutreffend. Bei Grzimek heißt es dazu: »Von den meisten Menschen wird das Flußpferd heute noch als ›Nilpferd‹ bezeichnet. Dieser Name ist jedoch irreführend; man sollte ihn besser nicht mehr verwenden. Abgesehen davon, daß das Flußpferd als Paarhufer nicht in die Pferdeverwandtschaft gehört, hat auch der erste Teil seines volkstümlichen Namens keine Berechtigung mehr; denn die letzten Flußpferde am Unterlauf des Nils rottete man schon zu Anfang des vorigen Jahrhunderts aus. Vor etwa viertausend Jahren waren sie dort dagegen so häufig, daß sie eine Gefahr für die Ernten darstellten und daher stark bejagt wurden.«

Wenn das männliche Tier sein Maul scheunentorweit aufreißt, ist dies eine imposante Drohgebärde. Es zeigt seinem Gegner die gefährlichen Zähne, um ihn abzuschrecken. Die Tiere tragen oft heftige Kämpfe untereinander aus.

Rauchschwalbe

Wissenschaftlicher Name:	Hirundo rustica
Familienname:	Hirundinidae
Verbreitungsgebiet:	Europa, Asien, Nordafrika, Nordamerika
Deutscher Name:	Rauchschwalbe
Biblischer Name:	Schwalbe
Hebräischer Name:	דְּרוֹר
Griechischer Name:	στρουθός

Wie lieb sind mir deine Wohnungen, Herr Zebaoth!
Meine Seele verlangt und sehnt sich
nach den Vorhöfen des Herrn;
mein Leib und Seele freuen sich
in dem lebendigen Gott.
Der Vogel hat ein Haus gefunden
und die Schwalbe ein Nest für ihre Jungen –
deine Altäre, Herr Zebaoth,
mein König und mein Gott.
(Psalm 84,2-4)

Im Land der Bibel sind Schwalben in erster Linie Gäste, die im Frühjahr und im Herbst in großen Scharen durchziehen. Ihre Brutgebiete liegen in Europa und in Asien, aber sie überwintern im südlichen und im tropischen Afrika. Die Tatsache, daß ein großer Teil der Schwalben aus den europäischen und adriatischen Ländern durch Israel zieht, war bereits zur Zeit des Propheten Jeremia bekannt: »Der Storch unter dem Himmel weiß seine Zeit, Turteltaube, Kranich und Schwalbe halten die Zeit ein, in der sie wiederkommen sollen; aber mein Volk will das Recht des Herrn nicht wissen« (Jeremia 8,7), wirft er dem Volk Israel vor.

Schwalben sind zierliche Vögel. Sie haben eine breite Brust, einen kurzen Hals und einen recht flachen Kopf. Ihr Schnabel ist kurz und an der Basis bedeutend breiter als an der Spitze, weshalb er fast dreieckig wirkt. Der Mundspalt reicht bis nahe an die Augen, so daß die Schwalben ihren Schnabel weit aufsperren können. Ihre Flügel sind lang und schmal zulaufend. Mit Ausnahme von Neuseeland kann man überall auf der Welt Schwalben finden; es sind fast 70 Arten bekannt. In Israel kommen neben der Rauchschwalbe und der Uferschwalbe noch andere Arten vor. Auch den Mauersegler, der nicht zu den echten Schwalben gehört, kann man in großer Zahl am Toten Meer antreffen.

Baukünstler

Schwalben sind berühmt für ihre kunstvoll gebauten Nester. Das war schon in biblischer Zeit so, wie der oben zitierte Psalm 84 zeigt. Schwalben sind Vögel des Luftraums und geschickte Flieger. Auf dem Boden können sie sich dagegen nur schlecht bewegen, weil sie sehr kurze Beine haben. Nur zur Zeit des Nestbaus halten sie sich am Boden auf, um an Pfützen Lehm oder Ton für ihre Nester zu sammeln. In dieser Zeit kann man sie häufig auf alten Kieswegen beobachten, wo die Schlaglöcher in der Straße jedes Jahr mit einem Gemisch aus Kies und Lehm aufgefüllt werden. Dort holen die Schwalben das Baumaterial für ihre Nester. Auch an den Pfützen auf Tonböden finden sie gutes Material. Eifrig fliegen sie mit Baumaterial in den Schnäbeln hin und her.

Ein Schwalbennest ist eher ein kunstvolles als ein schönes Gebilde. Aus den Ton- oder Lehmklümpchen, vermischt mit ein wenig Stroh, fertigt die Rauchschwalbe ein flaches, schalenförmiges Gebilde, das mit Federn ausgekleidet wird. Der Vogel sucht stets eine Stelle aus, wo das Nest abgestützt ist, beispielsweise auf einem Balken. Das Nest der Hausschwalbe ist hübscher. Es handelt sich dabei um ein ansehnliches Stück »Maurerarbeit«, halbkugelförmig, mit nur einer kleinen Öffnung als Eingang an der Seite. Die Hausschwalbe baut ihre Nester ausschließlich an Außenmauern. Unter Dachrändern werden die Nester häufig dicht an dicht gebaut, denn Schwalben sind Vögel, die in Kolonien leben.

Freunde der Menschen

Schwalben sind schon seit Jahrhunderten Gäste in unseren Häusern. Als der Mensch noch in Höhlen lebte, waren die Rauchschwalben vermutlich auch schon dort zu finden. Heute wählen sie gern Scheunen und Speicher oder errichten ihr Nest unter einer Brücke. Die Hausschwalbe ist ursprünglich ein Bewohner von Felswänden und Klippen. Es muß also einmal eine Zeit gegeben haben, in der diese Vögel in den europäischen Tiefebenen nicht vorkamen. Erst als sich dort Menschen ansiedelten und Häuser errichteten, waren für diese Vögel die nötigen Brutmöglichkeiten vorhanden.

Schwalben jagen Insekten, hauptsächlich Fliegen und Mücken, die sie ausschließlich im Flug fangen. Aufgrund ihrer Flugkünste können Schwalben vielen Feinden entkommen. Überall in der Welt gibt es jedoch Falken, die so schnell sind, daß sie sogar Schwalben fangen können. Der Baumfalke ist solch ein geschickter Jäger, der Schwalben mühelos im Flug überrascht.

Heute geht die Zahl der Schwalben zurück. Dafür gibt es verschiedene Gründe. Der moderne Hausbau läßt den Hausschwalben kaum noch Platz für die Errichtung ihrer Nester, und die modernen Ställe bieten den Rauchschwalben keine Nistgelegenheiten mehr. Ein anderer ernster Grund ist der Rückgang des Nahrungsangebots. Aufgrund der stetig zunehmenden Luftverschmutzung und der Verwendung von Insektiziden ist die Zahl der Fluginsekten wie Mücken und Fliegen, von denen die Schwalben leben, stark gesunken.

HIRUNDO RUSTICA

Streifenhyäne

Wissenschaftlicher Name: Hyaena hyaena
Familienname: Hyaenidae
Verbreitungsgebiet: Ost- und Nordafrika, Arabien, Kleinasien bis Indien
Deutscher Name: Streifenhyäne
Biblischer Name: Hyäne
Hebräischer Name: צָבוּעַ
Griechischer Name: ὀνοκένταυρος

Hyänen werden in den zerstörten Burgen heulen und Schakale in den Ruinen der Lustschlösser. Babylons Tage sind gezählt, bald schlägt seine letzte Stunde.
(Jesaja 13,22; GuNa)

Die Hyäne wird in der Bibel vor allem in den Unheilsverheißungen der Propheten erwähnt, und zwar zusammen mit anderen unheimlichen Lebewesen wie Schakalen, Straußen und dämonischen Fabelwesen. Sie alle stehen für eine gegenmenschliche Welt, die sich dort ausbreitet, wo die Wohnorte der Menschen durch Gottes Gericht veröden, so etwa auch in Jeremia 12,9: »Ist das Land meines Volkes denn eine Hyänenhöhle geworden, über der die Geier kreisen? Auf, bringt die wilden Tiere herbei, hier gibt es zu fressen!« (GuNa).

Die Streifenhyäne ist hauptsächlich in Nordafrika zu finden, ihr Lebensraum reicht jedoch von Nordafrika bis nach Indien. Sie hält sich in trockenen Savannen, Halbwüsten und Wüsten auf. Die Streifenhyäne ist ein scheues Nachttier; den Tag verbringt sie in Erdlöchern, in Höhlen oder unter Sträuchern. Für den Menschen ist die Hyäne ungefährlich. Die sich hartnäckig haltenden Geschichten von Hyänen, die Leichen ausgraben, sind reine Erfindungen.

Gute Jäger

Fast jeder verabscheut Hyänen als Aasfresser. Lange Zeit wurden sie als feige Tiere angesehen. Dieses Bild ist auf jahrhundertelange, irreführende Informationen zurückzuführen. Zwar fressen die Hyänen Aas, und sie warten auch geduldig in der Nähe eines anderen Raubtiers, das dabei ist, seine Beute zu verschlingen. Wenn es dann satt ist und die Reste nicht fortschleppt, machen sich die Hyänen darüber her. Aber die Hyänen sind auch gute Jäger. Die drei Arten, die in Afrika und Südwestasien vorkommen, sind sehr schnelle Tiere. Im Gegensatz zu den Streifenhyänen jagen die Fleckenhyänen (Crocuta crocuta) rudelweise Antilopen- und Zebraherden, bis eines der Tiere den Anschluß an die Herde verliert. Dieses Tier hat dann keine Chance mehr zu entkommen. Die Streifenhyäne jagt jedoch nur selten zu mehr als zwei Tieren. Dank der Forschungen des Niederländers Hans Kruuk und seiner Frau wurde festgestellt, daß die Streifenhyäne eher ein Abfallbeseitiger als ein Jäger ist. Sie lebt daher auch weniger sozial als die Fleckenhyäne und kann sogar als ein einzelgängerisch lebendes Tier angesehen werden.

Die Streifenhyäne ist sehr bescheiden. Bei Kadavern hält sie sich ein wenig im Hintergrund. Die Geier und anderen Aasfresser beanspruchen die besten Teile für

sich. Die Knochen, die übrigbleiben, werden von den Hyänen problemlos zermalmt. Alle Hyänen haben einen großen Kopf mit kraftvollen Kiefern und scharfen Zähnen, mit denen sie auch die größten Knochen zerbeißen können. Die Streifenhyäne ist weniger geräuschvoll und aggressiv als die Fleckenhyäne. Sie ist ein stilles Tier, das nur selten sein langgezogenes Geheul ertönen läßt. Alle Hyänen sind geschätzte Abfallbeseitiger. In den Mauern, die die einheimische Bevölkerung häufig rund um ihre Dörfer errichtet, werden Öffnungen für diese Tiere freigelassen. Abends wird der gesamte Abfall ins Freie geworfen, und die Hyänen kommen nachts, um ihn zu beseitigen. Nur kleine Knochensplitter bleiben übrig.

Aus dem 18. Jahrhundert kennt man Berichte über Schlachter in Kapstadt (Südafrika), die Hyänen nachts in die Schlachthäuser lockten, damit diese dort den Fleischabfall, die Felle und die Knochen beseitigten. Die Fähigkeit dieser Tiere, selbst die schweren Knochen großer Huftiere zu zerbrechen und zu verzehren, ist bemerkenswert; bis auf den Wolf gibt es kein anderes Tier mit ähnlich kräftigen Zähnen und Kiefern.

Aberglauben

In einigen Teilen Indiens gilt die Zunge der Streifenhyäne als Medikament gegen Tumore. Das Fell des Tieres hilft, so meinen die Inder, gegen Rheuma.

Im Nildelta ist man davon überzeugt, daß der Verzehr des Gehirns Männer besonders tapfer macht. Auch in der Religion und im Glauben der Ureinwohner Afrikas spielt die Hyäne eine wichtige Rolle. Manche Menschen glauben, die Galle dieses Tieres sei so giftig, daß ihr Verzehr den sofortigen Tod zur Folge habe. Äußerlich lassen sich das Männchen und das Weibchen der Hyäne kaum unterscheiden. Als im Zoo einmal die Rudelführerin trächtig wurde, nahm man an, das Tier könne sein Geschlecht wechseln, da man davon ausging, daß nur männliche Tiere ein Rudel führen könnten.

Smaragdeidechse

Wissenschaftlicher Name: Lacerta viridis
Familienname: Lacertidae
Verbreitungsgebiet: Nordspanien, Frankreich, Süddeutschland, Italien, Griechenland, Kleinasien, Nordwesttürkei
Deutscher Name: Smaragdeidechse
Biblischer Name: Eidechse
Hebräischer Name: לְטָאָה
Griechischer Name: καλαβώτης

Vier sind die Kleinsten auf Erden und doch klüger als die Weisen: ... die Eidechse – man greift sie mit den Händen, und sie ist doch in der Könige Schlössern.
(Sprüche/Sprichwörter 30,24.28)

Eidechsen sind »Sonnenanbeter«. Es handelt sich bei diesen Tieren um sogenannte Kaltblüter, eine Bezeichnung, die nicht völlig korrekt ist. Der Begriff »kaltblütig« wird heute meist durch »wechselwarm« (poikilotherm) ersetzt. Wechselwarme Tiere nehmen die Temperatur der Umgebung an, d.h. wenn es kalt ist, sinkt auch ihre Körpertemperatur stark ab; in der Sonne steigt sie wieder an. Wenn Eidechsen ihren geschützten Schlafplatz verlassen, müssen sie sich zunächst aufwärmen, um aktiv werden zu können. Unter dem Einfluß der Sonnenwärme werden sie zu schnellen und behenden Reptilien.

Insektenjäger

Aufgrund der Bodenbeschaffenheit und des Klimas gibt es in Israel auffallend viele Eidechsen in zahlreichen Arten. Man kann diese harmlosen Insektenjäger überall beobachten – sowohl in den Wäldern als auch in den Wüstenregionen. Das Unterholz der Wälder ist das Refugium der Smaragdeidechse. Sie kann 30 bis 40 cm lang werden. Eine andere interessante Art ist der Dornschwanz (Uromastyx aegypticus). Er erreicht eine Länge von 75 cm und erinnert an einen Waran. Echte Warane findet man übrigens ebenfalls in Israel (siehe auch Wüstenwaran, S. 146-147). Einige Eidechsen kommen aufgrund ihrer Größe für den menschlichen Verzehr in Frage. Die Israeliten haben auf ihren Wanderungen durch die Wüste sicherlich viele dieser Tiere gesehen. Allerdings durften sie sie nicht essen. Dabei hätte die große Dornschwanzeidechse schon eine ordentliche Mahlzeit abgegeben. Es handelt sich dabei um einen reinen Pflanzenfresser. Die in Israel am weitesten verbreitete Art ist die Schleuderschwanzagame oder Hardun (Agama stellio). Sie wird etwa 30 cm lang und ist im ganzen Land zu finden. Bei sonnigem Wetter kann man diese Eidechse überall über Felsen, Mauern und Baumstümpfe huschen sehen, immer auf der Jagd nach Insekten.

Es gibt in der Welt etwa 3000 Eidechsenarten. Sie alle leben in den gemäßigten und tropischen Regionen, doch in den Tropen sind sie am häufigsten zu finden. Eidechsen legen pergamentartige Eier an feuchten Stellen. Einige Arten sind lebendgebärend; die Jungen entwickeln sich im Ei, während es sich noch im Mutterleib befindet. Das Weibchen legt Eier, aus denen fast sofort die Jungen schlüpfen. Eidechsen haben Gaumenzähne, mit denen sie ihre Beute gut kauen, bevor sie heruntergeschluckt wird.

Smaragdeidechse

Der lateinische Name »viridis« bedeutet »grün«. Die Smaragdeidechse hat eine so prächtige, funkelndgrüne Färbung, daß sie mit einem Smaragd verglichen werden kann. Daraus erklärt sich auch der hübsche Name dieses Tieres. Die Männchen haben auf ihrem Rücken schwarze Pünktchen, die gut zum Grün passen. In der Paarungszeit bekommen sie eine hellblaue Kehle, und ihr Bauch wird safrangelb. So

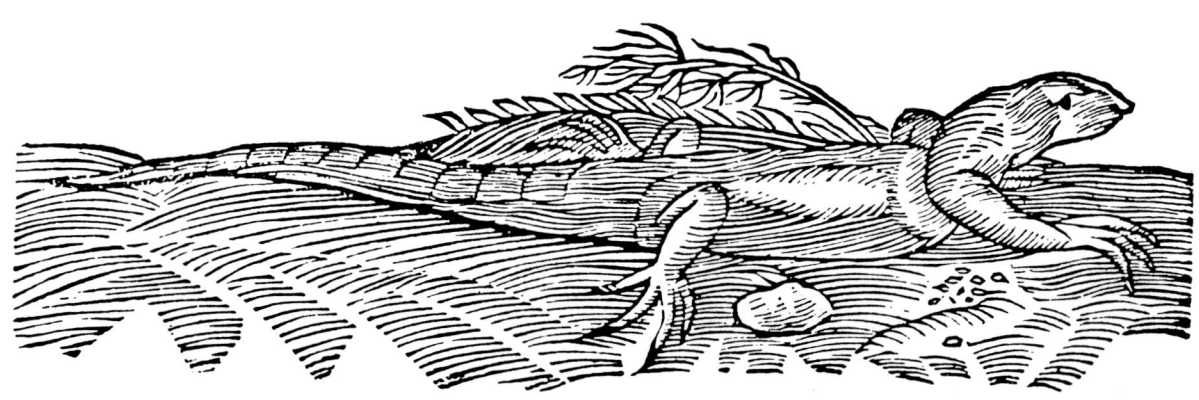

versuchen sie, den blasser gefärbten Weibchen zu imponieren. Das Männchen der in Europa lebenden Zauneidechse wird gelegentlich mit der Smaragdeidechse verwechselt, weil es in der Paarungszeit ebenfalls eine leuchtend grüne Farbe annimmt.
In der Paarungszeit zeigt das Männchen eine auffallende Imponierhaltung. Es richtet den vorderen Teil seines Körpers auf und hält das Maul mit der Spitze nach unten. Dabei wölbt es sein Zungenbein nach vorn, wie ein Pferd, bei dem die Zügel straffgehalten werden. Auf diese Weise zeigt die Eidechse eine möglichst große blaue Fläche an ihrer Kehle und zu beiden Seiten des Kopfes. Gleichzeitig marschieren die Rivalen mit kurzen, ruckartigen Schritten aufeinander zu. Mit ihrem Schwanz schlagen sie aufeinander los. Das größte und stärkste Tier versucht auf diese Weise, Eindruck zu machen und den Rivalen zu vertreiben. Wenn dieser in die Flucht geschlagen wird, nimmt er zunächst eine Unterwerfungshaltung an, indem er mit den Vorderbeinen rasch auf der Stelle tritt, ohne sich zu bewegen. Die jungen Eidech-

sen verhalten sich ebenso; es handelt sich dabei also eindeutig um ein angeborenes Verhalten.
Smaragdeidechsen können äußerst geschickt klettern und springen. Sie haben großen Appetit und jagen alle kleinen, sich bewegenden Tiere: Heuschrecken, Grillen, Käfer, Raupen und Würmer. Selbst vor jungen Mäusen machen sie nicht halt. Sie sind also nicht nur schön anzusehen, sondern auch ausgesprochen nützlich.

Lachmöwe

Wissenschaftlicher Name: Larus ridibundus
Familienname: Laridae
Verbreitungsgebiet: in nördlichen und gemäßigten Regionen Eurasiens
Deutscher Name: Lachmöwe
Biblischer Name: Möwe
Hebräischer Name: שַׁחַף
Griechischer Name: λάρος

Ihr könnt alle Vögel essen, nur nicht Adler, Geier, Eulen und alle anderen Raubvögel, Krähen, Strauße, Schwalben, Möwen, Störche, Reiher, Wiedehopfe und Fledermäuse. (5.Mose/Deuteronomium 14,11-18; GuNa)

Möwen sind mit 40 Arten rund um den Globus vertreten. Man kann diese herrlichen Vögel auf allen Meeren und auch auf zahlreichen Binnengewässern beobachten. Die meisten Arten halten sich jedoch in Küstennähe auf. Die Lachmöwe ist sowohl in Europa als auch in Israel verbreitet. Zusammen mit einigen anderen Arten ist sie ein überall in Palästina vorkommender Wintergast; vor allem am See Genezareth/Gennesaret gibt es viele dieser Tiere.
In der Bibel wird keine der Arten besonders genannt. Die Sammelbezeichnung »Möwe« ist lediglich in der Liste der unreinen Tiere in 3.Mose/Levitikus und 5.Mose/Deuteronomium zu finden. Der hebräische Name »šaḥap« bedeutet »der, der mager, schlank ist«, was gut zur Möwe paßt. In der Lutherbibel wird dieser Begriff mit »Kuckuck« übersetzt.

Gesellige Vögel

Im Brutkleid ist die Lachmöwe an ihrem schokoladenbraunen Kopf zu erkennen. Im Flug läßt sie sich von anderen Möwenarten durch ihren breiten, weißen Flügelbug und die weißen, schwarz umsäumten großen Schlagfedern unterscheiden. Ihr Schnabel und ihre Füße sind rot. Im Winterkleid ist der Kopf weiß, lediglich im Ohrbereich gibt es einen dunklen Fleck. Es ist eine Eigenart der Lachmöwe, daß sie sich außerhalb der Brutzeit gern in großen Scharen nahe der Städte und Dörfer aufhält, wobei sie Stellen bevorzugt, an denen Wasser zu finden ist. Wer kennt nicht die geschickten Flugkünstler, die eine in die Luft geworfene Brotkruste sicher im Flug aufschnappen? Möwen suchen ihre Nahrung zum größten Teil im Wasser und in der Nähe des Wassers, ebenso aber auch an Land.
Alle Möwenarten beherrschen die Flugkunst perfekt; man muß nur einmal beobachten, wie sie sich im Kielsog eines Fischerbootes vom Wind tragen lassen. Selbst gegen den Wind bewegen sie manchmal kaum ihre Flügel. Sie nutzen dann geschickt die Windströmungen aus, um sich treiben zu lassen. Gleichzeitig suchen sie das Wasser nach dem ab, was die Fischer über Bord werfen. Möwen sind auffallend geschäftige Tiere; solange es hell ist, sind sie fast ununterbrochen aktiv. Gegen Abend lassen sie sich dann in großen Scharen am Strand oder an Seeufern nieder, um dort die Nacht zu verbringen.

Bewunderungswürdig

Brehm schreibt in seinem »Tierleben« voller Begeisterung über die Möwenfamilie. »Ansprechend sind Gestalt und Färbung, anmutig die Bewegungen der eigentlichen Möwen, anziehend ihr Treiben. Ihr Gang

ist gut und verhältnismäßig rasch. Ihre Schwimmfertigkeit ist vortrefflich: sie liegen leicht wie Schaumbälle auf den Wogen und stechen durch ihre blendenden Farben von diesem so lebhaft ab, daß sie für das Meer ein wahrer Schmuck sind. Ihr Flug geschieht mit langsamen Flügelschlägen; diese wechseln aber oft mit anhaltendem, leichtem und schönem Schweben ab, das an das der breitflügeligen Falken erinnert und mit spielender Leichtigkeit ausgeführt wird.
Alle Möwen sind wohlbegabte Vögel, die ihr Benehmen nach den Verhältnissen einzurichten wissen; alle sind mutig anderen Geschöpfen gegenüber, selbstbewußt und etwas herrschsüchtig, ihren Gatten und ihrer Brut in treuer Liebe zugetan, lieben auch die

Gesellschaft mit anderen ihrer Art; aber alle sind ebenso neidisch, mißgünstig und unfreundlich gegen andere Vögel und opfern ihrer Freßgier die scheinbar bestehende Freundschaft ohne Bedenken.« – Soweit der große Tierkundler aus dem vorigen Jahrhundert. In den letzten Jahren hat die Zahl der Möwen stark zugenommen. Dies hängt nicht zuletzt damit zusammen, daß sie auf Mülldeponien reichlich Nahrung finden. Bei der Ausbreitung ihrer Brutkolonien machen sie anderen Meeresvögeln die Brutgebiete streitig, was für diese zu einer echten Bedrohung werden kann.

Larus ridibundus

Syrischer Kaphase

Wissenschaftlicher Name: Lepus capensis syriacus
Familienname: Leporidae
Verbreitungsgebiet: Syrien, Libanon, Nord-
israel
Deutscher Name: Syrischer Kaphase
Biblischer Name: Hase
Hebräischer Name: אַרְנֶבֶת
Griechischer Name: χοιρογρύλλιος

Nur diese dürft ihr nicht essen von dem, was wiederkäut und gespaltene Klauen hat: ... den Hasen, denn er ist auch ein Wiederkäuer, hat aber keine durchgespaltenen Klauen; darum soll er euch unrein sein. (3.Mose/Levitikus 11,4.6)

In Israel leben keine Kaninchen, doch es gibt dort einige Hasenarten. Im Mittelmeerraum lebt der Syrische Kaphase, der eng mit der europäischen Art verwandt ist – er ist nur etwas kleiner. Der Syrische Kaphase ist weit verbreitet im Norden Palästinas, besonders in der Jesreel-Ebene. In biblischer Zeit war sie ein bekanntes Schlachtfeld, aber nicht nur das. Es gab dort viele Weingärten, unter anderem den Weingarten von Nabot, den sich König Ahab widerrechtlich angeeignet hat (1.Könige 21,1-27). Heute ist das Gebiet eine überaus fruchtbare Region, die als »Garten Israels« bezeichnet wird, ja es handelt sich um die beste landwirtschaftliche Anbaugegend Israels. Hier fühlt sich der Syrische Kaphase wohl. Im Negeb und im Jordantal lebt der Ägyptische Kaphase (Lepus capensis aegypticus).

»Vitaminpillen«

Im oben aufgeführten Text wird der Hase als Wiederkäuer bezeichnet. Für die Ausleger war das jahrhundertelang ein Rätsel. Im üblichen Sinne kann nämlich von Wiederkäuen beim Hasen keine Rede sein. Tatsächlich käuen Hasen nicht wie Kühe und Schafe wieder, sondern fressen einen Teil ihres eigenen Kots. Es handelt sich dabei nicht um die bekannten festen Kügelchen, sondern um eine weiche Ausscheidung des Blinddarms, die zu bestimmten Zeiten abgegeben wird. Diese Ausscheidung enthält viel Vitamin B1 und einige weitere für den Stoffwechsel wichtige Stoffe und Spurenelemente. Die Nahrung des Hasen passiert den Darmkanal also zweimal. Einige Stunden nach dem Grasen und bei vollem Magen werden weiche, dunkle, mit einem Vlies umgebene Kügelchen produziert, die das Tier wieder auffrißt. Erst dann werden die harten Kügelchen gebildet, die aus heuartigen Pflanzenteilen bestehen. Dieses Verhalten, das in der Tat an Wiederkäuen erinnert, ist auch bei Kaninchen zu beobachten.

Nachttiere

Der Hase ist ein nachtaktives Tier. Er verbringt den Tag in einer flachen Kuhle, die er selbst an einer geschützten und vorzugsweise sonnigen Stelle gräbt. Im Unterschied zu den Kaninchen legen Hasen keine Höhlen an. Auch die jungen Hasen werden in einer meist etwas geschützter liegenden Kuhle geboren; sie sind entsprechend gegen die Witterung gefeit. Sie kommen mit einem gut entwickelten Fell auf die Welt, ihre Augen sind offen, und sie haben Zähne. Sie können also beinahe sofort selbständig leben. Das ist auch notwendig, denn die Mutter verläßt die Jungen gleich nach der Geburt. Nur in den ersten Wochen kommt sie nachts zurück, um sie zu säugen.
In Amerika, Neuseeland und Australien ist der Europäische Hase nicht heimisch, sondern er wurde dort ausgesetzt. Hasen sind fast ihr ganzes Leben lang Einzelgänger. Nur in der Paarungs- oder Rammelzeit suchen die Männchen (»Rammler«) die Weibchen auf. Sobald der Rammler eine Häsin entdeckt hat, beginnt ein langes Verfolgungsspiel, bis die Häsin sich einholen läßt, wobei die ersten Kontakte immer wieder durch Fluchtreaktionen der Häsin unterbrochen werden. Mitunter streitet sich eine ganze Schar von Rammlern um die Gunst der Häsin. Sie richten sich auf den Hinterläufen auf und schlagen in regelrechten Boxkämpfen mit den Pfoten aufeinander ein. Obwohl es dabei nicht zu ernsthaften Verletzungen kommt, muß ein Rammler manches Mal viel Wolle lassen und riskiert mitunter sogar ein aufgeschlitztes Ohr.
Ein Hasenweibchen bringt meist drei- oder viermal jährlich zwei bis fünf Junge zur Welt. Diese wachsen rasch und sind bereits nach einem halben Jahr fortpflanzungsfähig. Die Häsin sucht ihre Kuhle niemals direkt, sondern immer nur auf Umwegen auf: Sie läuft gelegentlich ein Stück zurück und vollführt große Sprünge zur Seite. Zuletzt bleibt dann noch ein sehr großer Sprung direkt in die Kuhle. Damit versucht das Muttertier, Verfolger zu verwirren. Es scheint sich hierbei um ein instinktives Verhalten zu handeln, denn es ist schon bei jungen Hasen zu beobachten, die erst einige Wochen alt sind.

Nilegel

Wissenschaftlicher Name: Limnatis nilotica
Familienname: Hirudinea
Verbreitungsgebiet: Nordafrika, Arabien, Mesopotamien, Palästina
Deutscher Name: Nilegel
Biblischer Name: Blutegel
Hebräischer Name: עֲלוּקָה
Griechischer Name: βδέλλα

Der Blutegel hat zwei Töchter, die heißen: »Gib her, gib her!« (Sprüche/Sprichwörter 30,15)

Der Blutegel wird in der Bibel nur einmal an der oben zitierten Stelle genannt. Das hebräische Wort »'alu-qah« ist gut gewählt, denn es bedeutet »Anhängsel«; auch aus dem Aramäischen und Arabischen ist dieser Name mit Sicherheit abzuleiten.

Eine alte Erklärung des oben zitierten Spruchs lautet: »Mit einem Vergleich wird die nicht zu sättigende Begehrlichkeit derjenigen dargestellt, die im vorher-gehenden Vers genannt werden. Mit dem Egel ist ein dicker Wasserwurm gemeint, der in Pfützen und Sümpfen lebt. Er hat eine in zwei Teile getrennte scharfe Zunge, mit der er an einem Körper hängend die Haut durchtrennt und dann soviel Blut aufnimmt, bis er von selbst abfällt.«

Später hat man über den Blutegel mehr in Erfahrung gebracht, doch die alte Erklärung war bereits hinreichend deutlich. Bei dem Blutegel, der in der Bibel genannt wird, handelt es sich wohl um den Nilegel, der in Israel in Brunnen und Tränken für Rinder und Pferde zu finden ist. Wenn die Tiere zur Tränke kommen, dringen die Egel zuweilen in großer Zahl in den Nasen- und Mundraum ein. Dadurch schwellen die Atemwege an, so daß das Opfer manchmal sogar erstickt.

Angesichts dieser Gefahr für die Gesundheit wurde im Talmud früher davor gewarnt, Wasser mit dem Mund oder mit den Händen aus Flüssen zu trinken. Der Mensch kann von jungen Nilegeln ebenfalls infiziert werden. Diese sind so winzig, daß man sie nicht bemerkt. Auf dem napoleonischen Feldzug in Ägypten hatten die französischen Truppen sehr darunter zu leiden.

Parasiten

Blutegel sind Parasiten, die anderen Lebewesen Blut abzapfen, um selbst überleben zu können. Früher hat man sie in der Medizin dazu benutzt, Menschen »zur Ader zu lassen«. Die Blutegel gehören zu den Wirbel-losen. Das ist eine Tiergruppe, für die die meisten Menschen nicht viel Sympathie übrig haben: Regen-würmer, Schnecken, Spinnen, Quallen usw., die dazugehören, findet man unangenehm und absto-ßend, aber von den bekannten etwa eine Million Tierarten gehören 95% zu den Wirbellosen. Ihre Form und Größe ist sehr unterschiedlich: Es gibt mikroskopisch kleine, einzellige Lebewesen, aber auch riesige Tintenfische. Wirbellose Tiere spielen auf jeder Stufe der Nahrungskette eine wichtige Rolle. Am Bauch des Blutegels befindet sich vorn ein großer und hinten ein kleiner Saugnapf. Inmitten des vorde-ren Saugnapfes liegt die Mundöffnung, die mit drei Hornkiefern ausgestattet ist. Deren gebogener Rand ist mit kleinen Zähnchen besetzt. Die Kiefer können mit Hilfe starker Muskeln bewegt werden und sägen dann wie kleine Kreissägen die Haut durch. Die Mundhöhle ist sehr muskulös und arbeitet wie eine Art Saugpumpe. Blutegel haben keine Atmungsorgane, sie nehmen Sauerstoff durch die Haut auf.

Gib her, gib her!

Nilegel leben nur in Süßwasser; sie sind auch auf dem Land in sumpfigen Gebieten zu finden. Sie haben einen platten und stark muskulösen Körper. Die wurmartigen Tiere benutzen das hintere Saugorgan, um sich festzuhalten, wenn sie sich durch Muskelkon-traktion fortbewegen.

Mit dem Saugorgan an der Vorderseite des Körpers heften sich die Egel an der Haut eines Menschen oder eines Tieres fest. Dann bringen sie darin einen kleinen Schnitt an. Der Wirt spürt davon nichts, denn gleich-zeitig wird eine betäubende Flüssigkeit ausgeschieden. Beim Saugen des Bluts wird das Blut vom Blutegel mit einer weiteren Flüssigkeit vermischt, die die Gerinnung verhindert.

Blutegel ernähren sich notgedrungen sehr unregel-mäßig, denn sie müssen Gelegenheit haben, sich an einem Tier oder einem Menschen festzusaugen. Sie können jedoch die mehrfache Menge ihres Körperge-wichts an Blut aufnehmen. Mit der Menge, die sie als Nahrung aufnehmen, haben sie für drei bis vier Monate genug. Das wußte bereits der Verfasser der Sprüche. Daher kam er zu dem treffenden Vergleich der beiden Töchter: »Gib her, gib her!«

Ernteameise

Wissenschaftlicher Name: Messor barbarus
Familienname: Formicoidae
Verbreitungsgebiet: Mittelmeerraum
Deutscher Name: Ernteameise
Biblischer Name: Ameise
Hebräischer Name: נְמָלָה
Griechischer Name: μύρμηξ

Geh hin zur Ameise, du Fauler, sieh an ihr Tun und lerne von ihr! Wenn sie auch keinen Fürsten noch Hauptmann noch Herrn hat, so bereitet sie doch ihr Brot im Sommer und sammelt ihre Speise in der Ernte.
(Sprüche/Sprichwörter 6,6-8)

In Europa ist die Rote Waldameise die bekannteste und am weitesten verbreitete Ameise. In Israel ist sie jedoch nicht zu finden. Dennoch gibt es vermutlich keine andere Region, wo Ameisen in so großer Zahl und in so vielen Arten vorkommen wie in Palästina. Ameisen gibt es dort einfach überall, selbst auf den kahlsten Sandflächen und den trockensten Felsböden. Da leben ganz kleine Arten, kaum einen Millimeter groß; es gibt aber auch Ameisen, die größer als Bienen sind. Diese Arten der Gattung Messor sind in Israel am häufigsten zu finden.

Der oben zitierte Spruch spiegelt das Leben der Ernteameise gut wider. Die Zubereitung von Brot und das Sammeln von Nahrung bei der Ernte ist fast wörtlich zu verstehen. Eine alte Erläuterung zu diesem Text besagt: »Man möge verstehen, daß Getreideähren von ihnen angeknabbert und mit Bissen übersät werden, damit sie nicht auskommen, damit sie zum Winter davon ihren Vorrat haben. Daher wird sie bei den Hebräern ›nᵉmalah‹ genannt, und zwar von ›namal‹, was soviel wie ›beschneiden, abschneiden‹ heißt.«

Getreidefelder

Es war bereits den Forschern der Antike bekannt, daß Ameisen im Sommer für Vorrat im Winter sorgen. Dennoch wurde dies lange Zeit immer wieder bezweifelt. Spätere Forscher haben jedoch eindeutig nachgewiesen, daß dies sehr wohl der Fall ist. Es ist allerdings nicht so, daß Ernteameisen eine Art Ackerbau nach Plan betreiben. Sie sammeln die Getreidekörner und andere Pflanzensamen als Nahrungsmittelvorrat und lagern diese in ihren Vorratskammern ein. Die Samen, die aufgehen, werden von ihnen entfernt und außerhalb des Nestes deponiert. Auf diese Weise entstehen nahe dem Nesteingang gleichsam kleine Getreidefelder, die später wieder Nahrung für die Ameisen liefern.

Bei den Ernteameisen fehlen die »Soldaten«, die bei anderen Arten immer zu finden sind. Sie ernähren sich nämlich fast ausschließlich von pflanzlichen Stoffen und gehen nicht auf Raubzüge. Die Arbeiterinnen haben einen recht großen Kopf und kräftige Kiefer. Damit tragen sie die Getreidekörner herbei und zerkleinern sie für die Larven. Im Sommer sind sie sehr aktiv, dann sammeln sie große Mengen an Getreide. Sie holen die Körner von den Äckern, von den Dreschböden und aus den Getreidescheunen. Ihr Eifer ist sprichwörtlich. In der Erntezeit sind die Ernteameisen 16 Stunden täglich aktiv. Der Schaden, den sie anrichten, ist nicht eben gering.

In Nordamerika lebt die Ernteameise der Gattung Pogonomyrmex. Diese Art legt metertiefe Nester an, die sich über eine große Fläche erstrecken. Darin befinden sich Tausende von Vorratskammern, in denen ein großer Teil der Ernte verschwindet.

Soziale Lebewesen

Ameisen nehmen unter den Insekten einen besonderen Platz ein. Ihre Staatenbildung, Arbeitsteilung und Lebensweise erinnern an die menschliche Gesellschaft. Ein Ameisenstaat ist einem Bienenvolk vergleichbar, wo es ebenfalls besondere Aufgabenteilungen gibt. Geruch, Geschmack und Tastsinn der Ameisen sind gut entwickelt. Jeder Ameisenstaat hat einen eigenen charakteristischen »Nestgeruch«, mit dessen Hilfe die Ameisen auch dann, wenn die Nester dicht beisammen liegen (was häufig vorkommt), immer wissen, wohin sie gehören. An diesem Geruch erkennen die Ameisen eines bestimmten Staats einander und merken sofort, wenn ein fremdes Tier in ihr Nest eindringen will. Dieses wird dann sogleich angegriffen und getötet.

Jeder Ameisenstaat ähnelt einer großen Familie. Er besteht aus einer Mutter (der Königin) und ihren Nachkommen. Die Königin legt Eier. Die Larven, die aus diesen Eiern schlüpfen, werden von den Arbeiterinnen versorgt. Durch bestimmte Maßnahmen wird festgelegt, welche Larven zu Arbeiterinnen und welche zu Soldaten werden. Der Geschmackssinn von Ameisen ist eng mit ihrem Geruchssinn verbunden. Ameisen des gleichen Staats betrommeln einander mit ihren Fühlern, geben sich gegenseitig Nahrung ab und belecken und reinigen einander sowie die Larven regelmäßig.

MESSOR BARBARUS

Palästina-Feldmaus

Wissenschaftlicher Name: Microtus philistinus
Familienname: Arvicolidae
Verbreitungsgebiet: Palästina, Nordsyrien, Südtürkei, Iran
Deutscher Name: Palästina-Feldmaus
Biblischer Name: Maus
Hebräischer Name: עַכְבָּר
Griechischer Name: μῦς

Die Lade des Herrn war sieben Monate im Lande der Philister. Und die Philister beriefen ihre Priester und Wahrsager und sprachen: »Was sollen wir mit der Lade des Herrn machen? Laßt uns wissen, wie wir sie an ihren Ort senden sollen!« Sie sprachen: »Wollt ihr die Lade des Gottes Israels zurücksenden, so sendet sie nicht ohne eine Gabe, sondern gebt ihm eine Sühnegabe; so werdet ihr gesund werden, und es wird euch kundwerden, warum seine Hand nicht von euch abläßt.« Sie aber sprachen: »Was ist die Sühnegabe, die wir ihm geben sollen?« Sie antworteten: »Fünf goldene Beulen und fünf goldene Mäuse nach der Zahl der fünf Fürsten der Philister, denn es ist ein und dieselbe Plage gewesen über euch alle und über eure Fürsten. So macht nun Abbilder eurer Beulen und eurer Mäuse, die euer Land zugrunde gerichtet haben, daß ihr dem Gott Israels die Ehre gebt. Vielleicht wird seine Hand leichter werden über euch und über euren Gott und über euer Land.« So taten die Leute und nahmen zwei säugende Kühe und spannten sie an einen Wagen und behielten ihre Kälber daheim und stellten die Lade des Herrn auf den Wagen, dazu das Kästlein mit den goldenen Mäusen und mit den Abbildern ihrer Beulen. (1. Samuel 6,1-5.10-11)

Das hebräische Wort »'akbar« ist etymologisch von »essen« und »Korn« abzuleiten. Die ursprüngliche Bedeutung dieses Wortes ist Feldmaus. Es wird jedoch für alle Nager und Wühltiere verwendet, die in Körperbau und Lebensgewohnheit den Mäusen entsprechen. An den Stellen, an denen das Wort in der

Bibel vorkommt, geht es allerdings eindeutig um die palästinische Unterart der Feldmaus (Microtus philistinus). Sie hat ihren lateinischen Namen von der Küstenebene Südpalästinas, dem früheren Land der Philister, wo sie weit verbreitet ist. In dem oben zitierten Text geht es um die Philister, die die Lade des Herrn sieben Monate lang geraubt hatten und dafür mit einer Mäuseplage bestraft wurden. Bis heute ist diese Maus in Ekron und Bet-Shemesh (biblisch: Bet Schemesch) regelmäßig eine Plage. Mäuse wurden zu den unreinen Tieren gerechnet. Sie durften nicht gegessen werden, was offensichtlich bei den heidnischen Völkern vorkam. Im letzten Kapitel des Jesaja-Buches heißt es: » ›Die sich heiligen und reinigen für das Opfer in den Gärten dem einen nach, der in der Mitte ist, und Schweinefleisch essen, greuliches Getier und Mäuse, die sollen miteinander weggerafft werden‹, spricht der Herr« (Jesaja 66,17).

Unterirdische Kolonien

Feldmäuse sind sozial lebende Tiere. In unterirdischen Kolonien legen sie in geringer Tiefe ein ausgedehntes System von Gängen an, die die Verbindungen zwischen ihren Vorratskammern und den Nisthöhlen bilden. Eine Reihe dieser Gänge hat eine Öffnung hin zur Oberfläche. Solche Mauselöcher kann man oftmals zu Dutzenden finden.
Auf dem Erdboden nagen die Tiere Pfade in die Vegetation. Durch vielfache Nutzung werden diese regelrecht ausgetreten und deutlich sichtbar. Die Mäuse benutzen stets ihre festen Pfade, weil sie so rasch in ihre sicheren Höhlen fliehen können. Im Winter graben sie ihre Gänge auch in den Schnee und befestigen sie mit Gras und Moos. Wenn der Schnee getaut ist, sind diese Gänge noch deutlich sichtbar. Solch ein Gangsystem, in dem sich das Leben der Kolonie abspielt, kann 1000 m² groß sein. Die Mäuse finden darin zielsicher ihren Weg.
Forscher sind zu der Schlußfolgerung gelangt, daß sich Feldmäuse an der vertrauten Route orientieren, der sie stets folgen. Wenn sie außerhalb dieser Gänge unbekanntes Gelände betreten, vermeiden sie es, um Ecken zu laufen, damit sie den Weg zurück finden. Diese Eigenart ist nachts lebenswichtig. Die unterirdischen Gänge sind häufig so zahlreich, daß das Gras verdorrt, weil die Mäuse seine Wurzeln abbeißen, was allerdings meist nur in sogenannten »Mäusejahren« vorkommt.

Zahlreiche Nachkommen

Mäuse können sich außerordentlich schnell fortpflanzen. Weibchen von nur dreizehn Tagen sind bereits befruchtungsfähig, und wenn sie vier oder fünf Wochen alt sind, können sie Junge bekommen. Forscher haben berechnet, daß ein einziges Weibchen nach fünfzehn Monaten bereits 500 Nachkommen haben kann.
Mäuse pflanzen sich von März bis Oktober fort. Unter sehr günstigen Umständen kann sich die Fortpflanzung auch rund um das Jahr erstrecken. Es

MICROTUS ARVALIS (FELDMAUS)

GERBILLUS ALLENBYI (ALLENBY-SANDRENNMAUS)

kommt vor, daß Junge unter einer dicken Schneedekke geboren werden. Die jungen Mäuse sind kahl und blind. Nach acht bis zehn Tagen öffnen sie ihre Augen und sind bereits völlig behaart.

Die rasche Fortpflanzung findet glücklicherweise nicht immer und überall statt. Wenn das Jahr jedoch für die Mäuse günstig verläuft, stellen sie eine regelrechte Plage dar. Sie richten dann sehr viel Schaden an, vor allem in landwirtschaftlichen Gebieten. Dort ernähren sie sich von Getreide und Samen, von Früchten, von Wurzeln und von Knollen. Feldmäuse können einen großen Teil der Pflanzen vernichten. In Obstgärten nagen sie im Winter häufig den Bast unten an den Stämmen junger Bäume ab, die dadurch absterben. Der Mensch hat noch keine wirklich geeigneten Mittel gefunden, um das gelegentlich massenhafte Auftreten der Feldmaus zu verhindern.

Roter Milan

Wissenschaftlicher Name: Milvus milvus
Familienname: Accipitridae
Verbreitungsgebiet: Europa, Asien, Afrika
Deutscher Name: Roter Milan
Biblischer Name: Milan, Weihe
Hebräischer Name: דָּאָה
Griechischer Name: ἰκτῖνος

Unter den Vögeln sollt ihr folgende verabscheuen – man darf sie nicht essen, sie sind abscheulich: Aasgeier, Schwarzgeier, Bartgeier, Milan, die verschiedenen Bussardarten. (3.Mose/Levitikus 11,13-14; Einh)

Der Rote Milan ist ein in Palästina häufig anzutreffender Vogel, vor allem im Winter. Dann kann man diesen königlichen Vogel entlang der Küste, in Judäa, am Toten Meer und in der Wüste von Be'er Sheva (biblisch: Beerscheba) sehen. Auch im Sommer gibt es Exemplare dieser Art, zurückgebliebene Wintergäste. Diese scheinen auf dem Karmel und in Galiläa sogar zu brüten.

Der Rote Milan ernährt sich von allerlei kleinen Vierbeinern, etwa Ratten, Maulwürfen und Feldmäusen. Er kann diese Tiere aus großer Höhe entdecken und stürzt sich dann wie ein Pfeil auf sie herab. Der Rote Milan wird in 3.Mose/Levitikus 11 als »da'ah« bezeichnet, was soviel heißt wie: »Der, der mit Macht und Anmut fliegt«. Das ist typisch für diesen Vogel, der lange Zeit in großer Höhe schweben kann.

Ein zierlicher Greifvogel

Milane sind schlanke Greifvögel, bei deren Flugbild sofort der tief eingeschnittene Schwanz auffällt. Das gilt vor allem für den Roten Milan. Mit seiner Größe von rund 60 cm ist er ein kräftiger und zugleich zierlicher Greifvogel. Seine Flügel sind im Verhältnis zu seinem Körper sehr lang.

Den Roten Milan kann man an seinem tief eingekerbten Schwanz und an den deutlich geknickten Flügelrändern eindeutig erkennen. Wenn der zierliche Vogel hoch in der Luft schwebt, hält er seinen Schwanz weit gespreizt, wodurch dieser einen gleichmäßigen Randsaum zeigt. Bei den jungen Vögeln ist der Schwanz weniger tief eingekerbt. Zwischen den Männchen und Weibchen ist so gut wie kein Unterschied auszumachen.

Der Rote Milan brütet in Wäldern, wo er häufig alte Nester anderer Vögel für sich herrichtet. Das Weibchen legt meist drei Eier und brütet etwa vier Wochen lang. In dieser Zeit versorgt das Männchen das brütende Weibchen mit Futter. Gelegentlich übernimmt das Männchen auch die Aufgabe des Brütens, und das Weibchen macht sich selbst auf die Jagd.

In Palästina gibt es drei Arten der Gattung Milvus. Der Schwarze Milan (Milvus migrans) ist ein verbreiteter Sommergast. Er erscheint im März und hält sich in der Umgebung von Dörfern auf. Diese Art lebt vom eßbaren Abfall, den der Mensch hinterläßt. Der Ägyptische Milan (Milvus migrans aegyptius), eine Unterart des Schwarzen Milans, lebt im Süden Israels sowie in Syrien und Kleinasien. In Ägypten ist diese Art der verbreitetste Greifvogel.

Effiziente Aasfresser

Der Schwarze Milan ist weltweit wohl der häufigste Greifvogel. Er brütet vor allem in der Nähe von Gewässern, in Auwäldern, Feldgehölzen, an Waldrändern und Berghängen. Seine Hauptnahrung sind tote Fische, aber man findet ihn auch an Straßen, wo er nach überfahrenen Tieren Ausschau hält.

In den Ländern der dritten Welt gilt er als ausgesprochen nützlicher Aasfresser. In den Städten und Dörfern sucht er Müllkippen, Schlachthäuser, Fleisch- und Viehmärkte sowie ähnliche Stellen auf. Selten hat er es nötig, lebende Beute zu jagen, er frißt aber auch Jungvögel und kleine Säugetiere, ja er jagt sogar anderen Greifvögeln die Beute ab. Wenn es Küken gibt, sucht er mitunter die Geflügelfarmen auf, wo er leichte Beute machen kann.

In der Bundesrepublik gilt der Rote Milan als stark gefährdet. Im Unterschied zum Schwarzen Milan ist er zwar weniger an Wasser gebunden, aber sein bevorzugter Lebensraum sind bergige Laubwaldgebiete mit kleinen Mooren, Anbauflächen und Gewässern. Wie der Schwarze Milan lebt er vor allem von Aas, jagt aber auch selbst kleinere Säugetiere und Vögel.

Beide Arten bauen große Horste aus Zweigen und Erde hoch in den Bäumen, deren Mulde sie oft mit Zivilisationsmüll wie Lumpen, Papier und Plastikfetzen auslegen.

MILVUS MILVUS

Aasgeier

Wissenschaftlicher Name: Neophron percnopterus
Familienname: Aegypiidae
Verbreitungsgebiet: Südeuropa, Südwestasien bis nach Indien, Afrika
Deutscher Name: Aasgeier, Schmutzgeier
Biblischer Name: Geier
Hebräischer Name: נֶשֶׁר
Griechischer Name: ἀετός

So höret nun den Ratschluß des Herrn, den er über Edom gefaßt hat, und seine Gedanken, die er über die Einwohner von Teman hat. Was gilt's? Wird man sie nicht fortschleifen mit den geringsten ihrer Schafe, werden ihretwegen nicht ihre Auen veröden? Vom Krachen ihres Sturzes erbebt die Erde, und ihr Geschrei wird man am Schilfmeer hören. Siehe, er fliegt herauf wie ein Adler (Geier) und breitet seine Flügel aus über Bozra. Zu der Zeit wird das Herz der Helden in Edom sein wie das Herz einer Frau in Kindsnöten. (Jeremia 49,20-22)

In den gängigen Bibelübersetzungen wird an der oben zitierten Stelle nicht der Geier genannt, sondern der Adler (beide werden mit demselben hebräischen Wort bezeichnet). Doch der Zusammenhang zeigt, daß der Vogel seine Flügel über Aas ausbreitet, das er frißt, und dies deutet auf den Geier hin. Adler fressen kein Aas, und sie breiten ihre Flügel auch nicht über ihrer Beute aus.

Die Tatsache, daß Aasgeier zu den unreinen Vögeln gezählt wurden, verwundert nicht. Schon allein der Name weckt Abneigung. So ist dieser Geier auch von den Israeliten verabscheut worden. Dennoch hatte der Vogel in biblischer Zeit eine wichtige und unverzichtbare Aufgabe. Es gab im alten Israel und den anderen Staaten keine Müllbeseitigung. Diese Aufgabe wurde unter anderem von den Geiern wahrgenommen.

Die Aasgeier räumten die Reste toter Tiere fort, daher hielten sie sich gerne an den Abfallplätzen auf, die nahe der Dörfer entstanden. Es war wichtig, daß das Aas dort nicht liegenblieb und verfaulte, denn es hätte sonst eine gefährliche Quelle für Infektionen und Krankheiten gebildet. Geier können verdorbenes Fleisch fressen, das aufgrund der Giftstoffe für andere Tiere tödlich wäre. Ihr Magen produziert Verdauungssäfte, die diese Faulgifte unschädlich machen.

Reinheit

Von den Ägyptern wurde der Aasgeier dagegen verehrt. Sie bildeten den Vogel häufig auf ihren Reliefs und Hieroglyphen ab. Noch überraschender ist, daß er ihnen als Sinnbild der Reinheit galt. Das klingt unglaublich: Der Vogel, der sich von Aas ernährt, der sich auf Müllbergen aufhält und mit seinem kahlen Kopf in Kadavern wühlt – ein Sinnbild der Reinheit?

Bei genauerem Zusehen ist das jedoch gar nicht so unerklärlich; denn dadurch, daß der Vogel das Unreine verschlingt, beseitigt er es und läßt den Platz rein zurück. Darüber hinaus hat der Aasgeier eine auffällige Eigenart, die ihn zum Symbol der Reinheit prädestiniert: Der Vogel badet nämlich häufig und gern und hält seine Federn sauber. Nachdem er sich an einem Kadaver vollgefressen hat, wäscht er sich. Anschließend bleibt er stundenlang in der Sonne sitzen, um zu trocknen.

Aas ist eine Nahrung, die in der Regel selten zu finden ist. Die Vögel können Aas nur zufällig entdecken. Aasfresser müssen daher ein weites Gebiet absuchen, um Nahrung zu finden. Die Geier sind darin sehr geschickt. Sie segeln in enorme Höhen, emporgetragen von der Thermik. Ihren scharfen Augen entgeht nichts; sie achten dabei besonders auf Artgenossen, die zuweilen nur wie ein kleiner Punkt am Horizont aussehen. Wenn einer von ihnen nicht weiterkreist, sondern in die Tiefe fliegt, lockt dies von allen Seiten hungrige Geier an. Da gibt es etwas zu fressen! Ein Kadaver ist auf diese Weise rasch Mahlzeit für eine große Gruppe von Geiern.

Werkzeuge

Vom Aasgeier ist schon lange ein auffälliges, äußerst geschicktes Verhalten bekannt: Er benutzt Werkzeuge! Der Aasgeier sucht Eier als Nahrung. Kleine Eier nimmt er in den Schnabel und läßt sie fallen, damit sie zerbrechen. Straußeneier sind dazu jedoch zu groß. Der Geier kann sie nicht in den Schnabel nehmen. Der Vogel nimmt daher einen Stein in seinen Schnabel, richtet sich auf und wirft den Stein auf das Ei, damit es zerbricht. Der Aasgeier ist natürlich nicht besonders geschickt und verfehlt auch häufig sein Ziel, bevor seine Versuche erfolgreich sind und ein Loch in der Eischale entsteht, durch das er den Inhalt schlürfen kann.

Der Gebrauch eines Werkzeugs gilt als etwas, das dem Menschen vorbehalten ist. Dennoch gibt es eine Reihe von Tieren, die es ebenfalls tun. Heute wird die Verwendung von Steinen durch den Aasgeier allerdings nur noch in Ostafrika beobachtet.

NEOPHRON PERCNOPTERUS

Hai-bar, araba-Tal

Fettschwanzschaf

Wissenschaftlicher Name: Ovis ammon aries
Familienname: Bovidae
Verbreitungsgebiet: domestizierties Tier
Deutscher Name: Fettschwanzschaf
Biblischer Name: Schaf, Widder, Lamm
Hebräischer Name: כֶּשֶׂב
Griechischer Name: ἀρήν

Er soll von dem Dankopfer dem Herrn ein Feueropfer darbringen, nämlich sein Fett, den ganzen Fettschwanz, vom Rückgrat abgelöst, dazu das Fett, das die Eingeweide bedeckt, und alles Fett an den Eingeweiden.
(3.Mose/Levitikus 3,9)

Alte Abbildungen und assyrische Bildhauerarbeiten haben gezeigt, daß das Fettschwanzschaf in Palästina gezüchtet wurde. Es ist ein Nachkomme des Wildschafs (Ovis ammon). Zu Beginn dieses Jahrhunderts lebten südlich des Toten Meeres noch Wildschafe, die dem Mufflon glichen. Man darf annehmen, daß Abraham einen solchen Widder im Dornenstrauch als Ersatz für seinen Sohn Isaak beim Brandopfer fand (1.Mose/Genesis 22,13).
Überhaupt ist das Schaf eines der wichtigsten Opfertiere im Alten Testament. Im übertragenen Sinne wird es als Bild für den unschuldig leidenden Gerechten gebraucht (siehe z.B. den unten abgedruckten Text aus Jesaja 53). Dies ist der Hintergrund dafür, daß im Neuen Testament das Lamm zum Symbol für Jesus Christus wird (siehe die letzten beiden unten abgedruckten Texte).

Ein wertvolles Tier

Seit jeher ist das Schaf in Israel und den umliegenden Ländern ein sehr wertvolles Tier gewesen. Schon am Anfang der Bibel heißt es, daß Abel ein Schafhirte wurde, und auch der große König David war in seiner Jugend ein einfacher Hirte. Der Hirte, der seine Schafe führte und schützte und Hürden für sie baute, war im Alten Orient ein vertrautes Bild. So konnte das Schaf in der Bibel immer wieder auch als Bild für den Menschen gebraucht werden, der leicht in die Irre läuft und verlorengeht, wenn Gott sich nicht als guter Hirte um ihn kümmert (Psalm 23). Ähnlich wie das Rind war auch das Schaf in Israel so wichtig, daß es für die verschiedenen Geschlechter und Alter (Widder, Mutterschaf, junges Schaf usw.) eine ganze Reihe von Bezeichnungen gibt.
Das Fettschwanzschaf ist sehr robust. In dem breiten Schwanz, der bei einem Widder zuweilen bis zu zehn Kilogramm schwer sein kann, sammelt sich ein Fettvorrat an. Ähnlich wie beim Kamel ist hier die Reserve an einer Stelle konzentriert und nicht wie bei arktischen Tieren über den ganzen Körper verteilt, was in den warmen Regionen zur Überhitzung führen würde. Der Widder hat riesige Hörner, aus denen nach Entfernung des Marks das Schofarhorn gefertigt wird, das im Synagogengottesdienst noch immer gebräuchlich ist.

Seit alters ein Haustier

Das Schaf gehört zu den ältesten domestizierten (d.h. zu Haustieren gemachten) Tieren. Sie sind dem Men-

schen so vertraut geworden, daß niemand mehr daran denkt, daß sie von wilden Ahnen abstammen.

Der Mensch hatte von Anfang an Bedarf an zahmem Vieh, um seine vielfältigen Bedürfnisse befriedigen zu können. Um Fleisch zu bekommen, konnte er zwar auch wilde Tiere jagen, doch das erforderte viel Zeit. Er brauchte auch Milch und Wolle. Dazu kam noch der Bedarf an Opfertieren, die stets ohne Einschränkungen zur Verfügung stehen mußten.

Der Mensch machte sich also daran, sich eine Reihe von Tierarten nutzbar zu machen. Dazu wurden wilde Arten gefangen und gezähmt, sie wurden gegen wilde Tiere geschützt und erhielten Futter und Wasser. Darüber hinaus wurde in die natürliche Zuchtwahl eingegriffen und ganz bewußt in eine bestimmte Richtung gezüchtet. Ein Beispiel dafür bietet das Handeln von Jakob (siehe den auf S. 42-43 abgedruckten Text aus 1.Mose/Genesis 30), der Zweige von verschiedenen Bäumen benutzte, um gefleckte Lämmer zu erhalten. In der Regel ist das bewußte Züchten allerdings darauf ausgerichtet, Tiere zu erhalten, die möglichst viel Fleisch, Wolle und Milch erbringen.

Schafe und Ziegen konnten problemlos domestiziert werden, denn es handelt sich dabei um Tiere mit »Sozialverhalten«. Sie können in einer Herde gehalten werden, weil sie auch in freier Wildbahn in Gruppen leben. Auch sind sie in Bezug auf ihre Nahrung sehr flexibel, was die Haltung ebenfalls vereinfacht.

Eigenschaften

Es gibt erhebliche Unterschiede zwischen den Eigenschaften wilder und gezähmter Tiere. Das Wildschaf ist recht groß und hat eine Widerristhöhe von bis zu einem Meter. Der Widder hat große, kräftige Hörner. Nachdem diese Art domestiziert wurde, wurden die Hörner kleiner und veränderten ihre Form, bei einigen Rassen verschwanden sie sogar. Auch die lange, lockige Wolle ist das Ergebnis der Zucht im Hinblick auf diese Eigenschaft. Wildschafe leben in den Bergregionen Europas (Mufflons auf Korsika und Sardinien) und Asiens. In Asien sind sie auch im Hochgebirge zu finden. Wildschafe sind dafür bekannt, daß sie selbst auf sehr kargem Boden Futter finden können. Bei zahmen Schafen sind diese Eigenschaften erheblich verkümmert. Im Laufe der Zeit hat man etwa 200 Rassen gezüchtet.

Wie ein Lamm, das zur Schlachtbank geführt wird

Wir gingen alle in die Irre wie Schafe, ein jeder sah auf seinen Weg. Aber der Herr warf unser aller Sünde auf ihn. Als er gemartert ward, litt er doch willig und tat seinen Mund nicht auf wie ein Lamm, das zur Schlachtbank geführt wird; und wie ein Schaf, das verstummt vor seinem Scherer, tat er seinen Mund nicht auf. Er ist aus Angst und Gericht hinweggenommen. Wer aber kann sein Geschick ermessen? Denn er ist aus dem Lande der Lebendigen weggerissen, da er für die Missetat meines Volks geplagt war. (Jesaja 53,6-8)

Das verlorene Schaf

*Jesus sagte zu ihnen dies Gleichnis und sprach: »Welcher Mensch ist unter euch, der hundert Schafe hat und, wenn er **eins** von ihnen verliert, nicht die neunundneunzig in der Wüste läßt und geht dem verlorenen nach, bis er's findet? Und wenn er's gefunden hat, so legt er sich's auf die Schultern voller Freude. Und wenn er heimkommt, ruft er seine Freunde und Nachbarn und spricht zu ihnen: ›Freut euch mit mir; denn ich habe mein Schaf gefunden, das verloren war.‹ Ich sage euch: So wird auch Freude im Himmel sein über einen Sünder, der Buße tut, mehr als über neunundneunzig Gerechte, die der Buße nicht bedürfen.« (Lukas 15,3-7)*

Der gute Hirte

Jesus Christus spricht: »Ich bin der gute Hirte. Der gute Hirte läßt sein Leben für die Schafe. Der Mietling aber, der nicht Hirte ist, dem die Schafe nicht gehören, sieht den Wolf kommen und verläßt die Schafe und flieht – und der Wolf stürzt sich auf die Schafe und zerstreut sie –, denn er ist ein Mietling und kümmert sich nicht um die Schafe. Ich bin der gute Hirte und kenne die Meinen, und die Meinen kennen mich, wie mich mein Vater kennt, und ich kenne den Vater. Und ich lasse mein Leben für die Schafe.« (Johannes 10,11-15)

Das Lamm Gottes

Am nächsten Tag sieht Johannes, daß Jesus zu ihm kommt, und spricht: »Siehe, das ist Gottes Lamm, das der Welt Sünde trägt!« (Johannes 1,29)

Das Lamm auf dem Thron

Sie werden nicht mehr hungern noch dürsten; es wird auch nicht auf ihnen lasten die Sonne oder irgendeine Hitze; denn das Lamm mitten auf dem Thron wird sie weiden und leiten zu den Quellen des lebendigen Wassers, und Gott wird abwischen alle Tränen von ihren Augen. (Offenbarung 7,16-17)

Löwe

Wissenschaftlicher Name: Panthera leo
Familienname: Felidae
Verbreitungsgebiet: Afrika, Indien
Deutscher Name: Löwe
Biblischer Name: Löwe
Hebräischer Name: אֲרִי/אַרְיֵה
Griechischer Name: λέων

Brüllt etwa ein Löwe im Walde, wenn er keinen Raub hat? Schreit etwa ein junger Löwe aus seiner Höhle, er habe denn etwas gefangen? Der Löwe brüllt, wer sollte sich nicht fürchten? Gott der Herr redet, wer sollte nicht Prophet werden? (Amos 3,4.8)

In biblischer Zeit war der Löwe in Israel so weit verbreitet, daß er eine Gefahr für die Herden darstellte, allerdings nahm seine Zahl schon bald ab. Zur Zeit der Kreuzzüge war er dort völlig ausgerottet. In der Bibel kommt der Löwe einhundertdreißigmal vor, davon beziehen sich nur etwa fünfundzwanzig Stellen auf wirkliche Löwen, an den übrigen geht es darum, Eigenschaften Gottes oder der Menschen zu versinnbildlichen. Das Hebräische kennt eigene Namen für die beiden Geschlechter und selbst für die verschiedenen Alter. Jeder Name bringt eine bestimmte Eigenschaft zum Ausdruck.

Der Löwe ist ein Raubtier, das seit alters den Menschen stark beeindruckt hat. Er war und ist noch immer Sinnbild von Macht und königlicher Würde, nicht umsonst wird er »König der Tiere« genannt. Das war schon im alten Israel so. Jahrhundertelang hat es im Heiligen Land einen Kampf zwischen den Menschen und den Löwen gegeben, die Bibel gibt an vielen Stellen Zeugnis darüber.

Sinnbild für Kraft und Mut

Eine der bekanntesten Geschichten über den Löwen in der Bibel ist die von Simson, der einen jungen Löwen tötete, als er auf dem Weg zu seiner Braut war, und später Honigwaben aus dem vertrockneten Löwengerippe holte (Richter 14; siehe den auf S. 14-15 abgedruckten Text). Nicht nur den biblischen Erzählungen und der Tatsache, daß der Löwe darin viele Male als Sinnbild genannt wird, sondern auch alten Schnitzereien, Zeichnungen und anderen alten Abbildungen kann man entnehmen, daß der Löwe in Israel jahrhundertelang verbreitet war. Er war im ganzen Land zu finden, hauptsächlich aber lebte er an den Ufern des Jordan. Der Löwe galt als Sinnbild für Kraft und Mut.

Bei den babylonischen Königen war die Löwenjagd sehr beliebt. Darüber hinaus wurden in jener Zeit Löwengruben dazu benutzt, Verbrecher hinzurichten. Bekannt ist vor allem die unten abgedruckte Geschichte von Daniel in der Löwengrube.

Die Tatsache, daß der Löwe den Beinamen »König der Tiere« erhalten hat, hängt vermutlich mit seinem auffallenden und imponierenden Aussehen zusammen. Ein Löwe bewegt sich »würdevoll«. Die prächtige schwere Mähne eines männlichen Löwen, seine kraftvolle Gestalt, sein scheinbar gebieterischer Blick und sein durchdringendes Gebrüll haben die Menschen zu allen Zeiten stark beeindruckt.

Gruppenjäger

Löwen gehören zur Familie der Katzenartigen, einer auffallenden, leicht erkennbaren und sehr bekannten Tiergruppe. Löwen sind geschmeidig, haben einen muskulösen, kräftigen Körper, eine kurze Schnauze, einen stumpfen Kopf mit hohen Backenknochen und grimmig blickenden Augen. Gesicht, Gehör und Geruchssinn sind sehr gut entwickelt. Die Vordertatzen sind so kräftig, daß ein Löwe mit einem einzigen Schlag seiner Klauen ein großes Tier niederschlagen kann. Rennen und Klettern fallen ihm aufgrund seines Körperbaus und seiner Geschmeidigkeit leicht.

Löwen leben in einer geschlossenen Gesellschaft, manchmal in einem großen Rudel. Sie jagen gemeinsam und pirschen sich an eine Beute heran, um diese rasch überrumpeln oder in eine Falle locken zu können. Dann schlagen sie das Beutetier mit ihren Pranken zu Boden und töten es durch einen Biß in die Kehle. Löwen sind die einzigen Katzenartigen, die im Rudel jagen. Die anderen Angehörigen dieser Tiergruppe jagen einzelgängerisch.

Nach einer gelungenen Jagd tut sich die Löwengruppe an der Beute gütlich. Um diese zu zerreißen, haben sie große, scharfe, scherenartige Zähne, die man als Schneidezähne bezeichnet. Damit können sie zerreißen, schneiden und zermahlen; außerdem sind sie gefürchtete Waffen.

Löwen sind die wichtigsten Feinde der großen Huftiere. Ein erwachsener männlicher Löwe mit einem Gewicht von etwa 200 kg benötigt pro Tag 4 bis 5 kg Fleisch. Das steht ihm allerdings nicht jeden Tag zur Verfügung. Wenn er ein Beutetier geschlagen hat, verschlingt er 20 bis 30 kg Fleisch. Seine ruhige Mahlzeit kann stundenlang dauern. Nach einem solchen Fressen kann der Löwe vier bis fünf Tage lang ohne Nahrung auskommen.

Jahrhundertelang wurde der Löwe vom Menschen gejagt. Die Löwen, die es heute noch in Afrika gibt, sind nur ein kleiner Teil der ursprünglich dort lebenden Tiere. Dennoch ist der Löwe in Afrika noch recht zahlreich.

Daniel in der Löwengrube

Als Daniel erfuhr, daß ein solches Gebot ergangen war, ging er hinein in sein Haus. Er hatte aber an seinem Obergemach offene Fenster nach Jerusalem, und er fiel dreimal am Tag auf seine Knie, betete, lobte und dankte seinem Gott, wie er es auch vorher zu tun pflegte. Da kamen jene Männer eilends gelaufen und fanden Daniel, wie er betete und flehte vor seinem Gott. Da traten sie vor den König und redeten mit ihm über das königliche Gebot:

»O König, hast du nicht ein Gebot erlassen, daß jeder, der in dreißig Tagen etwas bitten würde von irgendeinem Gott oder Menschen außer von dir, dem König, allein, zu den Löwen in die Grube geworfen werden solle?« Der König antwortete und sprach: »Das ist wahr, und das Gesetz der Meder und Perser kann niemand aufheben.« Sie antworteten und sprachen vor dem König: »Daniel, einer der Gefangenen aus Juda, der achtet weder dich noch dein Gebot, das du erlassen hast; denn er betet dreimal am Tage.« Als der König das hörte, wurde er sehr betrübt und war darauf bedacht, Daniel die Freiheit zu erhalten, und mühte sich, bis die Sonne unterging, ihn zu erretten. Aber die Männer kamen wieder zum König gelaufen und sprachen zu ihm: »Du weißt doch, König, es ist das Gesetz der Meder und Perser, daß alle Gebote und Befehle, die der König beschlossen hat, unverändert bleiben sollen.« Da befahl der König, Daniel herzubringen. Und sie warfen ihn zu den Löwen in die Grube. Der König aber sprach zu Daniel: »Dein Gott, dem du ohne Unterlaß dienst, der helfe dir!« Und sie brachten einen Stein, den legten sie vor die Öffnung der Grube; den versiegelte der König mit seinem eigenen Ring und mit dem Ringe seiner Mächtigen, damit nichts anderes mit Daniel geschähe. Und der König ging weg in seinen Palast und fastete die Nacht über und ließ kein Essen vor sich bringen und konnte auch nicht schlafen.

Früh am Morgen, als der Tag anbrach, stand der König auf und ging eilends zur Grube, wo die Löwen waren. Und als er zur Grube kam, rief er Daniel mit angstvoller Stimme. Und der König sprach zu Daniel: »Daniel, du Knecht des lebendigen Gottes, hat dich dein Gott, dem du ohne Unterlaß dienst, auch erretten können von den Löwen?« Daniel aber redete mit dem König: »Der König lebe ewig! Mein Gott hat seinen Engel gesandt, der den Löwen den Rachen zugehalten hat, so daß sie mir kein Leid antun konnten; denn vor ihm bin ich unschuldig, und auch gegen dich, mein König, habe ich nichts Böses getan.« Da wurde der König sehr froh und ließ Daniel aus der Grube herausziehen. Und sie zogen Daniel aus der Grube heraus, und man fand keine Verletzung an ihm; denn er hatte seinem Gott vertraut.

Da ließ der König die Männer, die Daniel verklagt hatten, holen und zu den Löwen in die Grube werfen samt ihren Kindern und Frauen. Und ehe sie den Boden erreichten, ergriffen die Löwen sie und zermalmten alle ihre Knochen. Da ließ der König Darius allen Völkern und Leuten aus so vielen verschiedenen Sprachen auf der ganzen Erde schreiben: »Viel Friede zuvor! Das ist mein Befehl, daß man in meinem ganzen Königreich den Gott Daniels fürchten und sich vor ihm scheuen soll. Denn er ist der lebendige Gott, der ewig bleibt, und sein Reich ist unvergänglich, und seine Herrschaft hat kein Ende. Er ist ein Retter und Nothelfer, und er tut Zeichen und Wunder im Himmel und auf Erden. Der hat Daniel von den Löwen errettet.« (Daniel 6,11-28)

PANTHERA LEO

Panther

Wissenschaftlicher Name: Panthera pardus
Familienname: Felidae
Verbreitungsgebiet: Afrika, Teile der Arabischen Halbinsel, Südwest- und Südasien
Deutscher Name: Panther, Leopard
Biblischer Name: Panther, Leopard
Hebräischer Name: נָמֵר
Griechischer Name: πάρδαλις

Der Herr sagt: »Kann ein Schwarzer seine Hautfarbe wechseln oder ein Leopard sein geflecktes Fell? Genauso wenig seid ihr fähig, das Gute zu tun; zu sehr habt ihr euch an das Böse gewöhnt!« (Jeremia 13,23; GuNa)

In den Bibelübersetzungen wird sowohl die Bezeichnung »Leopard« als auch »Panther« benutzt. Die beiden Begriffe stehen jedoch für das gleich Tier. Ein anderes Mitglied der Pantherfamilie, der Jagdleopard, ist besser unter dem Namen »Gepard« bekannt. Beide Raubtiere waren in biblischer Zeit in Israel heimisch. Der Panther ist ein kräftiges Raubtier, das auch heute noch vom Libanon aus bis nach Israel vordringt, wo es sich vorübergehend aufhält. Auch der Jagdleopard wird noch gelegentlich im Negeb und im Jordantal beobachtet.

Panther haben immer schon als für den Menschen und seine Haustiere gefährlich gegolten. Sie können sich gut anpassen und daher in vielen Regionen leben, denn sie sind, was ihre Ernährung angeht, nicht spezialisiert. Die Panther bedrohten die Herden der Israeliten. Die unten abgedruckte Vision in Jesaja 11 spiegelt dies wider, wenn sie das kommende Friedensreich dadurch charakterisiert, daß Panther und Böcke friedlich beieinander lagern.

Raubkatzen

Der Panther gehört zu den Katzenartigen. Diese sind eine leicht erkennbare Tiergruppe. Ob groß oder klein, einfarbig, gestreift oder gefleckt, immer kann man sie eindeutig als Katzen erkennen. Die Katzenartigen sind kaum mit Tieren anderer Gruppen zu verwechseln. Sie gehören der Ordnung Carnivora oder Fleischfresser an. Alle Katzenartigen sind geschmeidig und schlank, haben kurze Kiefer, einen stumpfen Kopf, hohe Backenknochen und auffallende Augen.

Die meisten Katzenartigen tragen einen langen Schwanz und haben Pranken mit Krallen, die eingezogen werden können. (Für den Jagdleoparden gilt das zuletzt Gesagte allerdings nicht.) Die Katzenartigen sind muskulös und kräftig, sie können sowohl rennen als auch klettern. Die meisten von ihnen sind sogar in der Lage zu schwimmen, viele sind jedoch wasserscheu. Diese Tiere sind also sehr vielseitig. Es fällt ihnen nicht schwer, eine Beute zu schlagen, die ebenso groß ist wie sie selbst.

Ein Panther bezieht gern Position auf einem dicken Baumstamm oder Felsen und hält von dort aus Ausschau nach Beute. Er schleppt diese auch am liebsten auf einen Baum; denn an einem solchen ruhigen Ort kann er ungestört seine Mahlzeit verzehren.

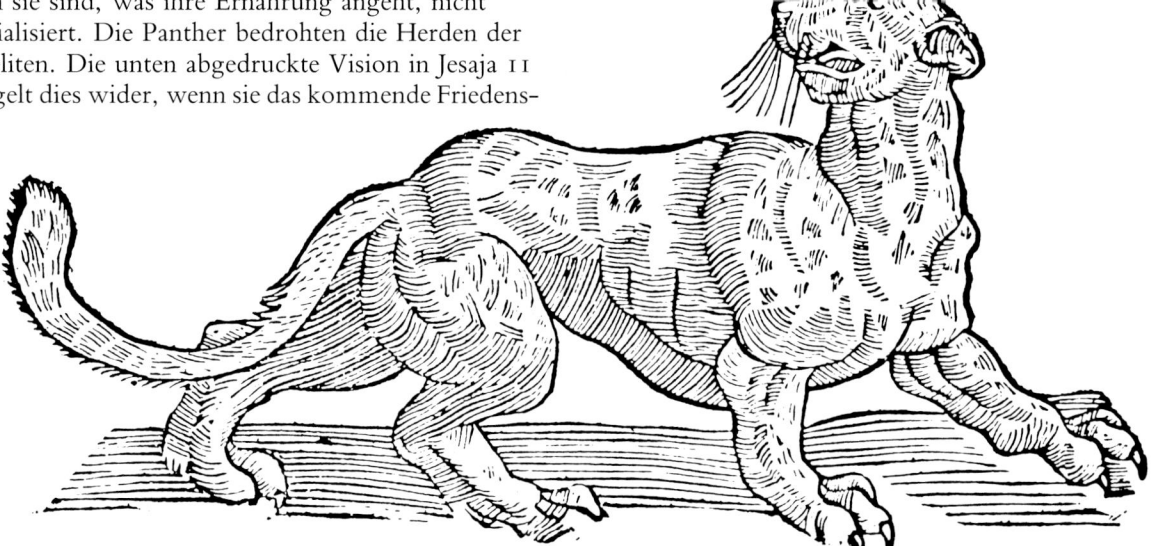

Noch heute in Israel zu Hause

Der Panther lebt vor allem in den tropischen Regionen Afrikas und Asiens. Dennoch findet man ihn auch noch in Nordafrika und sogar in der Türkei. Auch heute noch kann man gelegentlich Panther in Syrien und Israel antreffen. Azaria Alon schreibt in »Flora und Fauna im Land der Bibel«, daß kaum ein Jahr vergeht, in dem nicht darüber berichtet wird, daß man einen Leoparden in den Wäldern Galiläas beobachtet hat. Gelegentlich wird sogar einer von einem Jäger getötet.

Panther leben in sehr unterschiedlichen Biotopen. Allerdings ziehen sie Gelände mit vielen Versteckmöglichkeiten zwischen Sträuchern und Felsen vor. Am häufigsten jagen sie Huftiere; wo diese nicht zu finden sind, begnügen sie sich mit kleineren Säugetieren und Vögeln und notfalls auch kleinen Kriechtieren.

Früher wurden Panther und Leopard als zwei eigene Arten angesehen, vermutlich aufgrund der beträchtlichen Farbunterschiede. Heute benutzt man beide

Bezeichnungen für das gleiche Tier, aber dennoch geht vielen Autoren der Name »Leopard« leichter von der Hand als »Panther«. Der schwarze Panther wird jedoch niemals als schwarzer Leopard bezeichnet. Die Zahl der Panther ist stark zurückgegangen, weil sie wegen ihres schönen Fells stark bejagt wurden. Auch die Zerstörung ihrer Lebensräume ist ein wichtiger Grund für den Rückgang dieser Tiere. Als ernsthaft bedrohte Art haben sie Schutz nötig; auch große Raubtiere spielen für das Gleichgewicht der Natur eine wichtige Rolle.

Die Vision vom Friedensreich

Und es wird ein Reis hervorgehen aus dem Stamm Isais und ein Zweig aus seiner Wurzel Frucht bringen. Auf ihm wird ruhen der Geist des Herrn, der Geist der Weisheit und des Verstandes, der Geist des Rates und der Stärke, der Geist der Erkenntnis und der Furcht des Herrn. Da werden die Wölfe bei den Lämmern wohnen und die Panther bei den Böcken lagern. Ein kleiner Knabe wird Kälber und junge Löwen und Mastvieh miteinander treiben.
(Jesaja 11,1-2.6)

Mantelpavian

Wissenschaftlicher Name: Papio hamadryas
Familienname: Cercopithecidae
Verbreitungsgebiet: Afrika, Arabien
Deutscher Name: Mantelpavian
Biblischer Name: Affe
Hebräischer Name: קוֹף
Griechischer Name: πίθηκος

Der König hatte Tarsisschiffe, die auf dem Meer zusammen mit den Schiffen Hirams fuhren. Diese kamen in drei Jahren **einmal** *und brachten Gold, Silber, Elfenbein, Affen und Pfauen. (1.Könige 10,22)*

Es ist auffällig, daß der Affe in der Bibel zweimal genannt wird (siehe auch 2.Chronik 9,21) – in Palästina gab es nämlich gar keine Affen. König Salomo ließ sie importieren, und zweifellos haben sie der Kurzweil am Hofe des Königs gedient. Also wurden schon in jener Zeit Tiere zum Vergnügen der Menschen gehalten und zu diesem Zweck selbst aus weit entfernten Ländern herbeigeschafft.
Das belegen auch alte Darstellungen. So hat man eine Zeichnung gefunden, auf der ein Assyrer mit zwei zahmen Affen zu sehen ist. Angefertigt wurde diese Zeichnung um etwa 850 vor Christus; die Zähmung von Affen ist also schon sehr alt. Der Affe, der in der Bibel genannt wird, ist wahrscheinlich der Mantelpavian. Bei den Ägyptern war er ein heiliges Tier, das auf zahlreichen Monumenten abgebildet ist.

Schmalnasen

Die Paviane gehören zu den Altweltaffen, den Schmalnasen. Die Nasenöffnungen der Altweltaffen liegen dichter beieinander als die der Neuweltaffen, außerdem sind sie nicht zur Seite, sondern nach unten gerichtet. Man kann die Schmalnasen auch an der Sitzschwiele oder den Sitzhöckern auf ihrem Gesäß erkennen. Auf diese Weise sind sie in der Lage, lange Zeit in sitzender Haltung zu verbringen, etwa dann, wenn sie schlafen.
Die Familie der Schmalnasen bildet eine Gruppe, der mehr als 70 Arten angehören. Sie stellen an ihren Lebensraum keine speziellen Anforderungen. Selbst in Halbwüsten, weit entfernt von jedem Wald, kann man sie finden. Dort müssen sie ihre Nahrung auf der Erde suchen. Schmalnasen sind Allesfresser. Was sie nicht sofort verzehren, bewahren sie eine Zeitlang in ihren Backentaschen auf.
Die Mantelpaviane schlafen in großen Gruppen auf Felsen und Felsvorsprüngen. Tagsüber schließen sie sich für die Nahrungssuche zu kleinen Gruppen zusammen. In jeder Gruppe gibt es ein ausgewachsenes Männchen sowie mehrere Weibchen und Jungtiere. Bei der Nahrungssuche halten sich die weiblichen Tiere in der Nähe des dominierenden Männchens auf.

Immer noch werden Affen gefangen, um den Menschen zu erfreuen. Auf diese Weise sind manche Arten in einigen Gebieten bereits verschwunden. Der World Wildlife Fund setzt sich besonders mit diesem Problem auseinander. Fast jeden Tag werden Hunderte von Affen gefangen und dann in Kisten oder Käfigen in alle Erdteile transportiert, und zwar oftmals unter erbarmungswürdigen Umständen. Viele Tiere überleben die Reise nicht, und die anderen wandern bestenfalls in Tiergärten oder in einen Zirkus. Einige erwartet ein wesentlich schlimmeres Schicksal: Sie werden für Laborversuche benutzt. So werden etwa Schmerz- und Beruhigungsmittel an Affen getestet, ehe sie zum erstenmal einem Menschen verabreicht werden. Auch durch das unverantwortlich schnelle Abholzen der tropischen Wälder sind die Affen zunehmend bedroht.

Das Lausen

Affen, die sich lausen, muten in ihrem Verhalten sehr menschlich an. Das Lausen ist eine Fellpflege, die jedoch zugleich eine wichtige soziale Funktion hat: Die Affen entfernen allerlei Schmutz aus ihrem Fell, und zugleich geben die Tiere einander dadurch zu verstehen, daß sie sich mögen und sich zueinander hingezogen fühlen. Sie leben in einer Gruppe zusammen, deren Individuen aufeinander angewiesen sind. Muttertiere lausen ihre Jungen zum Zeichen der Zuneigung. Weibliche Affen lausen die männlichen Tiere aus Respekt und Zuneigung. Dasjenige Männchen, das in der Rangfolge ganz oben steht, wird zuweilen stundenlang von mehreren weiblichen Tieren gleichzeitig gelaust. Es ist der Führer und Beschützer der Gruppe und wird als solcher von allen Mitgliedern der Gruppe respektiert.
Affen lieben es, gelaust zu werden. Wenn die Tiere versuchen, fest anhaftende Teile aus dem Fell zu entfernen, werden manchmal ganze Haarbüschel ausgerissen. Das betroffene Tier läßt dies jedoch willig mit sich geschehen, ohne sich zu rühren. Muttertiere mit Jungen werden häufig von den anderen Affen gelaust. Ein Weibchen, das ein Junges bekommt, steigt dadurch in der Rangordnung bis unter die Position des führenden Tieres. Muttertiere werden dann beinahe mit der gleichen Ehrfurcht behandelt.

Papio hamadryas

Hausspatz

Wissenschaftlicher Name: Passer domesticus
Familienname: Ploceidae
Verbreitungsgebiet: Europa, Asien, Nordafrika
Deutscher Name: Hausspatz, Haussperling
Biblischer Name: Spatz, Sperling
Hebräischer Name: צִפּוֹר
Griechischer Name: στρουθίον

Jesus sagte: »Kauft man nicht zwei Sperlinge für einen Groschen? Dennoch fällt keiner von ihnen auf die Erde ohne euren Vater. Nun aber sind auch eure Haare auf dem Haupt alle gezählt. Darum fürchtet euch nicht; ihr seid besser als viele Sperlinge.« (Matthäus 10,29-31)

In Palästina ist eine Unterart des Hausspatzes zu Hause: Passer domesticus biblicus. Ebenso wie bei uns ist der Spatz in den Städten und Dörfern dort der häufigste Vogel. Er nistet sogar in den Wänden der Häuser. Um dort Platz für sein Nest zu schaffen, kratzt er den Lehm zwischen den Steinen heraus. Es gibt nur wenige Orte auf der Welt, wo man keine Hausspatzen finden kann.

Spatzen sind in hohem Maße vom Menschen und seinem Fleiß abhängig. Dort, wo keine Menschen leben, findet man auch keine Spatzen. In Frankreich gibt es auf dem Land viele kleine Dörfer, die von ihren Bewohnern verlassen sind. Dort sind auch die Hausspatzen fortgezogen. Doch umgekehrt ist es ebenso: Wo sich der Mensch niederläßt, ist schon bald auch der Hausspatz zu finden. Für keinen anderen Vogel gilt das in diesem Maße.

Das hebräische und griechische Wort hat eine weitere Bedeutung als nur Spatzen. Es bezeichnet ebenso andere kleine, tschilpende Vögel. In Israel wurden die Spatzen gern gegessen, man konnte sie billig auf den Märkten kaufen. Das ist der Hintergrund für Jesu Wort in Matthäus 10.

Plagegeister

Es ist bekannt, daß Spatzen häufig regelrechte Plagegeister sind. Das gilt vor allem zur Erntezeit, wenn sie in großen Scharen über das reife Getreide herfallen. Als Samenfresser sind Spatzen besondere Liebhaber einkeimblättriger Pflanzen; unter anderem sind das die Getreide- und Grasarten. Alten Angaben zufolge hatte man darunter schon in biblischer Zeit zu leiden. Der älteste Bericht hierüber stammt von dem antiken Geschichtsschreiber Diodoras, der im ersten Jahrhundert vor Christus lebte. Er berichtet, daß die Meder einen anderen Ort zum Leben suchen mußten, nachdem Spatzen ihre gesamte Getreideernte vernichtet hatten.

Die auffallend große Menge an Spatzen ist nicht, wie man annehmen könnte, die Folge einer hohen Fortpflanzungsrate. Spatzen brüten zwar meist dreimal jährlich und ziehen im Durchschnitt zehn Junge groß, dieses günstige Ergebnis wird aber von allerlei Faktoren negativ beeinflußt. Im Winter gehen viele Jungtiere ein. Spatzen werden von Greifvögeln als die am häufigsten zu findende Beute gejagt, und sogar Eulen fressen Spatzen. Die Tatsache, daß sich der Spatz dennoch überall in der Welt in großer Zahl halten kann, hängt mit seinem Anpassungsvermögen auch hinsichtlich seiner Ernährung zusammen.

Sangesfreudig

Spatzen haben einen »sozialen Gesang«. Besser gesagt: sie lassen eine Reihe vokaler und recht lauter Töne erklingen, die man gut als Gemeinschaftsgesang bezeichnen kann. Damit beginnen sie häufig schon an sonnigen Abenden im Januar. Später im Jahr kann man sie immer häufiger hören. In großer Zahl sitzen sie dann in einem dichten Strauch und singen gleichsam im Chor.

In Palästina lebt auch der Steinsperling (Petronia puteicola). Dieser ist meist in Höhlen in den Hügeln und Bergen zu finden. Darüber hinaus brütet er häufig in den Mauern alter Brunnen. Bei dieser Art leben die Männchen das ganze Jahr über mit ihren Weibchen zusammen. Wenn eines der beiden Tiere eingeht, lebt das andere allein weiter.

In der Regel bleiben alle Spatzen einander ein Leben lang treu. Wenn ein Spatzenpärchen sich einmal gepaart, gebrütet und Junge großgezogen hat, ist die Bindung untereinander fast unverbrüchlich. Es gibt allerdings Ausnahmen, denn bei Spatzen kommt gelegentlich auch Polygamie vor. In der Forschung nimmt man an, daß dies nur dann eintritt, wenn ein brütendes Weibchen den Partner verliert. In diesem Falle nimmt sich ein anderes Männchen des weiblichen Tieres an.

Spatzen sind Langschläfer, wie man leicht feststellen kann. Wenn es morgens noch dämmrig ist, erscheinen die Amseln bereits auf dem Gras, um nach Würmern zu suchen. Erst später am Morgen gesellen sich die Spatzen dazu, um ebenfalls nach Futter zu suchen. Außerhalb der Brutzeit machen Spatzen schon gut eine Stunde vor Sonnenuntergang Anstalten, ihre Schlafplätze aufzusuchen. Bei dunkler Witterung kann das noch früher der Fall sein. Nur in der Zeit, in der sie Junge versorgen müssen, sind Spatzen geschäftiger.

Blauer Pfau

Wissenschaftlicher Name: Pavo cristatus
Familienname: Pavoninae
Verbreitungsgebiet: Indien, Sri Lanka
Deutscher Name: Blauer Pfau
Biblischer Name: Pfau
Hebräischer Name: תֻּכִּי
Griechischer Name: ταώς

Der König hatte Tarsisschiffe, die auf dem Meer zusammen mit den Schiffen Hirams fuhren. Diese kamen in drei Jahren **einmal** *und brachten Gold, Silber, Elfenbein, Affen und Pfauen. (1.Könige 10,22)*

König Salomo ließ zu seinem Vergnügen Tiere aus anderen Ländern einführen. Forschern zufolge muß die Stadt Tarsis auf einer Flußinsel in der Mündung des Guadalquivir in Südspanien gelegen haben. Dort gab es damals offensichtlich schon Pfauen, die aus ihrer ursprünglichen Heimat in Indien und Sri Lanka geholt worden waren. Die Pfauen und Affen, die Salomo kommen ließ, dienten offensichtlich keinem anderen Zweck als der Zierde.

Das ist bei Pfauen auch heute noch so. Die Hähne sind aufgrund ihrer prächtigen Rückenfedern und des blauen Gefieders beliebt, mit denen sie vor den Weibchen ein Rad schlagen, um ihnen zu imponieren.

Solch ein großes Pfauenrad ist aufgrund seiner Farben und seiner Eleganz in der Tat ein eindrucksvoller Anblick. Die Pfauenfedern gehören zu den längsten in der Vogelwelt. Sie sind auffallend und herrlich geschmückt mit großen, augenähnlichen Flecken.

Heilige Vögel

Aufgrund der besonderen Entwicklung der oberen Deckfedern des Schwanzes unterscheiden sich die Pfauen von allen anderen Hühnerartigen. Sie sind darüber hinaus auch die größten dieser Klasse. Wilde Pfauen leben in den dichten Urwäldern des Berglandes in Indien und Sri Lanka. Im Süden dieser Länder kann man sie bis in Höhen von bis zu 2000 m finden. In vielen Gegenden des Ostens werden Pfauen als heilige Vögel verehrt, bei manchen Hindutempeln werden Gruppen halbwilder Pfauen von den Priestern versorgt.

Für die Inder ist der Pfau das Sinnbild des Gottes Krishna. Das Tier genießt dadurch vollständigen Schutz. In Indien ist der Pfau darüber hinaus auch ein hochgeschätzter Vertilger junger Kobras. Durch seinen Ruf warnt er vor Tigern oder Leoparden in der Nähe. Da diese Vögel häufig ein Opfer solcher Raubtiere werden, sind sie sehr wachsam.

Die wie Tropenvögel aussehenden Pfauen sind äußerst widerstandsfähig, Winterkälte kann ihnen nichts anhaben. Es kommt vor, daß sie sich einschneien lassen, ohne irgendwelchen Schaden zu nehmen. Man kann sie leicht halten, da sie keine besonderen Anforderungen stellen: Pfauen sind mit

PAVO
CRISTATUS

gewöhnlichem Hühnerfutter und dem, was sie auf dem Hof und im Garten finden, zufrieden; allerdings brauchen sie auch Grünfutter.

Wenn sie laufen, bewegen sich Pfauen wie Tauben und strecken ihren Kopf vor- und zurück. Damit stabilisieren sie die Stellung ihres Kopfes. Sie strecken ihn vor und halten ihn dann still, während sich ihr Körper vorwärtsbewegt. Wenn ihr Kopf stillsteht, können sie kleine Gegenstände und Bewegungen besser erkennen.

Tempelpfauen

Es ist nicht mit Sicherheit bekannt, wann der Pfau nach Europa gelangt ist. Alexander der Große (356-323 vor Christus) könnte einige zahme Exemplare von seinem Kriegszug nach Indien mitgebracht haben. Sein Zeitgenosse Aristoteles berichtet, daß der Pfau ein in ganz Griechenland bekannter Vogel war. Im Tempel der Juno auf Samos, der griechischen Insel im Ägäischen Meer, wurden Pfauen gehalten. Diese Vögel wurden auch auf Münzen dargestellt. Die römischen Kaiser bedienten sich ihrer auf weniger erfreuliche Weise: Sie ließen für ihre Gäste Speisen aus den Gehirnen und Zungen von Pfauen zubereiten, angerichtet mit teuren Gewürzen.

In den Niederlanden sind die weißen Pfauen des Landguts Staverden bekannt. Diese werden dort schon seit 1291 gehalten. Damals wurde die ehemalige Burg in Staverden zur Stadt erhoben. Eines der damit verbundenen Privilegien war die Haltung weißer Pfauen. Die Federn dieser Tiere dienten auf den Helmen der Grafen von Gelre als Kopfschmuck. Die alte Burg erhielt deshalb schon bald den Namen »Pfauenburg«.

Bis 1543 schmückten die weißen Pfauenfedern den Helm des Herzogs von Gelre, doch die Habsburger-Herrschaft machte dem ein Ende. Zu Anfang dieses Jahrhunderts lebte die Sitte auf Betreiben der Bewohner des Landguts wieder auf. Seit jener Zeit glänzen die weißen Pfauenfedern aus Staverden in einer Vase im Provinzhaus in Arnhem und im Rathaus in Ermelo. Wanderer auf dem herrlichen Landgut können die Gruppe der manchmal rund zwanzig Pfauen bewundern.

Rosa Pelikan

Wissenschaftlicher Name: Pelecanus onocrotalus
Familienname: Pelecanidae
Verbreitungsgebiet: Europa, Asien, Afrika
Deutscher Name: Rosa Pelikan
Biblischer Name: Pelikan
Hebräischer Name: קָאַת
Griechischer Name: πελέκαν

Der Herr wird seine Hand auch nach Norden ausstrecken, er wird Assyrien verwüsten und seine Hauptstadt Ninive in Trümmer legen. Die Stadt wird zur menschenleeren Steppe werden, Herden werden dort lagern, Igel und Pelikan zwischen den umgestürzten Säulen Unterschlupf suchen. In den leeren Fensterhöhlen kreischen Vögel, die Türschwellen sind mit Trümmern bedeckt, das Getäfel aus Zedernholz ist heruntergerissen.
(Zefanja 2,13-14; GuNa)

Auf den galiläischen Seen findet man regelmäßig Pelikane als Wintergäste. Der Rosa Pelikan lebt stets in Gruppen, der Krauskopfpelikan (Pelecanus crispus) hingegen lebt meist allein. Diese europäisch-asiatischen Arten überwintern in Ägypten und Ostafrika. Dort ist es ein normales Bild, daß sie in Scharen von Hunderten und manchmal Tausenden auftreten. Pelikane sind schöne, aber sehr scheue Vögel, die bei der geringsten Störung auffliegen. Daher suchen sie einsame, am besten unbewohnte Flecken auf.
Das hebräische Wort »qa'at«, das mit Pelikan übersetzt werden kann, ist in seiner Bedeutung sehr unsicher. Luther gibt es regelmäßig mit Rohrdommel wieder (siehe auch S. 28-29), aber schon die griechische Übersetzung des Alten Testaments hat es nicht mehr recht zu deuten gewußt. Sie bringt in der Liste der unreinen Tiere den Pelikan, während sie in dem oben zitierten Text an dieser Stelle »Chamäleon« einfügt (in Jesaja 34,11 bietet sie einen Begriff, der ganz allgemein »Vogel« heißt). Für die Übersetzung mit »Pelikan« könnte allerdings sprechen, daß der hebräische Name wohl auf eine Wurzel zurückgeht, die »speien« bedeutet, so daß in dem Namen eine Anspielung auf die dem Pelikan zugeschriebene Eigenart stecken könnte, die Nahrung für seine Jungen aus dem Kropf zu erbrechen. Auch paßt die oben zitierte Stelle gut zur Lebensweise dieses Vogels: Ninive, heute ein Ruinenfeld gegenüber von Mosul, liegt am linken Ufer des Tigris. An diesem Fluß werden sich die Vögel aufgehalten haben.

Schnabel wie eine Schöpfkelle

Pelikane fallen hauptsächlich aufgrund ihres riesigen Schnabels auf. Dieser besteht aus einem Kehlsack, gebildet durch den Unterschnabel, mit einem wie ein Deckel darauf passenden Oberschnabel. Der Unterschnabel und der Kehlsack sind sehr dehnungsfähig. Pelikane leben hauptsächlich von Fisch, sie fangen nur selten einen Vogel oder ein Säugetier. Sie haben eine sehr weite Speiseröhre, die es ihnen ermöglicht, große Fische und eventuell andere Beutetiere hinunterzuschlucken.
Der Rosa Pelikan kann nicht tauchen. Er liegt wie eine Treibboje auf dem Wasser. Pelikane sind sowohl in Süß- als auch in Salzwasser, in tiefen und in flachen

PELECANUS ONOCROTALUS

Gewässern zu finden. Den frühen Morgen nutzen sie zur Jagd. Am späteren Vormittag suchen sie eine Sandbank oder eine Baumgruppe auf, um ihre Mahlzeit zu verdauen, um zu ruhen, um ihr Federkleid zu reinigen und erneut einzufetten. Wie viele Wasservögel müssen sie ihre Federn sorgsam pflegen, damit diese stets wasserabstoßend bleiben.

Pelikane fangen Fische, indem sie diese aus dem Wasser sieben. Der Kehlsack dient nicht als Transportmittel für den Fisch, sondern als Schöpfkelle. Wenn ein Pelikan unter Wasser seinen riesigen Schnabel öffnet, stellt der Unterschnabel eine große Kelle dar. Die hornartigen Ränder biegen sich nach außen, und die Haut dehnt sich zu einem tiefen Sack. Der Vogel schöpft Fische und Wasser. Das Wasser läßt er ablaufen, den Fisch schluckt er hinunter. Pro Tag frißt ein Pelikan mehr als 9 kg Fisch. Eine Pelikangruppe stellt also für die Berufsfischer eine gefürchtete Konkurrenz dar.

Pelikane sind schön und noch etwas größer als Schwäne. Sie sind die größten Schwimmvögel. Dennoch können sie geschickt fliegen und große Höhen erreichen. Ihre Flügel haben eine große Tragfläche, was die Vögel in die Lage versetzt, ausgezeichnet zu segeln. An Land sind sie weniger behende. Die Zehen sind durch stark entwickelte Schwimmhäute miteinander verbunden. Diese Schwimmhaut umfaßt auch den nach vorn und innen gerichteten hinteren Zeh. Dadurch wird ein regelrechtes Ruder gebildet, das für alle Pelikanarten typisch ist.

Pelikane nisten in Kolonien. Sie legen ihr Nest auf dem Material an, das in dichten Riedfeldern angespült wird. Die Nester liegen nahe beisammen, und die Nisthöhlen sind sehr flach; die Brutterritorien der einzelnen Paare sind nicht voneinander zu unterscheiden. Gegen Ende der Brutzeit bilden die Nester eine zusammengewachsene Schicht, auf der die Jungen gruppenweise nahe beieinander stehen. Die Jungen sind dann unterschiedlich alt und groß.

Rebhuhn

Wissenschaftlicher Name:	Perdix perdix
Familienname:	Phasianidae
Verbreitungsgebiet:	Nord- und Mitteleuropa bis Westsibirien, Turkestan, Nordiran
Deutscher Name:	Rebhuhn, Feldhuhn
Biblischer Name:	Rebhuhn
Hebräischer Name:	קֹרֵא
Griechischer Name:	νυκτικόραξ

David sprach zu Saul: »So fließe nun mein Blut nicht auf die Erde fern vom Angesicht des Herrn! Denn der König von Israel ist ja ausgezogen, zu suchen einen einzelnen Floh, wie man ein Rebhuhn jagt auf den Bergen.«
(1. Samuel 26,20)

In Israel leben verschiedene Feldhuhnarten. Zwar kommt die europäische Art (Perdix perdix) dort nicht vor, doch in der Umgebung des Toten Meeres ist das Arabische Wüstenhuhn (Ammoperdix heyi) verbreitet. Es lebt und brütet oft mit mehreren anderen Paaren gleichzeitig in der gleichen Felsspalte. An einer solchen Stelle findet man daher viele Eier auf einmal. In biblischer Zeit glaubte das Volk, das Feldhuhn suche fremde Eier und brüte sie aus. Wissenschaftlich konnte das bisher weder bewiesen noch widerlegt werden. Von diesem Verhalten spricht der Prophet in Jeremia 17,11: »Wie ein Rebhuhn, das ausbrütet, was es nicht gelegt hat, so ist ein Mensch, der Reichtum durch Unrecht erwirbt« (Einh).

Rufer

Das Rufen in der Dämmerung ist eine typische Gewohnheit der Feldhühner. In den sumpfigen Regionen an der israelischen Küste und im nördlichsten Teil des Jordantals lebt das Halsbandfrankolin (Francolinus francolinus). Dabei handelt es sich um einen kleinen, gedrungenen Vogel mit hohem Rücken und kurzem Schwanz. Er hat kräftige Beine und einen dicken Schnabel. Dieser ist größer als beim Gemeinen Rebhuhn und trägt den hebräischen Namen »qore'«, was »Rufer« bedeutet. Das Männchen dieser Art hat die Gewohnheit, im Herbst in der Dämmerung hin- und herlaufend seinen Ruf ertönen zu lassen, um die Jungvögel zu sammeln, die auf den Äckern verstreut nach Futter suchen.

In den hügeligen Regionen Israels lebt das Sinai-Chukarsteinhuhn (Alectoris chukar sinaica). Diese Art ist aufgrund ihrer Schutzfarbe zwischen den Felsen und dem Krüppelholz kaum auszumachen. Die Hähne verraten sich jedoch durch ihren weittragenden Ruf. Alle Feldhuhnarten sind ausgezeichnete Läufer; sie fliegen nur dann, wenn sie keine andere Wahl haben. Wenn sich ein Mensch nähert, bleibt das Feldhuhn bis zum letzten Augenblick liegen, um dann mit lautem Flügelschlagen aufzufliegen.

Gefährdet

In unserer Zeit haben die Rebhühner in ihrem gesamten Lebensraum einen wesentlich schlechteren Stand als früher. Seit den fünfziger Jahren ist in Europa in zunehmendem Maß ein Rückgang zu beobachten. In manchen Gebieten liegt er bei 50 bis 90%, und in vielen Regionen ist das Rebhuhn inzwischen völlig verschwunden. Als Hauptursache gilt die Intensivierung der Landwirtschaft. Das Rebhuhn lebt in Feldfluren mit Fruchtwechsel und Mehrfruchtwirtschaft, wo Hecken und Büsche vor allem in der

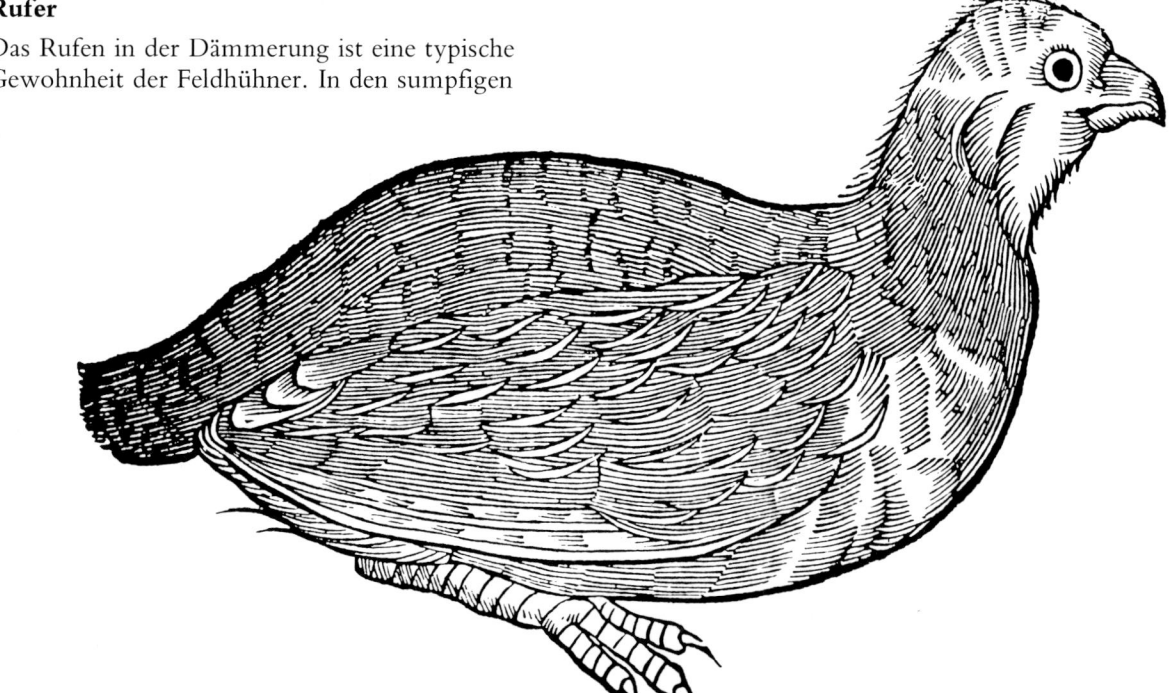

120

PERDIX PERDIX

Nistzeit ausreichend Deckung bieten. Besonders wichtig sind umsäumte Feld- und Wegränder, die dem Rebhuhn Deckung und zusätzliche Nahrung liefern. Mit der in den 60er und 70er Jahren durchgeführten Flurbereinigung gingen in großer Zahl Hecken und Feldraine verloren, die dem Rebhuhn zuvor Nahrung, Deckung und Brutplätze geboten hatten. Beutegreifer wie Fuchs, Marder, Wiesel oder Greifvögel haben dadurch leichteren Zugriff. Dazu kommt, daß sich die Nahrungsbasis für das Rebhuhn durch die Anwendung von Herbiziden und Insektiziden erheblich geschmälert hat. Rebhühner müssen wesentlich weitere Wege zurücklegen, um ihren Nahrungsbedarf zu decken. In feuchtkühlen Sommern kann dies dazu führen, daß die Sterblichkeit der Jungvögel auf 85% ansteigt.

Alles zusammen hat bei uns einen starken Rückgang der Rebhühner bewirkt, der sich auch in den Jagdstrecken widerspiegelt: Wurden Anfang der 60er Jahre noch eine halbe Million Rebhühner geschossen,

waren es 1987/88 nur noch 16500, wobei damals schon nur noch Reviere mit einem guten Rebhuhnbestand bejagt wurden. Man muß jedoch sagen, daß Beutegreifer und Bejagung nur dann zu einer Bedrohung für das Rebhuhn werden, wenn dieses aus strukturellen und klimatischen Gründen in seiner Existenz bereits bedroht ist.

Das drohende Verschwinden des Rebhuhns rief vielerorts Jäger und Naturschützer auf den Plan, die mit verschiedenen Aktionen und Programmen versuchten, die verlorengegangenen Landschaftselemente wieder aufzubauen. So bieten etwa »Ackerrandstreifenprogramme« zur Erhaltung und Förderung selten gewordener Tier- und Pflanzenarten Ausgleichszahlungen für Landwirte, die im Randbereich ihrer Äcker auf die Anwendung von Pflanzenschutzmitteln verzichten. 1991 war das Rebhuhn Vogel des Jahres. Inzwischen sieht es tatsächlich so aus, als ob sich die Rebhuhnbestände wieder etwas erholt hätten.

Kormoran

Wissenschaftlicher Name: Phalacrocorax carbo
Familienname: Phalacrocoracidae
Verbreitungsgebiet: Europa, Asien, Afrika, Australien, Nordamerika
Deutscher Name: Kormoran
Biblischer Name: Fischeule
Hebräischer Name: שָׁלָךְ
Griechischer Name: καταρράκτης

Unter den Vögeln sollt ihr folgende verabscheuen – man darf sie nicht essen, sie sind abscheulich: ... Kauz, Fischeule, Bienenfresser. (3.Mose/Levitikus 11,13.17; Einh)

Der Kormoran ist mit einer Reihe von Unterarten ein in der ganzen Welt verbreiteter Vogel. In Israel leben zwei Arten als Wintergäste: der Gemeine Kormoran und die Krähenscharbe (Phalacrocorax aristotelis). In der Bibel ist vermutlich der Gemeine Kormoran gemeint. Man findet ihn an der Küste, doch er lebt auch im Binnenland an den Ufern der galiläischen Seen. Die Krähenscharbe ist ein ausgesprochener Seevogel.

Kormorane sind perfekte Taucher, unfehlbar fangen sie Fische. Das hat lange Zeit die Einstellung des Menschen geprägt, der die Kormorane als Konkurrenten ansah.

Ein perfekter Fischer

Der Mensch hat sich die Fähigkeiten dieses Vogels jedoch auch zunutze gemacht. Japanische Fischer richten Kormorane für den Fischfang ab. Auch in anderen Staaten des Ostens ist dies üblich. Man benutzt dazu speziell die Krähenscharbe. Sie wird an einer langen Leine festgebunden und mit Hilfe eines Halsbandes daran gehindert, den Fisch zu verschlukken. Wenn ihr Kehlsack voll ist, zieht der Fischer den Vogel heran, holt die Beute aus dem Kehlsack und gibt dem Vogel ein Stück Fisch zur Belohnung. Anschließend muß der Kormoran erneut auf Beutefang gehen. Im Fernen Osten kann man die Fangmethode mit Hilfe von Kormoranen bis ins 12. Jahrhundert zurückverfolgen.

Die Nahrung dieser Vögel besteht aus flinken Fischen, Krebstieren und Tintenfischen, aus Aalen, Zandern und Plötzen. Kormorane haben eine sehr dehnbare Speiseröhre, die es ihnen ermöglicht, auch große Fische zu schlucken. Sie wählen die Fischart, die an der jeweiligen Stelle am häufigsten vorkommt. Kormorane können etwa eine Minute lang unter Wasser bleiben und bis zu 8 m tief tauchen. Wenn ein Kormoran auf Fischjagd geht, richtet er seine Federn auf; auf diese Weise dringt Wasser zwischen die Federn und die Luft wird herausgedrückt. Da sich dadurch der Auftrieb verringert, kann der Vogel leichter tauchen. Nach dem Fischfang ist er durch und durch naß. Er kann dann kaum noch fliegen. Aus diesem Grund setzt er sich an eine erhöhte Stelle, häufig auf einen Reusenstock oder eine Boje. Mit weit ausgebreiteten Flügeln wartet er geduldig, bis Sonne und Wind ihn getrocknet haben. Eine Gruppe solcher Vögel ist eine typische Erscheinung an der Küste und an den Binnengewässern.

Kolonien

Kormorane brüten in Kolonien. In den Niederlanden und in Friesland hat es früher große Kormorankolonien gegeben. Bei Wanneperveen gab es bis in die 50er Jahre eine Kolonie mit 2000 Nestern. Diese mußte auf Anordnung der Behörden wegen der Belästigung, die diese Vögel darstellten, auf 500 Nester reduziert werden. In anderen Teilen der Welt leben noch größere Bestände, an manchen Stellen gibt es Brutplätze mit vielen hunderttausend Vögeln. Diese fangen große Mengen Fisch, und es ist verständlich, daß Berufsfischer davon nicht begeistert sind.

Der Gemeine Kormoran errichtet sein Nest auf steilen Küsten oder in Bäumen. Häufig brütet er gemeinsam mit Reihern und manchmal auch mit Löfflern. Die Krähenscharbe brütet nur auf felsigen, steilen

Küsten. Felswände, die scheinbar unzugänglich und für den Nestbau ungeeignet sind, stellen für diese Vögel kein Problem dar. Es gibt genügend Spalten, Löcher, Ritzen und kleine Plattformen. Die kleinste Möglichkeit wird von den Vögeln genutzt. Felswände bilden ein Biotop mit einem dichten Brutvogelbesatz. Dort ist auch das beste Brutergebnis zu beobachten, da die Vögel aufgrund der Unzugänglichkeit und der großen Anzahl, in der sie brüten, geschützt sind. Die Krähenscharbe ist ein sehr geschickter Schwimmer und Taucher. Wenn sie jagt, schwimmt sie hin und her und taucht den Kopf regelmäßig ins Wasser, um nach Beute Ausschau zu halten. Wenn sie einen geeigneten Fisch entdeckt, taucht sie und jagt dem Fisch mit großer Schnelligkeit nach. Der Gemeine Kormoran und die Krähenscharbe sind keine Rivalen.

Der Gemeine Kormoran fischt in tiefen Gewässern und fängt kleinere Fische als sein Verwandter, der große Fische im flachen Wasser entlang der Küste bevorzugt.

PHALACROCORAX CARBO

Großer Pottwal

Wissenschaftlicher Name: Physeter macrocephalus
Familienname: Physeteridae
Verbreitungsgebiet: Meere in den warmen und
gemäßigten Zonen
Deutscher Name: Großer Pottwal
Biblischer Name: Großer Fisch, Walfisch
Hebräischer Name: דָּג גָּדוֹל
Griechischer Name: κῆτος

---

*Und Gott schuf große Walfische und alles Getier, das da
lebt und webt, davon das Wasser wimmelt, ein jedes nach
seiner Art, und alle gefiederten Vögel, einen jeden nach
seiner Art. Und Gott sah, daß es gut war.*
(1.Mose/Genesis 1,21)

Luther gebrauchte den Begriff »Walfisch« in dem
(oben abgedruckten) Abschnitt aus der Schöpfungs-
geschichte, in Psalm 104,26 und 148,7, wo er stellver-
tretend für die großen Wassertiere steht, in Psalm
74,14, wo alte Vorstellungen von dem Meeresunge-
heuer Leviatan anklingen, das Gott besiegt hat, und
in Matthäus 12,40, wo auf die (unten abgedruckte)
Geschichte von Jona und dem »großen Fisch« ange-
spielt wird (wie Luther hier im Anschluß an den
hebräischen Urtext übersetzt). Bis auf den Abschnitt
in der Schöpfungserzählung hat die Revision der
Lutherbibel im Jahr 1964 dafür überall »große Fische«
bzw. Leviatan eingesetzt, aber die Vorstellung, daß
Jona von einem »Walfisch« verschlungen und
wieder ausgespien wurde, ist nach wie vor weit
verbreitet.
Bartenwale haben einen im Verhältnis zu ihrem
Körper sehr kleinen Schlund. Sie ernähren sich von
kleinen Wasserlebewesen, die sie mit Hilfe ihrer
Barten aus dem Wasser herausfiltern. Im Gegensatz
dazu jagen Zahnwale auch große Beute. Zu ihnen
gehören auch die Pottwale. Es gibt nur zwei Arten:
den Großen Pottwal und den Zwergpottwal. Der
Große Pottwal ernährt sich vorzugsweise von Tintenfischen mit einer Größe von ein bis zwei Metern; er
fängt aber auch größere Exemplare.
Der Forscher R. Clarke fand im Magen eines Großen
Pottwals einen vollständig gebliebenen zehnarmigen
Tintenfisch mit einem Gewicht von 186 kg. Es wurde
jedoch auch schon einmal ein Hai mit einer Länge von
drei Metern im Magen eines Pottwals gefunden. Es
ist daher nicht überraschend, daß sich mit der Erzählung von dem Propheten Jona gerade die Vorstellung
von einem Wal verbunden hat.

Amber

Der Pottwal hat einen auffallend großen Kopf mit
einem merkwürdig geformten Unterkiefer. Dieser
Kiefer ist bedeutend schmaler und auch kürzer als der
Oberkiefer. Der Große Pottwal kann eine Länge von
über 20 m erreichen, wobei ein Drittel der Körperlänge auf den riesigen Kopf entfällt. Er hat eine dicke
Speckschicht, unter der Gewebeschichten eine Wand
bilden, die einen großen Hohlraum abschließt. Dieser
wird durch eine Querwand in zwei Kammern geteilt.
Die Hohlräume sind durch Öffnungen miteinander
verbunden und mit einer hellen, öligen Masse gefüllt.
Das ist das sogenannte Walrat oder Spermaceti.
Im Körper befindet sich darüber hinaus nahe der
Schwanzwurzel eine Art Sack mit einer Flüssigkeit, in
der kugelförmige Klumpen zu finden sind. Dabei
handelt es sich um ein Ausscheidungsprodukt, das bei
einer Krankheit entsteht. Diese Klumpen sind das
wertvolle Amber. Amber ist ein fettiger Stoff mit
einem sehr unangenehmen Geruch. Dennoch wird es
von der Parfüm- und Seifenindustrie verwendet.
Schon die alten Römer und Araber wußten um den
hohen Wert dieses Stoffes.

Mörderische Jagd

Der Große Pottwal ist in allen Meeren der Welt zu
finden. Sein fester Lebensraum liegt zwischen dem 40.
Grad nördlicher und südlicher Breite. Von dort aus
zieht er mit den warmen Golfströmen und legt zu
wechselnden Zeiten riesige Strecken in den Ozeanen
zurück.
Alle Wale sind als »freundliche« Tiere bekannt, doch
der Mensch hat sie aus Eigennutz jahrhundertelang
stark bejagt. Die erste »Walfangindustrie« in Europa
gab es bereits im 9. Jahrhundert: Die Basken jagten
die an ihren Küsten lebenden Wale. Damals ging es
natürlich noch äußerst primitiv zu; doch die Zeiten
haben sich geändert: Der Walfang wurde modernisiert
und ist inzwischen äußerst effizient geworden. Heute
bedient man sich des Sonars, um die Tiere aufzuspüren. Die Schiffe, die für den Fang benutzt werden,
sind komplette Fabriken. Die gefangenen Tiere
werden auf hoher See vollständig verarbeitet.
Die wichtigste Verbesserung für die Fänger und
gleichzeitig die größte Gefahr für die Wale ist die
moderne Harpune. In der Vergangenheit handelte es
sich dabei um nicht mehr als einen Speer, der von
Hand geschleudert werden mußte. Heute ist die
Harpune mit Explosivstoffen geladen und kann mit
einer Kanone abgefeuert werden. Die Wale sind
wegen ihres Fleisches, des Öls, des Ambers, wegen
jedes Teils ihres riesigen Körpers begehrt.

Jona und der große Fisch

*Es geschah das Wort des Herrn zu Jona, dem Sohn
Amittais: »Mache dich auf und geh in die große Stadt
Ninive und predige wider sie; denn ihre Bosheit ist vor mich
gekommen.« Aber Jona machte sich auf und wollte vor dem
Herrn nach Tarsis fliehen und kam hinab nach Jafo. Und
als er ein Schiff fand, das nach Tarsis fahren wollte, gab er
Fährgeld und trat hinein, um mit ihnen nach Tarsis zu
fahren und dem Herrn aus den Augen zu kommen. Da ließ
der Herr einen großen Wind aufs Meer kommen, und es
erhob sich ein großes Ungewitter auf dem Meer, daß man
meinte, das Schiff würde zerbrechen.*

Da fürchteten sich die Leute sehr und sprachen zu Jona: »Warum hast du das getan?« Denn sie wußten, daß er vor dem Herrn floh; denn er hatte es ihnen gesagt. Da sprachen sie zu ihm: »Was sollen wir denn mit dir tun, daß das Meer stille werde und von uns ablasse?« Denn das Meer ging immer ungestümer. Er sprach zu ihnen: »Nehmt mich und werft mich ins Meer, so wird das Meer still werden und von euch ablassen. Denn ich weiß, daß um meinetwillen dies große Ungewitter über euch gekommen ist.« Und sie nahmen Jona und warfen ihn ins Meer. Da wurde das Meer still und ließ ab von seinem Wüten. Und die Leute fürchteten den Herrn sehr und brachten dem Herrn Opfer dar und taten Gelübde.

Aber der Herr ließ einen großen Fisch kommen, Jona zu verschlingen. Und Jona war im Leibe des Fisches drei Tage und drei Nächte. Und Jona betete zu dem Herrn, seinem Gott, im Leibe des Fisches und sprach: »Ich rief zu dem Herrn in meiner Angst, und er antwortete mir. Ich schrie aus dem Rachen des Todes, und du hörtest meine Stimme. Du warfest mich in die Tiefe, mitten ins Meer, daß die Fluten mich umgaben. Alle deine Wogen und Wellen gingen über mich, daß ich dachte, ich wäre von deinen Augen verstoßen, ich würde deinen heiligen Tempel nicht mehr sehen. Wasser umgaben mich und gingen mir ans Leben, die Tiefe umringte mich, Schilf bedeckte mein Haupt. Ich sank hinunter zu der Berge Gründen, der Erde Riegel schlossen sich hinter mir ewiglich. Aber du hast mein Leben aus dem Verderben geführt, Herr mein Gott!« Und der Herr sprach zu dem Fisch, und der spie Jona aus ans Land. (Jona 1,1-4.10-12.15-16; 2,1-7.11)

PHYSETER MACROCEPHALUS

Kapklippschliefer

Wissenschaftlicher Name: Procavia capensis
Familienname: Hyracoidea
Verbreitungsgebiet: Afrika, Südwestasien
Deutscher Name: Kapklippschliefer
Biblischer Name: Klippdachs
Hebräischer Name: שָׁפָן
Griechischer Name: χοιρογρύλλιος

Die hohen Berge geben dem Steinbock Zuflucht
und die Felsklüfte dem Klippdachs.
(Psalm 104,18)

Luther hat das hebräische Wort »šapan« mit »Kaninchen« übersetzt, da ihm der damit gemeinte Klippschliefer oder Klippdachs nicht bekannt war. Erst bei der Revision der Lutherbibel im Jahr 1964 wurde der Klippdachs hier eingefügt. Allerdings hatte auch schon die griechische Übersetzung des Alten Testaments mit diesem Begriff Schwierigkeiten und wählte mit »choirogryllios« das gleiche Wort, wie es in 3. Mose/Levitikus 11,6 für den Hasen (siehe S. 94-95) gebraucht ist. Diese Übersetzung wurde wohl durch die intensiven Kaubewegungen des Klippschliefers nahegelegt, die das Alte Testament veranlaßte, ihn – wie den Hasen, aber in diesem Fall auch biologisch korrekt – zu den Wiederkäuern zu zählen (3. Mose/Levitikus 11,5; 5. Mose/Deuteronomium 14,7 – der Klippdachs wird hier im Griechischen mit »dasypous«, einer Hasen- bzw. Kaninchenart wiedergegeben).
In Sprichwörter/Sprüche 30,26 heißt es von den Klippdachsen: »ein schwaches Volk, dennoch bauen sie ihr Haus in den Felsen«. Das ist zwar nicht ganz korrekt, denn der Klippdachs ist nicht in der Lage, in Felsen Höhlen anzulegen, aber er lebt in den natürlichen Spalten und Höhlen der Berge. Er wählt seinen Aufenthaltsort sorgfältig aus und vermeidet Höhlen, die eine weite Öffnung aufweisen, denn dort kann ein Leopard eindringen.

Schläfer

Der Klippschliefer ist in den felsigen Gebirgen nahe des Jordantals in großer Zahl zu finden. Auch in den südlichen Wüsten und rund um den See Genezareth/Gennesaret gibt es Klippschliefer. Der Kapklippschliefer ist ein Vierfüßer, der in ganz Afrika heimisch ist. Israel und Syrien sind die nördliche Grenze seines Verbreitungsgebiets. Südlich wird er bis zum Kap der Guten Hoffnung beobachtet. Die südafrikanischen Buren nennen ihn auch »slaper« (Schläfer). Letzteres deutet auf eine typische Gewohnheit des Tieres hin. Klippschliefer liegen nämlich häufig und lange Zeit zwischen den Felsbrocken, um sich zu sonnen.
In Europa sind diese Tiere unbekannt, während man sie in Afrika in großer Zahl findet. Klippschliefer sind kleine Säugetiere, etwa so groß wie ein Hase. Darüber hinaus sind sie die kleinsten und zierlichsten Huftiere, die es gibt. Sie ähneln jedoch den Nagetieren. Allerdings sind sie hinsichtlich ihres Gebisses biologisch mit Elefanten und nicht mit Nagetieren verwandt. Klippschliefer haben kräftige Mahlzähne. Ihre oberen Schneidezähne, die ständig wachsen, sind nach vorn gerichtet und ragen ein wenig aus dem Maul heraus. Die Zähne sind mit den Elefantenstoßzähnen vergleichbar, natürlich in Miniaturausführung. Klippschliefer haben eine gespaltene Oberlippe wie Hasen und Kaninchen und fast keinen Schwanz. Sie käuen ihre Nahrung wieder, und zwar mit Hilfe eines zweigeteilten Magens. Das dicht behaarte Fell reicht über die Pfoten bis zum letzten Zehenglied, wodurch der gesamte Fuß bedeckt ist. Am Fuß befinden sich keine Zehen, sondern Hufe. Die Fußsohlen sind mit Schwielenkissen versehen, wodurch der Klippschliefer auf glatten Felsen laufen und sogar fast senkrechte Wände hinaufklettern kann. Er ist ein sehr guter Springer, der mit Leichtigkeit zwei bis vier Meter breite Spalten zu überspringen vermag.

Soziales Tagtier

Der Kapklippschliefer ist ein sozial lebendes Tier. Er zeigt sich ausschließlich in großer Zahl und bildet vielköpfige Kolonien. Er ist ein Tagtier. In einer Kolonie können sich viele Klippschliefer sonnen, während einige von ihnen Wache halten. Wenn Gefahr droht, lassen sie ein durchdringendes, schrilles Flöten ertönen. Dann verschwinden die Klippschliefer rasend schnell in ihren Höhlen.
Klippschliefer verständigen sich untereinander mit den unterschiedlichsten knurrenden und gellenden Tönen, um Kontakt zu halten. Darin gleichen sie Meerschweinchen, denen Klippschliefer auch sonst sehr ähneln. In ihrem Lebensraum suchen sie zwischen den Felsspalten nach Gras und Kräutern. Aus der Luft werden sie von Raubvögeln und auf der Erde von großen Raubtieren bedroht. Aufgrund ihrer großen Wachsamkeit und schnellen Reaktion auf Gefahrsignale, die die Wache stehenden Männchen ertönen lassen, haben ihre Jäger jedoch kaum eine Chance, sie auch wirklich zu packen.
Klippschliefer sind reinliche Tiere. Sie hinterlassen ihren Urin und Kot immer an der gleichen Stelle, so daß dort regelrechte Misthaufen entstehen. Sehr alte Mistschichten enthalten Hyraceum. Das ist ein Stoff, der von manchen Eingeborenenstämmen früher für die Herstellung von Parfüm und magischen Salben verwendet wurde.

PROCAVIA CAPENSIS

Seefrosch

Wissenschaftlicher Name: Rana ridibunda
Familienname: Ranidae
Verbreitungsgebiet: Osteuropa, Mesopotamien, Iran
Deutscher Name: Seefrosch, Grüner Frosch
Biblischer Name: Frosch
Hebräischer Name: צְפַרְדֵּעַ
Griechischer Name: βάτραχος

Und ich sah aus dem Rachen des Drachen und aus dem Rachen des Tieres und aus dem Munde des falschen Propheten drei unreine Geister kommen, gleich Fröschen; es sind Geister von Teufeln, die tun Zeichen und gehen aus zu den Königen der ganzen Welt, sie zu versammeln zum Kampf am großen Tag Gottes, des Allmächtigen. (Offenbarung 16,13-14)

In der unten abgedruckten Erzählung aus 2.Mose/Exodus stellen Frösche die zweite ägyptische Plage dar. In den Psalmen 78,45 und 105,30 wird daran erinnert. Im Nil lebt eine größere Art von Fröschen als sie in Europa vorkommt. Es handelt sich um einen hellgrünen Seefrosch, der bis zu etwa 15 cm groß werden kann und eßbar ist. Er wurde im alten Ägypten als heilig verehrt, ebenso wie der Nil, in dem er lebte. Ein Gott und eine Göttin wurden mit einem Froschkopf dargestellt. Man glaubte, daß sie Anteil an der Schöpfung der Welt hätten.
In Palästina ist der Seefrosch weit verbreitet. Er wird in den Listen der unreinen Tiere zwar nicht ausdrücklich genannt, aber es heißt dort: »Was weder Flossen noch Schuppen hat, sollt ihr nicht essen; denn es ist euch unrein« (5.Mose/Deuteronomium 14,10).

In Afrika beheimatet

Israel ist ein recht trockenes Land. Aus diesem Grund sind dort nur wenige Amphibien zu finden. Angehörige der Familie der Frösche findet man nur in zwei Arten. Vermutlich ist Afrika die Wiege der Frösche, die in der ganzen Welt heimisch sind. Es gibt zehn Unterfamilien, von denen sieben in Afrika vorkommen. Fünf Arten leben sogar ausschließlich in Afrika. Der Name »Grüner Frosch« für den Seefrosch ist weit

verbreitet. Es gibt drei Arten, den Kleinen, den Mittleren und den Großen Grünen Frosch. Man vermutet, daß der Seefrosch vor langer Zeit auch in Israel heimisch war und daß er es ist, der die zweite Plage über Ägypten gebracht hat. Heute ist der Seefrosch in Afrika praktisch ausgestorben.
Frösche sind hinsichtlich ihrer Nahrung nicht wählerisch, ihre Beute muß sich nur bewegen. Jeder kleine, sich irgendwie bewegende Gegenstand veranlaßt sie zum Zuschnappen. Was sich nicht bewegt, lassen sie in Ruhe.
Die hervorstehenden und erhöht angeordneten Augen der Frösche ermöglichen ihnen ein außergewöhnlich weites Blickfeld: Der Frosch kann fast 360 Grad überschauen! Das bedeutet, daß er beinahe seine gesamte Umgebung sehen kann.
Die Zunge des Froschs befindet sich vorn im Maul und kann sehr weit herausgeschleudert werden. Dabei wird ein wenig Schleim aus der Mundhöhle mitgerissen, wodurch die Zunge klebrig ist. Auf diese Weise stellt sie einen sehr zweckmäßigen Fangapparat dar. Geduldig wartet der Frosch, bis sich ihm ein Beutetier nähert. Er ist ein passiver Jäger.

Quakkonzert

Die Seefrösche leben in Europa in Feuchtgebieten mit vielen Gräben und in großen Seen, wo sie Kolonien bilden. In der Paarungszeit kann man ihre Quakkonzerte weithin hören. Wenn die Männchen quaken, erscheinen aus Spalten hinter den Mundwinkeln zwei hellweiße Blasen, so groß wie eine Kirsche. Je länger das Quakkonzert dauert und je lauter es erklingt, um so stärker werden diese Blasen aufgepumpt.
Es macht Spaß, solch einem Froschkonzert zuzuhören. Ein einzelner Frosch beginnt mit einem tiefen »kroa... kroa... korr«. Ein zweiter antwortet mit »kroa... kroa... kwerrr«. Dann fallen die anderen in das Konzert ein, sie feuern einander an, bis die ganze Gruppe mitmacht. Die Töne, die sie erzeugen, sind sehr unterschiedlich. Auch durch andere, beliebige Geräusche kann der Grüne Frosch zum Quaken veranlaßt werden. Die Männchen einer Gruppe bewachen ein Territorium, das sie durch einen besonderen Ruf abgrenzen. Wenn ein Rivale in dieses Gebiet eindringt, führt dies häufig zum Kampf. Die

RANA
RIDIBUNDA

Tiere greifen den anderen mit ihrem Maul und den
Gliedmaßen an und versuchen, ihn unter die Wasseroberfläche zu drücken.

Frösche sind Amphibien, d.h. Tiere, die sowohl im
Wasser als auch auf dem Land leben können, wenn
sie ausgewachsen sind. Sie atmen mit Lungen, doch
sind sie auch in der Lage, durch die Haut Sauerstoff
aufzunehmen. Drüsen scheiden einen Stoff aus, der
ein Austrocknen der Haut verhindert. Dennoch
benötigen sie ein feuchtes Klima und ziehen eine kühle
Umgebung vor. Sie führen weitgehend ein nächtli-
ches Dasein. Frösche sind wechselwarme Tiere. Ihre
Körpertemperatur hängt von der Umgebungstemperatur ab.

Die zweite ägyptische Plage

*Der Herr sprach zu Mose: »Geh hin zum Pharao und sage
zu ihm: ›So spricht der Herr: Laß mein Volk ziehen, daß
es mir diene! Wenn du dich aber weigerst, siehe, so will ich
dein ganzes Gebiet mit Fröschen plagen, daß der Nil von
Fröschen wimmeln soll. Die sollen heraufkriechen und in
dein Haus kommen, in deine Schlafkammer, auf dein Bett,
auch in die Häuser deiner Großen und deines Volks, in
deine Backöfen und in deine Backtröge; ja, die Frösche
sollen auf dich selbst und auf dein Volk und auf alle deine
Großen kriechen.‹«*

*Und der Herr sprach zu Mose: »Sage Aaron: ›Recke deine
Hand aus mit deinem Stabe über die Ströme, Kanäle und
Sümpfe und laß Frösche über Ägyptenland kommen.‹« Und
Aaron reckte seine Hand aus über die Wasser in Ägypten,
und es kamen Frösche herauf, so daß Ägyptenland bedeckt
wurde. Da taten die Zauberer ebenso mit ihren Künsten
und ließen Frösche über Ägyptenland kommen.*

Da ließ der Pharao Mose und Aaron rufen und sprach:
*»Bittet den Herrn für mich, daß er die Frösche von mir und
von meinem Volk nehme, so will ich das Volk ziehen
lassen, daß es dem Herrn opfere.« Mose sprach: »Bestimme
über mich in deiner Majestät, wann ich für dich, für deine
Großen und für dein Volk bitten soll, daß bei dir und in
deinem Haus die Frösche vertilgt werden und allein im Nil
bleiben.« Er sprach: »Morgen.« Mose antwortete: »Ganz
wie du gesagt hast; auf daß du erfahrest, daß niemand ist
wie der Herr, unser Gott. Die Frösche sollen von dir, von
deinem Hause, von deinen Großen und von deinem Volk
weichen und allein im Nil übrigbleiben.« So gingen Mose
und Aaron vom Pharao.*

*Und Mose schrie zu dem Herrn wegen der Frösche, wie er
dem Pharao zugesagt hatte. Und der Herr tat, wie Mose
gesagt hatte, und die Frösche starben in den Häusern, in
den Höfen und auf dem Felde. Und man häufte sie zusammen, hier einen Haufen und da einen Haufen, und das Land
stank davon. Als aber der Pharao merkte, daß er Luft
gekriegt hatte, verhärtete er sein Herz und hörte nicht auf
sie, wie der Herr gesagt hatte. (2.Mose/Exodus 7,26–8,11)*

Alexandriner Hausratte

Wissenschaftlicher Name:	Rattus rattus alexandrinus
Familienname:	Muridae
Verbreitungsgebiet:	weltweit in gemäßigten Breiten
Deutscher Name:	Alexandriner Hausratte
Biblischer Name:	Ratte
Hebräischer Name:	חֲפַרְפָּרָה
Griechischer Name:	μάταιος

Die Menschen müssen sich in Felshöhlen und Erdlöchern verkriechen aus Angst vor dem Herrn und seiner Macht und Hoheit, wenn er aufsteht und die Erde in Schrecken versetzt! An dem Tag wird jeder seine silbernen und goldenen Götterbilder, die er sich gemacht hat, den Fledermäusen und Ratten hinwerfen. Die Menschen werden sich in Höhlen und Felsspalten verkriechen aus Angst vor dem Herrn und seiner Macht und Hoheit, wenn er aufsteht und die Erde in Schrecken versetzt. (Jesaja 2,19-21; GuNa)

Der hebräische Begriff »ḥaparparah« kommt in der Bibel nur an der oben zitierten Stelle vor; er bezeichnet ein grabendes Tier, einen Maulwurf (so übersetzt Luther) oder eben eine Ratte (so neben der Bibel in heutigem Deutsch auch die Einheitsübersetzung): Die Menschen, die sich am Tag des Herrn in Felshöhlen und Erdlöcher flüchten, überlassen ihre einstmals hoch verehrten Götterbilder den Fledermäusen und Ratten. Der Begriff »mataios« (nichtig, eitel), den die griechische Übersetzung des Alten Testaments hier eingefügt hat, ist ein Ersatzwort, der das Geschehen deutet: die Götterbilder werden der Nichtigkeit anheimgegeben, der sie eigentlich immer schon angehörten.

Sicher ist, daß Ratten im biblischen Israel zu finden waren. Die Alexandriner Hausratte ist ursprünglich in Südostasien zu Hause, wo sie im Freien lebt. Obgleich sie bereits vor der Eiszeit in Westeuropa vorkam, hat sie der Mensch hauptsächlich durch den Schiffsverkehr in der ganzen Welt verbreitet. Wahrscheinlich wurde die Alexandriner Hausratte auf den Schiffen der Kreuzfahrer mitgebracht, die im 11. bis 13. Jahrhundert aus dem Heiligen Land heimkehrten. In England tauchte sie im 13. Jahrhundert auf; in Amerika war sie erst einige Jahrhunderte später, um 1540, zu finden.

Schädliche Kostgänger

Die Hausratte (Rattus rattus) hat im Laufe der Jahrhunderte verschiedene Unterarten ausgebildet, zu denen auch die Alexandriner Hausratte zählt. In den warmen Regionen Südostasiens, Südeuropas und Nordafrikas kann man sie nicht nur in der Nähe menschlicher Ansiedlungen oder in den Häusern finden, sondern auch im Freien. In Europa wurde die Hausratte zwar bereits vor Tausenden von Jahren heimisch, später kamen jedoch eher Wanderratten vor, deren Anpassungsvermögen besser entwickelt ist. Hausratten klettern gern und gut. In freier Natur kann man sie häufig in Bäumen finden, wo sie auch ihre Nester haben. Sie fressen Samen, Früchte und grüne Pflanzenteile. Überall in der Welt dringen sie jedoch auch in Häuser ein. Sie bauen ihre Nester aus Papier und Textilabfällen meist auf Dachböden und anderen Räumen unter den Dächern und ernähren sich von gelagerten Lebensmitteln, wodurch sie große Schäden anrichten. Gefürchtet sind sie auch als Überträger von Krankheiten wie z.B. der Pest.

Rasche Vermehrung

In allen Städten Europas war die Hausratte am verbreitetsten. Sie hat sich dort bis zur zweiten Hälfte des 19. Jahrhunderts gehalten, dann ging ihre Zahl zurück. Zwar sind einige Forscher der Ansicht, daß sie von der Wanderratte verdrängt wurde, aber das ist unwahrscheinlich, denn die beiden Arten machen einander keine Konkurrenz. Die Hausratte lebt hauptsächlich in Häusern, sie hält sich in trockener Umgebung auf. Die Wanderratte liebt es feucht; sie hat sich erst nach dem Bau der Kanalisation in den Städten massenhaft ausgebreitet. In Wohngebieten hält sie sich in Kellern und im Souterrain der Häuser auf, wo sie jedoch ebenfalls sehr schädlich sein kann. Der Rückgang der Hausratte hängt in erster Linie mit der Änderung des Lebensraums dieser Tiere zusammen. Die Lebensgewohnheiten des Menschen haben sich im letzten Jahrhundert erheblich verändert und verbessert. Die Lagerstätten für Lebensmittel, in die Ratten früher problemlos eindringen konnten, sind

für sie schwer zugänglich geworden. Dadurch konnten sie nicht mehr so leicht an Nahrung gelangen. Außerdem ist man den Ratten auch durch massiven Einsatz von Fallen und Gift zu Leibe gerückt. In vielen Gebieten ist die Hausratte nur noch in den Hafenstädten zu finden, wo sie relativ günstige Bedingungen vorfindet.

Die Ausbreitung von Ratten geht sehr rasch vonstatten. Sie pflanzen sich das ganze Jahr über fort, hauptsächlich aber in den Sommermonaten. Die Hausratte richtet für den Wurf der Jungen ein Nest aus allem trockenen Material her, dessen sie habhaft werden kann: Stroh, Wolle, Papier und Lumpen. Nach einer Tragzeit von 20 bis 24 Tagen wirft das Weibchen 6 bis 12 Junge. Das kann vier- bis fünfmal pro Jahr geschehen. In Gefangenschaft bekommen die Weibchen manchmal siebenmal im Jahr Junge. Die jungen Ratten sind kahl, blind und völlig hilflos. Nach zwei Wochen öffnen sie ihre Augen, und wenn sie drei Wochen alt sind, verlassen sie bereits das Nest.

Große Hufeisennase

Wissenschaftlicher Name: Rhinolophus ferrum-
                                    equinum
Familienname: Chiroptera
Verbreitungsgebiet: Mitteleuropa bis Nord-
                                    westafrika, Mittelmeer-
                                    gebiet ostwärts bis Japan
Deutscher Name: Große Hufeisennase
Biblischer Name: Fledermaus
Hebräischer Name: עֲטַלֵּף
Griechischer Name: νυκτερίς

RHINOLOPHUS FERRUMEQUINUM

Die Fledermaus wird in der Bibel außer in der im vorhergehenden Abschnitt über die Ratte (siehe S. 130) zitierten Stelle in Jesaja 2,20 nur noch in der Liste der unreinen Tiere erwähnt (siehe auch 5.Mose/ Deuteronomium 14,18).

Das Land der Bibel ist reich an allen Arten von Fledermäusen. Diese merkwürdigen Säugetiere haben dort eine andere Lebensweise als ihre Artgenossen in den gemäßigten Regionen. In Palästina halten Fledermäuse keinen Winterschlaf, und sie ziehen im Winter auch nicht fort. Das Klima im Mittleren Osten ist für sie sehr günstig; allerdings kann man gerade dort im Sommer Zugbewegungen feststellen. Dann machen sich diese Nachttiere in Bergregionen auf, manchmal sogar in angrenzende Nachbarländer. Man nimmt an, daß dies mit der langen Trockenzeit in den Sommer-monaten zusammenhängt, in denen das Nahrungsan-gebot knapper wird.

Im Jordantal und in den Hügelregionen sind alle

Unter den Vögeln sollt ihr folgende verabscheuen – man darf sie nicht essen, sie sind abscheulich: Aasgeier, Schwarzgeier, Bartgeier, den Storch, die verschiedenen Reiherarten, Wiedehopf und Fledermaus.
(3.Mose/Levitikus 11,13.19; Einh)

Höhlen von einer Vielzahl von Fledermäusen be-wohnt. Tagsüber halten sich dort manchmal Hunder-te von ihnen auf. Gegen Abend kommen sie zum Vorschein. Die meisten Fledermausarten sind Insek-tenfresser.

Besondere Aufenthaltsorte

Fledermäuse sind die einzigen Säugetiere, die fliegen können. Sie haben einen ganz eigenen, darauf spezialisierten Körperbau und unterscheiden sich auch sonst in mancherlei Hinsicht von den anderen Säugetieren. So haben Fledermäuse z.B. keine gleichmäßige Körpertemperatur; sie nehmen in etwa die Umgebungstemperatur an. Wenn die Nahrung knapp wird, vermeiden sie jegliche Aktivität und sparen auf diese Weise Fettreserven.

Fledermäuse stellen hohe Anforderungen an ihre Schlafplätze; die Höhlen müssen eine bestimmte Lage und Größe aufweisen, und auch die Form, die Temperatur und die Feuchtigkeit müssen ihren Bedürfnissen entsprechen. Letzteres ist in erster Linie deshalb wichtig, damit ihre dünnen, verletzlichen Flügel nicht beschädigt werden.

In England gab es im 19. Jahrhundert sehr große Kolonien Großer Hufeisennasen in Kathedralen und Tunnels. Man vermutet, daß diese Tiere zunächst vor allem die natürlichen Kalkgrotten als Tagesaufenthalt benutzten. Erst später haben sie dann auch die Kathedralen in Beschlag genommen, aus denen sie von den Menschen aber wieder verjagt wurden. Auch die Höhlenwohnungen bieten ihnen inzwischen keine ungestörte Ruhe mehr.

Im Jahr 1970 wurde diese Fledermausart unter gesetzlichen Schutz gestellt. Von den vielen tausend Tieren, die noch vor einem Jahrhundert in England lebten, ist kaum ein Dutzend geblieben. Auf dem europäischen Festland haben sie es auch nicht besser gehabt. In Deutschland stellen die Höhlen der Schwäbischen Alb ideale Aufenthaltsplätze für die Fledermäuse dar, aber der Bestand ist dennoch stark zurückgegangen – vor allem infolge der Vernichtung der größeren Fluginsekten durch die Landwirtschaft. Im Bereich des Regierungspräsidiums Tübingen vollzog sich z.B. zwischen 1930 und 1980 ein Rückgang von ca. 70%.

In Südeuropa sind die Fledermäuse noch recht häufig, dort haben sie mehr Möglichkeiten zu überleben und werden offensichtlich auch weniger gestört.

Echolot

Fledermäuse haben eine große Flughaut, die zwischen den verlängerten Fingern der vorderen Extremitäten und den kleineren hinteren Extremitäten ausgespannt ist. Bei den meisten Arten erstreckt sich diese Flughaut bis zum Schwanz. Mit Hilfe dieser großen Flughaut können Fledermäuse außerordentlich gut fliegen. Sie sind äußerst wendig und fliegen rasch und geschickt hinter ebenso wendigen Fluginsekten her, die sie in der Dämmerung und nachts jagen. Durch ihre Fähigkeit zu fliegen, haben Fledermäuse die ganze Welt erobert. Nur in den Polarregionen können sie nicht überleben. Die meisten Fledermäuse findet man in den Tropen, wo auch das Nahrungsangebot für sie am üppigsten ist.

Das Sehvermögen dieser dämmerungsaktiven Tiere ist kaum entwickelt. Dennoch können sie sogar in absoluter Dunkelheit sicher fliegen, ohne auch nur das kleinste Hindernis zu berühren. Lange Zeit hat man dies nicht zu erklären gewußt. Inzwischen ist jedoch bekannt, wie ihr Orientierungsvermögen funktioniert. Die Tiere stoßen Hochfrequenztöne aus, die für den Menschen nicht mehr hörbar sind. Diese Töne werden von Gegenständen zurückgeworfen und von der Fledermaus wieder aufgenommen. Dieses sogenannte »Echolot« versetzt die Fledermäuse in die Lage, in der Dunkelheit selbst dünnen Drähten auszuweichen; niemals werden sie – wie Versuche gezeigt haben – mit Telefon- oder elektrischen Leitungen kollidieren. Durch dieses »akustische Sehen« sind die Fledermäuse auch in der Lage, zwischen einem Hindernis zu unterscheiden, dem sie ausweichen müssen, und einer Beute, die sie fangen können.

Afrikanische Wanderheuschrecke

Wissenschaftlicher Name: Schistocerca gregaria
Familienname: Catantopidae
Verbreitungsgebiet: Nordafrika, Vorderasien
Deutscher Name: Afrikanische Wanderheuschrecke
Biblischer Name: Heuschrecke
Hebräischer Name: אַרְבֶּה
Griechischer Name: ἀκρίς

Vier sind die Kleinsten auf Erden und doch klüger als die Weisen: … die Heuschrecken – sie haben keinen König, dennoch ziehen sie aus in Ordnung.
(Sprüche/Sprichwörter 30,24.27)

Die Heuschrecke ist für uns kein Insekt, vor dem wir uns fürchten müßten oder an das wir stets zu denken hätten. In Vorderasien und Afrika ist das jedoch anders. Eine Heuschreckenplage sollte einst den Pharao in die Knie zwingen, damit er die Israeliten ziehen ließ (siehe den unten abgedruckten Text). In unvorstellbar großer Zahl kamen die Wanderheuschrecken zusammen mit einem starken Ostwind nach Ägypten.

Auch heute treten immer wieder Wanderheuschrecken auf, so wie in 2.Mose/Exodus beschrieben. Es gibt zwar auch zahlreiche Arten, die kaum Schäden anrichten, doch um so schlimmer sind die Schäden, die durch die Gruppe der Wanderheuschrecken entstehen. Ein Wanderheuschreckenschwarm ist ein beängstigender Anblick. Die Tiere tauchen wie eine riesige Rauchwolke am Horizont auf. Eine solche Wolke verdüstert den Himmel, es wird dunkel wie in der Nacht, die Sonne kann die dichte Masse der Tiere nicht durchdringen. Rasch ist das Land von den springenden Insekten übersät. Grasland und Äcker werden in unvorstellbarer Geschwindigkeit kahlgefressen, und die Ernte wird zerstört, was unausweichlich eine Hungersnot zur Folge hat. In biblischer Zeit kannte man keinerlei Mittel, sich gegen diese Tiere zur Wehr zu setzen.

Insgesamt gibt es neun verschiedene hebräische Wörter für die Heuschrecke. Sie bezeichnen wahrscheinlich verschiedene Arten (so z.B. in der Liste der unreinen Tiere 3.Mose/Levitikus 11,21-22) und Entwicklungsphasen (so z.B. in Joël 1,4).

Vielfraße

Die Afrikanische Wanderheuschrecke hat kurze Fühler, schmale, harte Vorderflügel und große Hinterflügel. Diese können im Ruhezustand fächerförmig aufgefaltet und unter die Vorderflügel geschoben werden. Heuschrecken fliegen mit den hinteren Flügeln, die durchsichtig wie Glas und silbrig glänzend sind. Die Hinterbeine weisen lange, kräftige Schenkel auf. Damit können die Tiere große Sprünge vollführen. Das Heuschreckenmännchen erzeugt einen schnarrenden Ton.

Wanderheuschrecken legen ihre Eier in Eikapseln, einer Umhüllung für mehrere Eier. Im feuchten Erdboden entwickeln sich daraus schwarze Larven. Nach einer Häutung werden sie grünlich; in diesem Stadium können sie bereits große Schäden anrichten. Nach einer erneuten Häutung sind die Flügelstümpfe erkennbar, und nach der sechsten Häutung ist die Heuschrecke ausgewachsen. Die Afrikanische Wanderheuschrecke hat dann einen fleischfarbenen Körper. Forschungen haben gezeigt, daß das Schwärmen der Heuschrecken mit der Regenzeit in Zusammenhang steht.

Die Wanderheuschrecke ist ein Vielfraß; sie benötigt täglich etwa ihr eigenes Körpergewicht an Nahrung. Ausgewachsene Tiere sind 5 bis 7 cm lang. In einem Schwarm wird die Zahl der Tiere auf 35 Millionen geschätzt. Es sind allerdings schon Schwärme beobachtet worden, wo sie wohl das Doppelte betrug. Man hat Wanderheuschreckenwolken gesehen, die die Erde auf einer Fläche von 1000 Quadratkilometern bedeckten.

»Kluge« Tiere

Die Afrikanische Wanderheuschrecke ist in Nordafrika und Vorderasien zu Hause. Sengende Hitze, die direkt über dem Erdboden am größten ist, kann ihr nichts anhaben. Wenn die Tageshitze am größten ist, richtet sich die Heuschrecke zur Sonne aus, um eine möglichst kleine Fläche der Sonnenstrahlung auszusetzen. Darüber hinaus hebt sie ihren Körper ein wenig vom Erdboden ab, wodurch die Luft darunter zirkulieren kann und die hohe Bodentemperatur vermieden wird. Nach den zuweilen sehr kalten Nächten in der Wüste sind die Flugmuskeln steif; dann richten sich die Heuschrecken seitlich zur Sonne aus, um sich möglichst rasch aufzuwärmen.

Aufgrund ihrer großen Zahl sind die Heuschrecken große Schädlinge, doch in biblischer Zeit waren sie auch von Nutzen. Man hat sie sogar gegessen, wie das Beispiel Johannes des Täufers belegt. Der Genuß von Heuschrecken war den Israeliten ausdrücklich erlaubt. In 3.Mose/Levitikus 11,21-22 heißt es: »Dies dürft ihr essen von allem, was sich regt und Flügel hat und auf vier Füßen geht: was oberhalb der Füße noch zwei Schenkel hat, womit es auf Erden hüpft. Von diesen könnt ihr essen die Heuschrecken, als da sind: den Arbe mit seiner Art, den Solam mit seiner Art, den Hargol mit seiner Art und den Hagab mit seiner Art.« – Heuschrecken wurden gegessen, indem man sie nach dem Entfernen von Kopf, Flügeln und Beinen fein mahlte und mit Honig vermischte. Aus dieser Masse wurde dann eine Art Brot gebacken. Außerdem wurden Heuschrecken in Salzwasser gekocht oder geröstet – ähnlich wie wir es mit Garnelen tun. Auch heute essen viele der Sahel-Völker Wanderheuschrecken roh oder gegrillt.

Die achte ägyptische Plage

Da sprach der Herr zu Mose: »Recke deine Hand über Ägyptenland, daß Heuschrecken auf Ägyptenland kommen und alles auffressen, was im Lande wächst, alles, was der Hagel übriggelassen hat.« Mose streckte seinen Stab über Ägyptenland, und der Herr trieb einen Ostwind ins Land, den ganzen Tag und die ganze Nacht. Und am Morgen führte der Ostwind die Heuschrecken herbei. Und sie kamen über ganz Ägyptenland und ließen sich nieder überall in Ägypten, so viele, wie nie zuvor gewesen sind noch hinfort sein werden. Denn sie bedeckten den Erdboden so dicht, daß er ganz dunkel wurde. Und sie fraßen alles, was im Lande wuchs, und alle Früchte auf den Bäumen, die der Hagel übriggelassen hatte, und ließen nichts Grünes übrig an den Bäumen und auf dem Felde in ganz Ägyptenland.
Da ließ der Pharao eilends Mose und Aaron rufen und sprach: »Ich habe mich versündigt an dem Herrn, eurem Gott, und an euch. Vergebt mir meine Sünde nur noch diesmal und bittet den Herrn, euren Gott, daß er doch diesen Tod von mir wegnehme.« Und Mose ging hinaus vom Pharao und betete zum Herrn. Da wendete der Herr den Wind, so daß er sehr stark aus Westen kam; der hob die Heuschrecken auf und warf sie ins Schilfmeer, daß nicht eine übrigblieb in ganz Ägypten. Aber der Herr verstockte das Herz des Pharao, daß er die Israeliten nicht ziehen ließ.
(2.Mose/Exodus 10,12-20)

Gerichtsankündigung

Was die Raupen übriglassen, das fressen die Heuschrecken, und was die Heuschrecken übriglassen, das fressen die Käfer, und was die Käfer übriglassen, das frißt das Geschmeiß. Wacht auf, ihr Trunkenen, und weinet, und heult, alle Weinsäufer, um den süßen Wein; denn er ist euch vor eurem Munde weggenommen! Denn es zieht herauf in mein Land ein Volk, mächtig und ohne Zahl; das hat Zähne wie die Löwen und Backenzähne wie die Löwinnen. Es verwüstet meinen Weinstock und frißt meinen Feigenbaum kahl, schält ihn ganz und gar ab, daß seine Zweige weiß dastehen. Heule wie eine Jungfrau, die Trauer anlegt um ihres Bräutigams willen! Denn Speisopfer und Trankopfer gibt es nicht mehr im Hause des Herrn, und die Priester, des Herrn Diener, trauern. Das Feld ist verwüstet und der Acker ausgedörrt; das Getreide ist verdorben, der Wein steht jämmerlich und das Öl kläglich. (Joël 1,4-10)

Johannes der Täufer

Er aber, Johannes, hatte ein Gewand aus Kamelhaaren an und einen ledernen Gürtel um seine Lenden; seine Speise aber waren Heuschrecken und wilder Honig.
(Matthäus 3,4)

Türkentaube

Wissenschaftlicher Name: Streptopelia decaocto
Familienname: Columbidae
Verbreitungsgebiet: Europa, Sudan, Südasien
Deutscher Name: Türkentaube
Biblischer Name: Turteltaube
Hebräischer Name: תּוֹר
Griechischer Name: τρυγών

Die Blumen sind aufgegangen im Lande, der Lenz ist herbeigekommen, und die Turteltaube läßt sich hören in unserm Lande. (Hoheslied 2,12)

Im biblischen Israel war die Turteltaube bekannt, und auch heute leben dort noch einige Arten. Eine davon ist die Türkentaube. Die Gemeine Turteltaube, die auch überall in Europa zu finden ist, lebt in Israel als Sommergast. Bis vor kurzem war dort auch die Senegalesische Turteltaube zu finden. Weil die Türkentaube als Standvogel in Israel heimisch ist, war es vermutlich diese Art, die auch als Opfertier diente (siehe auch Felsentaube, S. 54-55). Die Gemeine Turteltaube hält sich dagegen nur in einem Teil des Jahres dort auf. Die Türkentaube hat in den letzten 40 Jahren ihren Lebensraum auf ganz Europa ausgedehnt; das ist eine auffallende Entwicklung. Zu Beginn dieses Jahrhunderts war die Türkentaube in Europa noch unbekannt; nach dem Zweiten Weltkrieg hat sie unseren Kontinent vollständig kolonisiert. An zahlreichen Stellen ist sie in so großer Zahl zu finden, daß sie schon eine Belästigung darstellt.

Zug nach Westen

Die Türkentaube ist ein geschickter Kostgänger des Menschen. Sie siedelt sich gern in der Nähe von Geflügelzuchtbetrieben oder dort an, wo Getreide verladen wird. Ihre ursprüngliche Heimat ist Vorderindien. Von hier aus breitete sie sich zunächst bis Persien und Vorderasien aus. Von den Türken wurde sie gern als Haustier gehalten, und die Türken brachten sie auf ihren Eroberungszügen auch nach Europa mit.

Um 1700 erreichte die Türkentaube den Balkan. Bis 1925 blieb es dabei. Dann jedoch begann eine vorsichtige Ausbreitung nach Nordwesten hin; diese hat sich bis nach Island erstreckt, wo 1970 die erste Türkentaube beobachtet wurde. Der zahlenmäßige Anstieg ist bemerkenswert. In Großbritannien brüteten 1964 etwa 3000 Paare, rund 10 Jahre später waren es schätzungsweise bereits 30-40000! In vierzig Jahren hat diese Taube eine Fläche von etwa 2,5 Millionen Quadratkilometern besiedelt.

Großbritannien erreichte die Türkentaube erst 1955. Die Zugbewegung nach Westen hin hält immer noch an. Man hat, mehr als 80 km von den Britischen Inseln entfernt, erschöpfte Vögel gefunden, und es ist nicht ausgeschlossen, daß die Türkentaube auch Amerika erreichen wird, wenn günstige Winde und Witterungsumstände mitspielen. Die Verbreitungskarte zeigt, daß die Türkentaube einen breiten Streifen um die Erdkugel herum von der Küste im Fernen Osten bis zur Westküste Großbritanniens besetzt hat. Sie verfügt über ein beträchtliches Anpassungsvermögen und hat dies in den letzten 50 Jahren auch eindeutig unter Beweis gestellt.

Türkentauben bleiben einander auch außerhalb der Brutzeit treu. Ihr Balzverhalten beginnt schon früh im Jahr und dauert bis in den Dezember hinein. Sie brüten vier- bis fünfmal zwei Eier aus. Die Tauben bauen ihr Nest am liebsten in Nadelbäumen, wo man folglich fast die Hälfte der Nester finden kann.

Wie andere Taubenarten machen auch Türkentauben meist nicht viel Aufhebens um ihr wackliges Bauwerk. Eine interessante Ausnahme wurde 1986 im Dorf Oene in den Niederlanden beobachtet: Dort wurde ein Türkentaubennest gefunden, das ausschließlich aus Eisendraht und Betonnadeln bestand. In der Nähe hatte jemand, der beim Bau tätig ist, eine Einfahrt mit Eisenabfällen befestigt. Die Tauben haben anstelle dünner Zweige, wie es sonst ihre Gewohnheit ist, dieses Material verwendet. Nachdem die Jungen ausgeflogen waren, haben die Tauben ein neues Nest gebaut – wieder aus Eisenabfällen.

Die Turteltaube

Die Gemeine Turteltaube (Streptopelia turtur), die in Europa heimisch ist, ist in Israel mit einer Unterart vertreten. Dabei handelt es sich um einen hübschen Vogel mit weinrotem Hals und ebensolcher Brust. Rücken und Schwanz sind isabellfarben. In Palästina ist diese Taube einer der ersten Sommervögel; wenn die Turteltaube zurückgekehrt ist, fängt der Frühling an, die Zeit des Gesangs, wie es im Hohelied heißt. Sie kommt und geht zu festgelegten Zeiten. So heißt es auch in Jeremia 8,7: »Der Storch unter dem Himmel weiß seine Zeit, Turteltaube, Kranich und Schwalbe halten die Zeit ein, in der sie wiederkommen sollen; aber mein Volk will das Recht des Herrn nicht wissen.« Im Sommer kann man überall in Israel in Sträuchern und Hecken das sanfte Gurren dieser Tauben vernehmen.

Tauben wurden nicht nur als Opfer dargebracht. Die Israeliten haben sie auch gerne gegessen. In Nehemia 5,18 kann man nachlesen, was für einen einzigen Tag zu essen vorbereitet wurde. In diesem Zusammenhang wird auch Geflügel erwähnt. Man nimmt an, daß es sich dabei um Tauben handelte. Diese wurden in jener Zeit bereits als Haustiere in einer Art Taubenschlag gehalten. Auf diese Weise standen dem Menschen täglich Tauben zur Verfügung.

Syrischer Strauß

Wissenschaftlicher Name: Struthio camelus syriacus
Familienname: Struthionidae
Verbreitungsgebiet: ausgestorben
Deutscher Name: Strauß
Biblischer Name: Strauß
Hebräischer Name: בַּת הַיַּעֲנָה
Griechischer Name: στρουθός

So soll Babel, das schönste unter den Königreichen, die herrliche Pracht der Chaldäer, zerstört werden von Gott wie Sodom und Gomorra, daß man hinfort nicht mehr da wohne noch jemand da bleibe für und für, daß auch Araber dort keine Zelte aufschlagen noch Hirten ihre Herden lagern lassen, sondern Wüstentiere werden sich da lagern, und ihre Häuser werden voll Eulen sein; Strauße werden da wohnen, und Feldgeister werden da hüpfen, und wilde Hunde werden in ihren Palästen heulen und Schakale in den Schlössern der Lust. (Jesaja 13,19-22)

Wie der oben abgedruckte Text zeigt, gehört der Strauß zusammen mit Schakalen, Eulen und anderen unheimlichen Tieren zu den Bewohnern verwüsteter Landstriche (siehe auch Jesaja 34,13). Wie der unten abgedruckte Text aus dem Hiobbuch zeigt, gilt er zugleich als dumm und erbarmungslos.
Um etwa 1880 war der Syrische Strauß in der Syrischen Wüste noch weit verbreitet. Vermutlich ist sein Verbreitungsgebiet früher sehr viel größer gewesen: Er lebte im Gebiet des Euphrat, in Arabien und im Iran. Die letzten Exemplare in diesem Gebiet wurden 1948 geschossen. Der Syrische Strauß unterschied sich erheblich vom Äthiopischen (Struthio camelus camelus). Unter den wildlebenden Arten lieferte der Syrische Strauß die besten Federn.

Seltsames Brutverhalten

Das Brutverhalten der Strauße ist ungewöhnlich. Der Hahn ist Herr eines großen Territoriums und sucht sich einen Harem aus fünf oder sechs Hennen. Eine von ihnen, die Haupthenne, kratzt an einer geeigneten Stelle eine Höhlung in die Erde. Dieses primitive Nest hat einen Durchmesser von fast einem Meter. Darin legt die Haupthenne ihre Eier. Dann gibt sie den anderen Hennen Gelegenheit, ihre Eier in das gleiche Nest zu legen. Die Nebenhennen dürfen allerdings nicht brüten. Diese Aufgabe übernimmt vielmehr die Haupthenne abwechselnd mit dem Hahn. Der Hahn brütet vom späten Nachmittag bis zum frühen Vormittag des nächsten Tages; die Henne brütet in der restlichen Zeit.
Weil zuweilen fünf oder sechs Hennen ihre Eier in das gleiche Nest legen, werden es einfach zu viel: etwa 30 bis 40 Stück können zusammenkommen. Weil sie nicht alle bebrütet werden können, werden meist nicht mehr als etwa 15 Eier wirklich ausgebrütet. Ein Straußenei wiegt etwa 1,5 kg.

Seltsame Vögel

Strauße sind die größten Vögel der Erde. Obgleich lange Zeit intensiv bejagt, ist der Strauß in den großen Naturschutzgebieten Afrikas noch weit verbreitet. In Israel kommt er in freier Wildbahn allerdings nicht mehr vor. Im südlichen Hai-Bar Nationalpark (siehe auch S. 154-156) konnte er jedoch wieder eingebürgert werden.
Der Strauß hat sich besonders gut an das Leben in Halbwüsten und Savannen angepaßt. Aufgrund seiner Größe fällt er dort schon von weitem auf. Fliegen kann der Strauß nicht, er ist daher großen Gefahren

STRUTHIO CAMELUS
CAMELUS

ausgesetzt. Allerdings verfügt er über kräftige und gut entwickelte Laufbeine. Der Strauß ist der einzige Vogel, der nur zwei Zehen hat. Diese Zehen sind mit dicken Kissensohlen ausgestattet, wodurch es dem Vogel möglich ist, rasch und leicht in nachgiebigem Sand zu laufen. Mit seinen kräftigen Beinen kann sich der Strauß auch gut verteidigen, wenn es notwendig ist.

Strauße traben ebenso schnell wie eine Gazelle und können Geschwindigkeiten von etwa 60 km/h erreichen. Sie sind beim Traben sehr ausdauernd und entkommen dadurch den meisten ihrer Feinde. Sie ziehen in großen Herden durch Halbwüsten und Grassteppen, immer auf der Suche nach Nahrung, die sowohl pflanzlichen als auch tierischen Ursprungs sein kann. Ihr Seh- und Hörvermögen ist gut entwickelt. Daher haben sie sich trotz ihrer natürlichen Feinde halten können; nur der Mensch hat die Strauße an vielen Stellen ausgerottet. Die prächtigen Schmuckfedern wurden ihnen zum Verhängnis, da sich der Mensch selbst damit schmücken wollte.

Die Straußin

Der Fittich der Straußin hebt sich fröhlich; aber ist's ein Gefieder, das sorgsam birgt? Läßt sie doch ihre Eier auf der Erde liegen zum Ausbrüten auf dem Boden und vergißt,

daß ein Fuß sie zertreten und ein wildes Tier sie zerbrechen kann! Sie ist so hart gegen ihre Jungen, als wären es nicht ihre; es kümmert sie nicht, daß ihre Mühe umsonst war. Denn Gott hat ihr die Weisheit versagt und hat ihr keinen Verstand zugeteilt. Doch wenn sie aufgescheucht wird, verlacht sie Roß und Reiter. (Hiob/Ijob 39,13-18)

Struthio camelus camelus

Wildschwein

Wissenschaftlicher Name: Sus scrofa
Familienname: Suidae
Verbreitungsgebiet: Europa, Nordafrika, Asien
Deutscher Name: Wildschwein
Biblischer Name: Schwein
Hebräischer Name: חֲזִיר
Griechischer Name: χοῖρος

Der Herr spricht: »Ich streckte meine Hände aus den ganzen Tag nach einem ungehorsamen Volk, das nach seinen eigenen Gedanken wandelt auf einem Wege, der nicht gut ist; nach einem Volk, das mich beständig ins Angesicht kränkt: sie opfern in den Gärten und räuchern auf Ziegelsteinen, sie sitzen in Gräbern und bleiben über Nacht in Höhlen, essen Schweinefleisch und haben Greuelsuppen in ihren Töpfen und sprechen: ›Bleib weg und rühr mich nicht an, denn ich bin für dich heilig.‹ Die sollen ein Rauch werden in meiner Nase, ein Feuer, das den ganzen Tag brennt.« (Jesaja 65,2-5)

In Palästina leben Wildschweine der großen und kräftig gebauten europäischen Rasse. In den Sümpfen und im Krüppelholz des Jordantals sowie in den Wäldern auf dem Karmel sind sie bis heute zu finden. Die Israeliten durften zahme Schweine und Wildschweine nicht essen. In 3.Mose/Levitikus 11 heißt es: »... das Schwein (soll euch unrein sein), denn es hat wohl durchgespaltene Klauen, ist aber kein Wiederkäuer« (3.Mose/Levitikus 11,7). Das Schwein war für die Israeliten nicht nur unrein, es galt auch als Symbol für Schmutz und Grobheit.
In neutestamentlicher Zeit wurde das Schwein in den hellenistischen Gebieten Palästinas als Haustier gehalten. Damals wurde der konsequente Verzicht auf Schweinefleisch als Speise und Opfergabe zum Zeichen des Bekenntnisses zum Judentum. Vor diesem Hintergrund zeigt das Schweinehüten des verlorenen Sohnes (siehe den unten abgedruckten Text), wie tief dieser heruntergekommen war.
Im Kulturland richten Wildschweine durch das Vertilgen von Feldfrüchten und Brechen (Wühlen) in den Äckern häufig beträchtlichen Schaden an. In Psalm 80,14 heißt es von dem Weinstock, der hier symbolisch für Israel steht: »Es haben ihn zerwühlt die wilden Säue und die Tiere des Feldes ihn abgeweidet.« Damals gab es in Israel zahlreiche Wildschweine; sie waren – genauso wie in Europa – echte Waldbewohner. Im Laufe der Jahrhunderte wurden diese Tiere stark bejagt und haben sich allmählich in die Sumpfgebiete zurückgezogen. Im modernen Israel sind Sümpfe allerdings trockengelegt worden, so daß die Schweine wieder in die Wälder zurückgekehrt sind, aus denen sie ursprünglich kamen. Auch in Israel verursachen sie im Obst- und Gemüseanbau großen Schaden. Forstleute schätzen dagegen ihre Wühlarbeit im Wald, die den Boden durchlüftet und Schädlinge vielfältiger Art vernichtet.

Gefährliches Aussehen

Das Wildschwein ist kräftiger und beeindruckender als das Hausschwein. Während das Hausschwein harmlos aussieht, kann das Wildschwein schon Furcht einjagen. Wer in der Dämmerung im Wald einem Wildschwein begegnet, wird vor ihm fliehen. Das gilt vor allem für den Keiler, das männliche Schwein, der durch die blitzenden Eckzähne, die aus den Kiefern herausragen, besonders bedrohlich aussieht. Diese aus dem Unterkiefer herauswachsenden große Zähne werden von den Jägern »Hauer« genannt. Aus dem Oberkiefer wachsen kleinere Eckzähne, das »Gewaff«. Sie dienen als eine Art Schleifstein für die unteren Eckzähne, die rund 20 cm lang werden und dann gefährliche Waffen darstellen können.

SUS SCROFA

Das Wildschwein ist sehr viel schlanker als das Hausschwein, es hat darüber hinaus längere Beine und einen höheren Widerrist. Das Fell des Wildschweins ist schwarzgrau, im Winter ist es dunkler als im Sommer. Bei erwachsenen Tieren zieht sich über die Mitte des Rückens ein Haarkamm: die Borste. Besonders beim Winterfell ist sie stark entwickelt. Der Kopf ist im Verhältnis zum Körper sehr groß, der Hals ist kurz, und der Rücken fällt nach hinten ab. Der borstige Haarkamm verstärkt den Eindruck der Ungleichgewichtigkeit zwischen vorderem und hinterem Teil noch mehr. Aufgrund seines schweren Baus ist das Wildschwein das imposanteste Tier der Wälder Europas und Israels.

Allesfresser

Wildschweine sind dämmerungs- und nachtaktive Tiere. Ebenso wie die Hausschweine sind sie Allesfresser. Am wohlsten fühlen sie sich in Mischwäldern mit vielen Eichen und Buchen, außerdem muß Wasser in der Nähe sein. Wildschweine lieben es, ein Bad zu nehmen, am schönsten ist es in einer mit Schlamm gefüllten Pfütze. Jäger bezeichnen dies als »Suhle«. Nach einem solchen Suhlbad scheuern sich die Tiere an einem Baum, um den Juckreiz zu vertreiben. Sie werden stark von Ungeziefer geplagt. Wildschweine fressen alles, was der Mensch für sich selbst und sein Vieh anbaut: Mais, Kartoffeln, Getreide, Früchte, Eier usw. Sie tun sich an allem gütlich, dessen sie habhaft werden können, und meist zerstören sie dabei mehr als sie fressen. In den Wäldern haben sie unter anderem eine besondere Vorliebe für Adlerfarne, Weidenröschen und Wegerich. Sie verzehren aber auch Larven, Engerlinge, Würmer und Schnecken, fangen Mäuse, plündern die Nester von am Boden brütenden Vögeln und nehmen auch gerne verendetes Wild.

Das Wildschwein ist ein echter Waldbewohner, und das Hausschwein ist das lange Zeit auch gewesen. So wie Weiden und Rinder zusammengehören, waren Wald und Schweinezucht in der Vergangenheit eng miteinander verknüpft. Schweinehüter zogen mit den Tieren in den Wald, wo diese kostenlos Nahrung fanden. Den größten Teil des Jahres über war das Nahrungsangebot nicht sehr üppig, doch im Herbst fanden die Schweine Eicheln und Bucheckern in Fülle und konnten dadurch Fett ansetzen.

Perlen vor die Säue werfen

Jesus sagte: »Ihr sollt das Heilige nicht den Hunden geben, und eure Perlen sollt ihr nicht vor die Säue werfen, damit die sie nicht zertreten mit ihren Füßen und sich umwenden und euch zerreißen.« (Matthäus 7,6)

Die Heilung der besessenen Gadarener

Jesus kam ans andre Ufer in die Gegend der Gadarener. Da liefen ihm entgegen zwei Besessene; die kamen aus den Grabhöhlen und waren sehr gefährlich, so daß niemand diese Straße gehen konnte. Und siehe, sie schrien: »Was willst du von uns, du Sohn Gottes? Bist du hergekommen, uns zu quälen, ehe es Zeit ist?« Es war aber fern von ihnen eine große Herde Säue auf der Weide. Da baten ihn die bösen Geister und sprachen: »Willst du uns austreiben, so laß uns in die Herde Säue fahren.« Und er sprach: »Fahrt aus!« Da fuhren sie aus und fuhren in die Säue. Und siehe, die ganze Herde stürmte den Abhang hinunter in den See, und sie ersoffen im Wasser. Und die Hirten flohen und gingen hin in die Stadt und berichteten das alles und wie es den Besessenen ergangen war. Und siehe, da ging die ganze Stadt hinaus Jesus entgegen. Und als sie ihn sahen, baten sie ihn, daß er ihr Gebiet verlasse. (Matthäus 8,28-34)

Der verlorene Sohn

Jesus sprach: »Ein Mensch hatte zwei Söhne. Und der jüngere von ihnen sprach zu dem Vater: ›Gib mir, Vater, das Erbteil, das mir zusteht.‹ Und er teilte Hab und Gut unter sie. Und nicht lange danach sammelte der jüngere Sohn alles zusammen und zog in ein fernes Land; und dort brachte er sein Erbteil durch mit Prassen. Als er nun all das Seine verbraucht hatte, kam eine große Hungersnot über jenes Land, und er fing an zu darben und ging hin und hängte sich an einen Bürger jenes Landes; der schickte ihn auf seinen Acker, die Säue zu hüten. Und er begehrte, seinen Bauch zu füllen mit den Schoten, die die Säue fraßen; und niemand gab sie ihm. Da ging er in sich und sprach: ›Wie viele Tagelöhner hat mein Vater, die Brot in Fülle haben, und ich verderbe hier im Hunger! Ich will mich aufmachen und zu meinem Vater gehen und zu ihm sagen: Vater, ich habe gesündigt gegen den Himmel und vor dir. Ich bin hinfort nicht mehr wert, daß ich dein Sohn heiße; mache mich zu einem deiner Tagelöhner!‹ Und er machte sich auf und kam zu seinem Vater. Als er aber noch weit entfernt war, sah ihn sein Vater, und es jammerte ihn; er lief und fiel ihm um den Hals und küßte ihn. Der Sohn aber sprach zu ihm: ›Vater, ich habe gesündigt gegen den Himmel und vor dir; ich bin hinfort nicht mehr wert, daß ich dein Sohn heiße.‹ Aber der Vater sprach zu seinen Knechten: ›Bringt schnell das beste Gewand her und zieht es ihm an und gebt ihm einen Ring an seine Hand und Schuhe an seine Füße und bringt das gemästete Kalb und schlachtet's; laßt uns essen und fröhlich sein! Denn dieser mein Sohn war tot und ist wieder lebendig geworden; er war verloren und ist gefunden worden.‹ Und sie fingen an, fröhlich zu sein.« (Lukas 15,11-24)

Wiedehopf

Wissenschaftlicher Name: Upupa epops
Familienname: Upupidae
Verbreitungsgebiet: Europa, Asien, Afrika
Deutscher Name: Wiedehopf
Biblischer Name: Wiedehopf
Hebräischer Name: דּוּכִיפַת
Griechischer Name: ἔποψ

Diese sollt ihr verabscheuen unter den Vögeln, daß ihr sie nicht esset, denn ein Greuel sind sie: den Adler, den Habicht, den Fischaar, ... den Storch, den Reiher, den Häher mit seiner Art, den Wiedehopf und die Schwalbe. (3.Mose/Levitikus 11,13.19)

Der Wiedehopf wird in der Bibel nur in der Liste der unreinen Tiere genannt. Wer etwas über die seltsame Lebensweise dieses Vogels weiß, findet es nur folgerichtig, daß er zu den unreinen Vögeln gezählt wird. Der Wiedehopf sucht seine Nahrung gern in der Nähe von Abfallhaufen, wie sie früher in Israel nahe der Dörfer und Städte entstanden. Darüber hinaus beschmutzt dieser hübsche, bunte Vogel sein Nest in bedenklicher Weise. Er wird daher auch als »Stinkhahn« oder »Kotvogel« bezeichnet.
Im März ist der Wiedehopf in Palästina zu finden, wo er auch brütet. In Afrika sieht man ihn in jedem Dorf, wo er bei den Misthaufen nach Nahrung sucht, die aus allerlei Insekten und Würmern besteht. In Israel mit seinem modernen Hygienestandard hält sich der Wiedehopf heute vorzugsweise in offenen Landschaften mit kleinen Baumgruppen auf. Gern lebt er in Obstgärten.

Schmutzfink

Der Wiedehopf benutzt Baumhöhlen und Felsspalten als Nistplätze, meist ohne jegliche Auskleidung. Diese Stelle ist sehr bald verschmutzt, denn der Vogel unternimmt nichts, um sein Nest sauberzuhalten. Der Wiedehopf selbst hat einen ganz eigenen Geruch, und zusammen mit dem Dunst der ständig wachsenden

Kothaufen wird daraus ein unerträglicher Gestank. Im kahlen Nest liegen vier bis acht Eier, auf denen lediglich das Weibchen brütet. Die jungen Vögel verteidigen sich gegen Feinde, indem sie ihnen eine Salve dünnen Kots entgegenspritzen, der einen unerträglichen Moschusgeruch verbreitet.
Es ist seltsam, daß dieser wirklich hübsche Vogel so schmutzig lebt. Sein Kopf, sein Hals, sein Nacken und die Oberseite seines Rückens sind lehmfarben, die Flügel sind mit weißen Querbändern durchsetzt. Den Schwanz schmückt ein einziges schwarzes Querband. Die Farben sind auffallend, und der Kopfschmuck des Vogels ist es noch mehr. Der Wiedehopf trägt einen hohen, eingekerbten Kamm aus isabellfarbenen Federn, die eine schwarze Spitze aufweisen. Bei der Balz und auch dann, wenn der Wiedehopf mit einem Rivalen kämpft, richtet er seinen imponierenden Schopf auf. Der gebogene, lange Schnabel verleiht ihm ein schmuckes Aussehen.
Aufgrund der auffälligen Farben und der Form kann dieser Vogel mit keinem anderen verwechselt werden. Das bunte Federkleid, der bei Erregung aufgestellte Schopf und der merkwürdige Ruf sowie die schmetterlingsartige Manier zu fliegen sind typisch für ihn. Diese Eigenschaften lassen den Wiedehopf fast schon als exotisch erscheinen.

Immer seltener

In der Vergangenheit wurde der Wiedehopf gejagt und gefangen, weil allerlei abergläubische Vorstellungen mit ihm verbunden waren. Sein Herz sollte gegen

Seitenstiche helfen, und die Zunge hängte man an einem Band um den Hals, um das Gedächtnis zu verbessern. Man brühte auch die Federn des Wiedehopfs auf, was ein gutes Mittel gegen Würmer abgeben solltc.

Diese Zeiten sind heute zwar vorüber, aber der Vogel findet bei uns fast keine geeigneten Lebensräume mehr. Mit seinem krummen Schnabel stochert er in feuchtem Boden der Flußauen herum auf der Suche nach Würmern, Insekten und anderem Getier.

Der Wiedehopf ist aufgrund seines Verhaltens sehr anfällig. Wenn es lange regnet, wird aus der Bruthöhle voller Exkremente eine faulende Masse, was die Überlebenschance der jungen Vögel stark beeinträchtigt. Das immer weniger für den Wiedehopf geeignete Klima wird denn auch als Hauptursache für den Rückgang des Tieres betrachtet. Das ist allerdings schon deshalb unwahrscheinlich, weil das Klima z.B. im Mittelalter auch nicht günstiger war. Mit dem Verschwinden der Land- und Gartenwirtschaft in kleinem Rahmen und der Viehzucht sind die Überlebensmöglichkeiten vieler Tiere erheblich zurückgegangen. Tiere, die spezielle Nahrung benötigen, sind dabei am stärksten gefährdet, und der Wiedehopf gehört dazu.

Syrischer Braunbär

Wissenschaftlicher Name: Ursus arctos syriacus
Familienname: Ursidae
Verbreitungsgebiet: Transkaukasien, Klein-
                        asien, Libanon, Palästina,
                        Syrien, Iran
Deutscher Name: Syrischer Braunbär
Biblischer Name: Bär
Hebräischer Name: דֹּב
Griechischer Name: ἄρκος

Weh denen, die des Herrn Tag herbeiwünschen! Was soll er euch? Denn des Herrn Tag ist Finsternis und nicht Licht, gleichwie wenn jemand vor dem Löwen flieht und ein Bär begegnet ihm und er kommt in ein Haus und lehnt sich mit der Hand an die Wand, so sticht ihn eine Schlange! Ja, des Herrn Tag wird finster und nicht licht sein, dunkel und nicht hell. (Amos 5,18-20)

In biblischer Zeit lebten in Israel viele Bären, die den Hirten Probleme bereiteten und Schäden anrichteten. Als König David noch ein Hirtenjunge war, hatte er gegen Bären zu kämpfen, und stolz weist er König Saul darauf hin, der ihn für zu jung hält, um gegen Goliat zu kämpfen: »Dein Knecht hütete die Schafe seines Vaters; und kam dann ein Löwe oder ein Bär und trug ein Schaf weg von der Herde, so lief ich ihm nach, schlug auf ihn ein und errettete es aus seinem Maul. Wenn er aber auf mich losging, ergriff ich ihn bei seinem Bart und schlug ihn tot. So hat dein Knecht den Löwen und den Bären erschlagen, und

diesem unbeschnittenen Philister soll es ergehen wie einem von ihnen« (1.Samuel 17,34-36).
Bären und Menschen sind überall und immer Feinde gewesen. Wo sich der Mensch niederließ, mußte der Bär schon bald verschwinden. Im Mittelalter war Europa dicht mit Wäldern bedeckt, in denen der Braunbär (Ursus arctos) lebte. Vom Hunger getrieben, kamen die Bären aus den Wäldern und zogen in die Dörfer und kleinen Städte. Dort bedrohten sie das Vieh. Die Wälder in Europa wurden jedoch von der rasch wachsenden Bevölkerung bald dezimiert. Man brauchte Boden für die Landwirtschaft und Holz zum Bauen. Mit den ausgedehnten Wäldern verschwand auch der Braunbär. Die meisten Braunbären in Europa gibt es heute noch in den rumänischen und ungarischen Karpaten sowie in den weiten Wäldern der GUS-Staaten.

Ausgerottet

Manchen Forschern zufolge leben im Libanon und auf dem Hermon noch einige Syrische Braunbären. Andere Quellen geben an, daß der Syrische Braunbär bis vor etwa 100 Jahren in Palästina noch zu finden war, aber inzwischen ausgestorben ist. Ursprünglich lebten zwei Bärenarten in Palästina. Der größere, Ursus arctos isabellinus, der – wie der lateinische Name sagt – isabellfarben ist, lebte in den Sträuchern zwischen den Nadelbäumen des Antilibanon und auf den südlichen Hängen des Hermon. Im Ersten Weltkrieg haben deutsche Offiziere dieses Tier so intensiv gejagt, daß es dort ausgerottet wurde. Der Isabellinus, den man heute noch im Himalaya finden kann, war ein großes Tier, das fast 2 m lang werden konnte. Er liebte ganz besonders das Obst. In der Erntezeit kam er regelmäßig in die Weinbaugebiete.

URSUS ARCTOS
SYRIACUS

Der Bär, der in der Bibel genannt wird, war zweifellos der Syrische Braunbär. Israel lag etwa an der südlichen Grenze seines Verbreitungsgebiets. Der Syrische Braunbär hatte ein helles Fell; in seinem ursprünglichen Lebensraum gibt es noch einige dieser Tiere. Ihr Fortbestehen ist jedoch so stark gefährdet, daß sie in der »Roten Liste« der vom Aussterben bedrohten Tiere geführt werden.

Winterruhe

Die Winterruhe der Braunbären ist kein echter Winterschlaf. Ihre Temperatur bleibt während dieser Zeit normal. Auf diese Weise ist der Bär jederzeit in der Lage, aktiv zu werden. Für die Ruhezeit suchen Bären eine Felsspalte oder einen anderen geschützten Ort zwischen den Felsen auf. Wenn ihnen diese Stelle zusagt, kommen sie dorthin jedes Jahr zur Winterruhe zurück.

Die Ruheperiode währt oft monatelang; in dieser Zeit wirft die Bärin ihre Jungen. Sie hat im Herbst mehr als genug Futterreserven in Form einer besonderen Fettschicht gesammelt, die sie in die Lage versetzt, ihre Jungen während der Ruhezeit etwa vier Monate lang zu säugen. Junge Bären bleiben ungefähr anderthalb Jahre lang bei der Mutter. Die Gefährlichkeit der Bärin, die ihrer Jungen beraubt wird, ist sprichwörtlich (2.Samuel 17,8; Sprüche 17,12; Hosea 13,8). Bären sind – ausgenommen der Eisbär – kräftige Waldbewohner, die im allgemeinen flache Fußsohlen und schwere Extremitäten haben. Sie sind Paßgänger, das heißt, sie bewegen beide Extremitäten der gleichen Körperseite gleichzeitig, um vorwärts zu kommen. Auf diese Weise haben sie eine auffällige Gangart. Bären haben kräftige Kiefer mit kurzen und sehr starken Zähnen. Sic sind nicht wählerisch in Bezug auf ihre Kost: Sie fressen Beeren und Vogeleier, Gras und Blätter, notfalls auch Kadaver. Ein hungriger Bär verschlingt alles, was freßbar ist.

Wüstenwaran

Wissenschaftlicher Name: Varanus griseus
Familienname: Varanidae
Verbreitungsgebiet: Nordwestafrika bis Südwestasien
Deutscher Name: Wüstenwaran
Biblischer Name: Koach-Eidechse, Molch
Hebräischer Name: כֹּחַ
Griechischer Name: χαμαιλέων

Unter dem Kleingetier, das auf dem Boden kriecht, sollt ihr für unrein halten den Maulwurf, die Maus und die verschiedenen Arten der Eidechsen, nämlich den Gecko, die Koach- und die Letaa-Eidechse, den Salamander und das Chamäleon. (3.Mose/Levitikus 11,29-30; Einh)

In der Bibel wird der Waran erwähnt; in der Liste der unreinen Tiere ist er unmittelbar vor der Eidechse zu finden. Luther, dem der Waran wahrscheinlich unbekannt war, nennt für das entsprechende hebräische Wort den Molch; die Einheitsübersetzung ahmt mit Koach-Eidechse das hebräische »koah« nach. Der Wüstenwaran ist ein großes und kräftiges Tier. Die Hälfte seiner Körperlänge wird von dem dicken, runden Schwanz eingenommen. Warane gleichen in ihrer Größe den Krokodilen. In ihrem Verhalten und in ihren Gewohnheiten erinnern sie hingegen an Eidechsen, mit denen sie eng verwandt sind. Allerdings sind sie wesentlich räuberischer. Herodot, der griechische Geschichtsschreiber, der etwa 400 Jahre vor Christus lebte, beschrieb den Wüstenwaran als ein Landkrokodil. Die alten Ägypter verehrten diese seltsamen Tiere, und man kann sie auf zahlreichen ihrer Gedenksteine finden. Der Nilwaran war ihnen so vertraut, daß sie ihn niemals mit dem Krokodil verwechselt hätten, das ihnen heilig war.

Keine echten Eidechsen

Warane unterscheiden sich von den echten Eidechsen durch ihre Schuppen, ihre Zunge und das Gebiß. Der Kopf des Warans ist recht lang und erinnert stark an den einer Schlange. Im Ruhezustand liegt die Zunge verborgen in einer Art Scheide. Sie kann sehr weit herausgeschleudert werden und ist mit zwei langen, hornartigen Spitzen versehen.
Der Wüstenwaran hat kegelförmige Zähne, die an der Innenseite seiner Kiefernränder festgewachsen sind. Mit diesen Zähnen und aufgrund der Kraft seines Schwanzes ist der Waran ein gefährliches Tier. Er kann gut klettern und wählt als Ruheplatz in der Sonne vorzugsweise felsige Hänge. Abends und in der Nacht geht er auf Beutefang. Diese besteht aus Mäusen, Eidechsen, Vögeln und großen Insekten. Der Wüstenwaran gehört mit einer Länge von bis zu 130 cm zu den großen Arten in der Waranfamilie. Der größte unter ihnen ist der Komodowaran (Varanus komodoensis), der drei Meter lang und mehr als 160 kg schwer werden kann. Er lebt auf einigen Inseln, unter anderem auch auf Komodo im indonesischen Archipel. Auf diesen Inseln ist er der einzige Fleischfresser und somit der einzige Räuber, der andere Tierarten in Grenzen halten kann. Er verschmäht allerdings auch Aas nicht.

Vorbild für Drachen

Warane regen die Phantasie stark an. Diese Tiere sehen aus, als hätten sie den Drachen Modell gestanden, die in vielen Sagen und Märchen zu finden sind. In Brehms Tierleben werden sie als »die stolzesten, am besten proportionierten, beeindruckendsten und intelligentesten aller Eidechsen« bezeichnet. Man kennt heute etwa 30 Arten von Waranen. Manche sind Landtiere, die in Höhlen leben; andere sind Wasserbewohner, die sich ausschließlich in der Nähe von Flüssen und in Sümpfen aufhalten.
In der Umgebung des Toten Meeres muß der Nilwaran (Varanus niloticus) immer noch zu finden sein. Dieses Tier ist – den Schwanz eingerechnet – rund zwei Meter lang; seine Grundfärbung ist gelblichgrün mit schwarzen Flecken. Zwischen den Schultern und Flanken gibt es gelbliche Punkte in Form eines Hufeisens sowie Reihen grünlich-gelber Punkte. Um den Schwanz trägt es schwarze und gelbliche Ringe. Der Nilwaran kommt an den meisten afrikanischen Flüssen vor.
Die alten Ägypter haben diesen Waran als den gefährlichsten Feind des von ihnen verehrten Krokodils gekannt. Der Nilwaran frißt gern Krokodileier und junge, eben erst geschlüpfte Krokodile. Er fängt auch kleine Säugetiere, Vögel und viele Eidechsen, die es in Ägypten in großer Zahl gibt. Seine wichtigste Nahrung sind allerdings Amphibien und Fische.
Der Wüstenwaran ist vollkommen an das Leben in dürren, wüstenartigen Regionen angepaßt. Er lebt im Wüstengürtel, der sich von der westlichen Sahara bis zur Grenze Pakistans erstreckt. Obgleich dieser Waran ein typischer Bewohner trockener Landstriche ist, kann er – wie alle Warane – sehr gut schwimmen. Im Wasser hält er seinen Kopf hoch und preßt seine Extremitäten nach hinten gerichtet eng an den Körper. Durch schlängelnde Bewegung des Körpers und Schwanzes kommt er sehr rasch voran.

VARANUS GRISEUS

Hornisse

Wissenschaftlicher Name: Vespa crabro
Familienname: Vespidae
Verbreitungsgebiet: Europa, Asien, Nord-
                             amerika, Nordafrika
Deutscher Name: Hornisse
Biblischer Name: Hornisse
Hebräischer Name: צִרְעָה
Griechischer Name: σφηκιά

---

*Ich will Hornissen vor dir her senden, die vor dir her
ausjagen die Heviter, Kanaaniter und Hethiter.
(2.Mose/Exodus 23,28; Luth 1912)*

Vergleicht man die »alte« Lutherübersetzung mit der
revidierten Fassung, so stellt man fest, daß 1964 die
»Hornissen« in »Angst und Schrecken« geändert
wurden; und so heißt es auch in der Bibel in heutigem
Deutsch und sinngemäß in der Einheitsübersetzung.
Dasselbe trifft auch auf 5.Mose/Deuteronomium 7,20
und Josua 24,12 zu, wo in der Lutherübersetzung
ursprünglich in ganz ähnlichen Zusammenhängen
ebenfalls von Hornissen die Rede war. Wahrscheinlich bedeutet das hebräische Wort »sidah« ursprünglich »Gottesschrecken«. Aber schon die griechische
Übersetzung des Alten Testaments hat dies als
Hornisse gedeutet und mit dem entsprechenden
griechischen Wort wiedergegeben. Die Hornisse ist
die größte und am schmerzhaftesten stechende
Wespe. Sie ist ein Insekt, vor dem man sich besonders
dann, wenn es in Schwärmen auftritt, fürchten muß
und besser die Flucht ergreift.
Die Hornisse lebt zu vielen Tausenden in einem von
den Tieren selbst erbauten Nest. In Europa finden sich
solche Nester meist in hohlen Baumstämmen. Im
Mittleren Osten baut die Unterart Vespa crabro
orientalis ihr Nest in den Höhlungen und Spalten des
Kalkbodens und der Felsen. Hornissen sind insofern
nützlich, als sie viele Insekten vertilgen. Ihre Larven
werden ausschließlich mit zerkauten Tieren gefüttert.
Wenn jedoch keine junge Brut mehr zu versorgen ist,
machen sich Hornissen über die dann reifen Früchte
her. Wenn diese angefressen sind, haben sie für den
Obstbauern keinen Wert mehr, daher gelten alle
Wespenarten als Schädlinge.
Hornissen sind gefährlicher als gewöhnliche Wespen.
Besonders in warmen Regionen greifen sie Menschen
schnell an. Der Stich einer Hornisse ist äußerst
schmerzhaft und wirkt lange nach. Falls ein Mensch
von mehreren Hornissen zugleich gestochen wird,
kann das sogar tödlich sein.

Hornissenstaat

Die Hornisse ist eine sogenannte sozial lebende
Wespe. Eine Königin, die überwintert hat, beginnt im
Frühjahr mit der Gründung eines Staates. Sie nagt von
Pfählen und toten Bäumen eine dünne Schicht Holz-
pulpe ab. Aus dieser papierartigen Masse erbaut sie
die ersten Zellen und legt in jede von ihnen ein Ei.
Um diese Zellen herum baut sie eine Hülle, um die
Anfänge des jungen Hornissenstaats zu schützen.
Diese Hülle wird später vergrößert.
Nach etwa fünf Wochen erscheinen die ersten Arbeiterinnen, die sofort alle Arbeitsaufgaben übernehmen:
Sie setzen den Bau von Waben und Zellen fort,
versorgen die Larven und beseitigen die Abfälle. In
einem Hornissennest gibt es meist acht, manchmal
sogar zwölf Waben. Diese sind durch starke Papier-
säulen miteinander verbunden. Die Zellen in den
Waben sind mit ihrer Öffnung nach unten gerichtet,
so daß keine Feuchtigkeit eindringen kann.
In einem durchschnittlichen Nest befinden sich etwa
5000 Zellen. Wenn der Staat im Spätsommer seine
volle Größe erreicht hat, besteht er aus ebensovielen
Hornissen. In dieser Zeit erscheinen männliche Tiere
und junge Weibchen, die sich nicht am Nestbau
beteiligen. Im Herbst, wenn die Nächte kühl werden,
gehen die Königin, die Arbeiterinnen und die Männchen ein. Nur die befruchteten jungen Weibchen
überwintern; das sind die Königinnen der kommenden Saison. Diese beginnen im Frühjahr erneut mit
der Gründung eines Hornissenstaats.

Größte Insektenordnung

Die Hornisse gehört zu den Hautflüglern. Neben den
Käfern stellen sie die größte Insektenordnung mit
schätzungsweise 150000 Arten dar. Bei Tieren dieser
Ordnung findet man Sozialsysteme, die an die
menschliche Gesellschaft erinnern. Besonders in den
zuweilen sehr großen Ameisen-, Bienen- und Wes-
penstaaten gibt es den höchsten Entwicklungsgrad in
der Insektenwelt.
Die Bezeichnung »Hautflügler« ist nicht sonderlich
deutlich, da die meisten Insekten Hautflügel haben.
Die Hautflügler – damit sind unter anderem alle
Wespenarten und Bienen gemeint – haben vier Flügel,
zwei große vorn und zwei kleine hinten. Etliche
Hautflügler (z.B. die Ameisen) werfen nach dem
Hochzeitsflug ihre Flügel ab. Besonders die sozial
lebenden Arten zeigen ein sehr intelligentes Verhalten.

Palästina-Viper

Wissenschaftlicher Name: Vipera palaestina; neuerdings Daboia palaestina
Familienname: Viperidae
Verbreitungsgebiet: Gaza-Streifen, Syrien, Israel, Libanon
Deutscher Name: Palästina-Viper
Biblischer Name: Schlange, Otter
Hebräischer Name: נָחָשׁ
Griechischer Name: δράκων

Errette mich, Herr, von den bösen Menschen;
behüte mich vor den Gewalttätigen,
die Böses planen in ihrem Herzen
und täglich Streit erregen.
Sie haben scharfe Zungen wie Schlangen,
Otterngift ist unter ihren Lippen.
(Psalm 140,2-4)

Klima und Boden Palästinas sind für Reptilien besonders geeignet. Schlangen fühlen sich dort wohl, aber es gibt keine großen Arten und auch nur wenige giftige Schlangen.

Die Palästina-Viper ist eine Giftschlange, die im dicht bewohnten Norden und im Zentrum Israels vorkommt. Sie ist die gefährlichste der sieben Giftschlangen, die man in Israel findet. Diese relativ große Vielfalt erklärt sich dadurch, daß hier die Faunen Afrikas und Asiens zusammentreffen. Die meisten Vergiftungsfälle, glücklicherweise nur selten mit tödlichem Ausgang, sind auf den Biß der Palästina-Viper zurückzuführen. Diese Schlange lebt am liebsten in den Dörfern, wo sie Mäuse und Vögel jagt. In der Bibel wird die Schlange sehr häufig genannt. Die allgemeine Bezeichnung für »Schlange« ist »nahaš«, doch es gibt im Hebräischen noch eine ganze Reihe anderer Begriffe. Daher ist es nicht immer möglich, die richtige Art zu identifizieren. In der Sündenfallgeschichte tritt die Schlange als listige Verführerin auf und wird von Gott dafür bestraft (siehe den unten abgedruckten Text). Die Offenbarung identifiziert sie dann mit dem Satan (12,9; 20,2).

Feurige Schlangen

Eine Schlange ist in der Lage, eine große Beute zu verschlingen. Dazu kann sie ihr Maul weit öffnen, was mit der besonderen Anatomie ihres Kiefers zusammenhängt: Der Unterkiefer besteht aus zwei völlig voneinander getrennten, stabförmigen Hälften. Jeder Unterkieferknochen besteht wiederum aus drei stabförmigen Knochen, die mittels lockerer Gelenke und dehnbarer Sehnen miteinander verbunden sind. Auf diese Weise können die Kiefernhälften nach allen Seiten bewegt werden.

Schlangen besitzen Zähne im Ober- und Unterkiefer sowie im Gaumen. Nach dem Verschleiß werden sie durch neue ersetzt. Die Zähne sind nach hinten gekrümmt und hakenförmig. Schlangen können nur die Beute beißen und festhalten, sie können sie aber nicht zerreißen oder kauen. Die Zunge, die ununterbrochen tastend bewegt wird und die meisten Menschen abschreckt, ist keine Waffe, sondern ein Riechorgan; sie ist lang und dünn und vorn in zwei Teile gespalten. Mit der Zunge erforscht die Schlange ihre Umgebung.

In 4.Mose/Numeri wird berichtet, daß der Herr zur Strafe für das widerspenstige Volk feurige Schlangen schickte (siehe den unten abgedruckten Text). »Feurig« bedeutet hier zweifellos »giftig«. Im Mittleren Osten leben zahlreiche Schlangen, die zu allen Jahrhunderten besondere Bedeutung gehabt haben. Sie wurden als Götter angebetet und verehrt, sie wurden aber auch gefürchtet und gehaßt, da sie Menschen töten können.

Messerscharfe Giftzähne

Eine Viper greift nur an, um sich zu verteidigen, wenn man sich versehentlich dem Tier zu weit nähert oder gar arglos darauf tritt. Das gewöhnlich recht träge Tier richtet sich dann mit rückwärts gebogenem Hals auf und stößt mit geöffnetem Maul pfeilschnell nach vorn. Die beiden hohlen Giftzähne, die mit der Spitze nach hinten in einem Schleimvlies des Oberkiefers verborgen sind, richten sich vertikal auf. Diese scharfen Zähne durchdringen die Haut, während das von Drüsen abgesonderte Gift durch die dünnen Kanäle spritzt wie bei einer Injektionsnadel.

Im Ruhezustand sind die Giftzähne in Gaumenfalten verborgen. Beim Öffnen des Mauls richten sie sich nach vorn hin auf. Wenn die Schlange zubeißt, wird die Giftdrüse von Muskeln zusammengepreßt; das Gift gelangt dann durch die Hohlzähne in die Beute. Das Gift ist jedoch nicht nur eine Waffe. Es trägt auch dazu bei, daß das Tier die Beute schneller verdauen kann. Teilweise geschieht dies bereits, bevor die Schlange ihre Beute heruntergewürgt hat, womit sie zuweilen ein wenig wartet. Durch die Auswirkung des Gifts kann die Beute leichter verschlungen werden. Dennoch kann das Verschlingen ein zeitraubendes Stück Arbeit sein, vor allem wenn das Beutetier unverhältnismäßig groß ist. Während die Schlange ihre Beute verschlingt, ist sie weitgehend hilflos.

Die listige Verführerin

Die Schlange war listiger als alle Tiere auf dem Felde, die Gott der Herr gemacht hatte, und sprach zu dem Weibe: »Ja, sollte Gott gesagt haben: ›Ihr sollt nicht essen von allen Bäumen im Garten?‹« Da sprach das Weib zu der Schlange: »Wir essen von den Früchten der Bäume im Garten; aber von den Früchten des Baumes mitten im Garten hat Gott gesagt: ›Esset nicht davon, rühret sie auch nicht an, daß ihr nicht sterbet!‹« Da sprach die Schlange zum Weibe: »Ihr werdet keineswegs des Todes sterben, sondern Gott weiß: an dem Tage, da ihr davon esset, werden eure Augen aufgetan, und ihr werdet sein wie Gott und wissen, was gut

und böse ist.« Und das Weib sah, daß von dem Baum gut zu essen wäre und daß er eine Lust für die Augen wäre und verlockend, weil er klug machte. Und sie nahm von der Frucht und aß und gab ihrem Mann, der bei ihr war, auch davon, und er aß. Da sprach Gott der Herr zu der Schlange: »Weil du das getan hast, seist du verflucht, verstoßen aus allem Vieh und allen Tieren auf dem Felde. Auf deinem Bauche sollst du kriechen und Erde fressen dein Leben lang. Und ich will Feindschaft setzen zwischen dir und dem Weibe und zwischen deinem Nachkommen und ihrem Nachkommen; der soll dir den Kopf zertreten, und du wirst ihn in die Ferse stechen.« (1.Mose/Genesis 3,1-6.14-15)

VIPERA AMMODYTES (SAND- ODER HORNOTTER)

Die eherne Schlange

Da sandte der Herr feurige Schlangen unter das Volk; die bissen das Volk, daß viele aus Israel starben. Da kamen sie zu Mose und sprachen: »Wir haben gesündigt, daß wir wider den Herrn und wider dich geredet haben. Bitte den Herrn, daß er die Schlangen von uns nehme.« Und Mose bat für das Volk. Da sprach der Herr zu Mose: »Mache dir eine eherne Schlange und richte sie an einer Stange hoch auf. Wer gebissen ist und sieht sie an, der soll leben.« Da machte Mose eine eherne Schlange und richtete sie hoch auf. Und wenn jemanden eine Schlange biß, so sah er die eherne Schlange an und blieb leben. (4.Mose/Numeri 21,6-9)

Palästinischer Fuchs

Wissenschaftlicher Name: Vulpes vulpes palaestina
Familienname: Canidae
Verbreitungsgebiet: Nordafrika, Arabien,
                                          Libanon, Israel,
                                          Kleinasien
Deutscher Name: Palästinischer Fuchs
Biblischer Name: Fuchs
Hebräischer Name: שׁוּעָל
Griechischer Name: ἀλώπηξ

---

*Jesus sagt: »Die Füchse haben Gruben, und die Vögel unter
dem Himmel haben Nester; aber der Menschensohn hat
nichts, wo er sein Haupt hinlege.« (Matthäus 8,20)*

Der hebräische Name für Fuchs ist »šu'al«, was
sowohl Schakal als auch Fuchs bedeuten kann. In der
Tat sind sich Goldschakal und Rotfuchs äußerlich sehr
ähnlich. Es gibt allerdings Unterschiede in der
Lebensweise (siehe auch Goldschakal, S. 36-37). Der
Zusammenhang muß deshalb darüber entscheiden,
um welches Tier es sich an einer Bibelstelle jeweils
handelt. In den Bibelübersetzungen werden sie häufig
verwechselt. In Hoheslied 2,15 sind jedoch eindeutig
Füchse gemeint, und zwar vor allem junge Füchse.
Diese richten in den Weingärten großen Schaden an:
»Fangt uns die Füchse, die kleinen Füchse, die die
Weinberge verderben; denn unsere Weinberge haben
Blüten bekommen.« Aber vielleicht hat Jesus in Lukas
13,32 Herodes Antipas als Schakal bezeichnen wollen
und nicht, wie meist übersetzt wird, als Fuchs.
In Palästina gibt es mehrere Fuchsarten. Der Gelb-
braune Fuchs (Vulpes vulpes flavescens) ist der größte
von ihnen; der Palästinische Fuchs ist in Israel am
weitesten verbreitet; er ist in ganz Mittelpalästina zu
finden. Beide Arten fressen häufiger pflanzliche
Nahrung als der Europäische Fuchs.

Nicht nur schädlich

Die Vielseitigkeit des Fuchses bietet ihm Überlebensmöglichkeiten an Orten, an denen sich andere Raubtiere nicht halten können. Der Fuchs ist »klug« und
geschickt. Nahrungsmangel kennt er nicht. Heinz
Sielmann führt aus: »Wenn ihn der Hunger dazu
treibt, nimmt der Fuchs als vielseitiger Jäger alles, was
er überwältigen kann. Wie man jedoch durch genauere
Untersuchungen festgestellt hat, besteht die Hauptnahrung aus Mäusen, vor allem Wühlmäusen, von
denen man einmal 48 Stück in einem Fuchsmagen
fand. Er verzehrt auch Regenwürmer und Schnecken,
Maikäfer, Wespenlarven, Raupen und Kerbtiere aller
Art, ebenso Fische, Frösche, Eidechsen, Blaubeeren,
Himbeeren und Weintrauben sowie vielerlei andere
Pflanzenkost. ›Fuchs, du hast die Gans gestohlen‹ ist
ein allgemein bekanntes Lied und scheint die Vorliebe
von Meister Reineke für das verhältnismäßig leicht zu

erbeutende Hausgeflügel zu dokumentieren. In der
Regel aber ist der Fuchs ein umsichtiges, scheues
Wildtier, das es bei dem so vielseitigen Nahrungsan-
gebot seines Lebensraums meist nicht nötig hat, sich
in die Nähe menschlicher Siedlungen zu wagen, wo
ihm auf lang oder kurz der Garaus gemacht wird.«
Beim Ausmerzen von altem und krankem Wild sowie
beim Forträumen von verendeten Tieren kommt dem
Fuchs eine wichtige biologische Bedeutung zu. Da
seine natürlichen Feinde hierzulande ausgestorben
sind, muß der Mensch den Bestand von Füchsen
jedoch regulieren. Dies geschieht mittels der sogenannten »Baujagd«, d.h. man schickt Dackel oder
Jagdterrier in den Fuchsbau, um das Tier mit einem
Schrotschuß erlegen zu können, wenn es seinen
Zufluchtsort verläßt.
In Gebieten, wo Tollwut auftritt, hat man früher
versucht, den Bestand der Füchse stark zu dezimieren,
da sie als Hauptverbreiter dieser auch für den Menschen lebensgefährlichen Infektionskrankheit gelten.
In den letzten Jahren ist man allerdings auch dazu
übergegangen, die Füchse mittels Köder in freier
Wildbahn gegen Tollwut zu impfen. Obwohl dieses
Verfahren zunächst stark umstritten war (nicht zuletzt
weil es den biologischen Regulator bei Überpopula-
tion außer Kraft setzt), scheint es sich inzwischen
doch als recht erfolgreich erwiesen zu haben.

Mutterpflege

Im Frühjahr wirft das Fuchsweibchen (die Fähe) drei
bis sieben Junge. Brehm nannte sogar zwölf Junge,
aber das kommt nicht vor. Es ist eine große Ausnahme, wenn einmal zehn junge Füchse geboren werden.
Oftmals kommen die Tiere in einem eigenen Bau zur
Welt, wie man die vom Fuchs gegrabene Höhle
nennt. Nach einigen Wochen werden die jungen
Füchse in eine größere Höhle, den Mutterbau,
getragen. Die Jungen werden etwa zwei Monate lang
gesäugt. Die erste feste Nahrung für die jungen
Füchse ist Fleisch, das im Magen der Mutter vorver-
daut wurde. Dieser sogenannte Speisebrei stellt den
Übergang von der Muttermilch zum Fleisch dar.
Die Fuchsmutter versorgt die Jungen sehr gut und
zuverlässig. In den ersten vierzehn Tagen sind die
jungen Füchse blind, die Mutter bleibt dann ständig
in ihrer Nähe. Die Jungen wachsen schnell heran. Das
Männchen (der Rüde) beteiligt sich an der Aufzucht,
indem er regelmäßig Futter heranschleppt. Sielmann
erzählt: »So sah ich an einem ›Mutterbau‹, wie der
weit stärkere Rüde mit der Keule eines Rehkitzes in
die Nähe des Baues schnürte und die Beute dort
vergrub. Die Fähe sonnte sich unweit auf einem
Baumstumpf und schritt bald danach zum Depot, um
die überbrachte Nahrung aufzunehmen und zu den
Jungen in den Bau zu schaffen.« Wenn sie zwei bis
drei Monate alt sind, beginnen die Jungfüchse mit
selbständigen Streifzügen. Bald darauf löst sich der
Familienzusammenhang auf, und die Jungfüchse
suchen sich ein eigenes Territorium.

Die Hai-Bar Nationalparks

Die biblischen Texte, die bei den Beschreibungen der in diesem Band vorgestellten Tiere mit abgedruckt sind, zeigen eindrucksvoll, wie oft man in der Bibel auf Tiere stößt. Nicht nur im Rahmen der Bestimmungen über reine und unreine Tiere, die man essen kann bzw. deren Verzehr man zu meiden hat, in 3. Mose/Levitikus und 5. Mose/Deuteronomium kommen Tiere vor. Das Buch der Sprichwörter/Sprüche bezieht ebenso wie später Jesus seine treffenden Vergleiche oft aus dem Tierreich, und auch in vielen Erzählungen spielen Tiere eine wichtige Rolle.

Die Vielfalt der Tiere, die in der Bibel genannt werden, ist jedoch nur das getreue Spiegelbild der Vielzahl von Tieren, die in biblischer Zeit im Heiligen Land lebten. Damals hatten sie genügend Lebensraum; sie wurden zwar bejagt, aber diese Jagd konnte ihren Bestand nicht gefährden.

Schattenseiten der Jagd

Dies änderte sich mit der Einführung moderner Feuerwaffen im Heiligen Land durch den deutschen Templerorden (1868), die für viele wildlebende Tiere den Anfang vom Ende bedeutete. Im 19. Jahrhundert wurde die Jagd zum Sport, der der Erbeutung von Trophäen diente, und der sich in unserem Jahrhundert immer raffinierterer Methoden bediente. Heute stellt man den Tieren sogar mit schnellen Geländewagen und vom Flugzeug aus nach.

Dazu kommt die Wilderei, die den Tierbestand in noch größerem Maße bedroht. Felle und Elfenbein, Häute und Stoßzähne, Leder und Trophäen sind zu Statussymbolen geworden, die sich die Menschen in den Industrieländern etwas kosten lassen. So ist es kein Wunder, daß für die arme Bevölkerung in den Entwicklungsländern die Wilderei ein zwar illegaler, aber attraktiver Nebenverdienst ist, der vielerorts trotz strenger Gesetze floriert.

Zusammen mit dem immer kleiner werdenden Lebensraum hat dies dazu geführt, daß etliche Tiere aus biblischer Zeit inzwischen ausgestorben oder vom Aussterben bedroht sind. Im Heiligen Land sind heute bereits zwölf der Tierarten verschwunden, die in der Bibel genannt werden.

Naturschutzgebiete

In Israel hat man allerdings versucht, dagegen etwas zu unternehmen und zurückzugewinnen, was verlorengegangen ist. Schon 1955 trat das erste israelische Naturschutzgesetz in Kraft. Ein Jahr später wurde die staatliche Naturschutzbehörde gegründet, in der Wissenschaftler, Wildhüter und Planungsexperten zusammenarbeiteten. Der erste Generaldirektor der Behörde für Naturschutzgebiete wurde der pensionierte General Abraham Yoffe, der mehr als ein Viertel der Landfläche zum Naturschutzgebiet erklären ließ. Mittlerweile stehen Hunderte von Pflanzenarten unter gesetzlichem Schutz, und es gibt strenge Jagdgesetze. Dazu kommen Bestimmungen zum Schutz der Korallenriffe.

In den 60er Jahren gründete Abraham Yoffe zusammen mit Uri Tzon das Hai-Bar Projekt. Das Wort »Hai-Bar« entspricht etwa dem englischen »wildlife«, was übersetzt sowohl »wilde Tiere« als auch »lebendige Natur« bedeutet. Es geht darum, soweit das möglich ist, den in Israel bedrohten oder sogar bereits ausgestorbenen Tiere eine neue Heimat zu schaffen, in der sie unter weitgehend natürlichen Bedingungen leben können. Gleichzeitig soll aber auch die »lebendige Natur« geschützt bzw. in einen möglichst ursprünglichen Zustand zurückversetzt werden.

Hai-Bar Araba

Das erste Naturschutzgebiet des Hai-Bar Projekts wurde im südlichen Araba-Tal, gut 30 km nördlich von Elat, in der Nähe des Kibbuz Jotbata eingerichtet. Es dient der Wiedereinführung von Tieren, die früher einmal im Negeb und in anderen Wüstenregionen heimisch waren. In dem als »Arche Noah des 20. Jahrhunderts« bekannten Nationalpark wurden Zuchtgruppen der betreffenden Tierarten ausgesetzt, die den Kern größerer Herden bilden sollten. Man wollte die Tiere nicht nur innerhalb eines eingezäunten Gebietes halten, sondern sie sollten frei im Reservat und später auch in der Negebwüste leben. Im Jahr 1977 wurde das Gebiet für Publikumsbesuch geöffnet.

Das Gebiet von Hai-Bar Araba umfaßt rund 4000 Hektar. Es handelt sich um ein savannenartiges und recht trockenes Gelände, das mit seinem Grasland und den zahlreichen Akazien ideale Bedingungen für Antilopen und Gazellen bietet. Deshalb hat man hier mit Addax- und Oryxantilopen, Onagern (Halbeseln), Nubischen Steinböcken und Dorkasgazellen sowie Straußen begonnen.

Von der Weißen Oryxantilope, die noch vor ungefähr 200 Jahren im Negeb lebte und in Arabien wahrscheinlich ausgerottet ist, konnten 1978 nach langer Suche einige Exemplare aus Los Angeles erworben werden. Die zahmen Tiere waren zunächst keineswegs in der Lage, in der Negebwüste zu überleben. Heute ist der Auswilderungsprozeß jedoch abgeschlossen, und die Oryx leben wieder frei wie in biblischer Zeit. Im Jahr 1972 kam ein Dutzend Wildesel aus Somalia. Seinerzeit handelte es sich dabei um die größte Herde von Wildeseln, die in Gefangenschaft gehalten wurde.

Soweit die biblischen Tierarten wirklich ausgerottet waren, mußte man sich mit Unterarten begnügen. So wird statt des Syrischen der Persische Onager gehalten und statt des Syrischen der Äthiopische Strauß. Auch die natürlichen Feinde dieser Tiere wie Wüstenluchs und Wolf wurden wieder eingeführt, um den Bestand der Wildtiere auf natürliche Weise zu regulieren.

Alle diese Tiere leben in dem großen Reservat unter halbnatürlichen Bedingungen. Nur so können einige stark bedrohte Arten von der völligen Ausrottung bewahrt und stellenweise bereits verschwundene Tiere wieder eingeführt werden. Zugleich werden in dem Reservat Wüstentiere gehalten, die in Nordafrika vom Aussterben bedroht sind.

Hai-Bar Karmel

Auch auf dem Karmel wurde ein Nationalpark eingerichtet. Er liegt nördlich des Kibbuz Beit Oren, in der Nähe von Danja. Die Notwendigkeit dazu hatte Abinoam Lourie von der Naturschutzbehörde in einem Artikel unterstrichen:
»Die Natur auf dem Karmel ist nicht mehr das, was sie einst war, und wird es wohl auch nicht mehr werden. Noch zu Anfang dieses Jahrhunderts streiften Rehe durchs Unterholz und Gazellen grasten auf den Hängen. Geier und Feldeggsfalken flogen hoch oben am Himmel und nisteten in den Felswänden. Diese friedvolle und unberührte Landschaft schwand gegen Ende des 19. Jahrhunderts, als die Feuerwaffen aufkamen. Der Zerstörungsprozeß wurde durch die zunehmende Besiedlung dieser Region noch beschleunigt, die mit intensiver Beweidung und Abholzung von Bäumen und Sträuchern einherging. Gesetze zum Schutz wilder Tiere gab es damals noch nicht, und Naturschutz war unbekannt.«
Anfang der 70er Jahre beschloß die Hai-Bar Organisation, auf dem Karmel ein Naturschutzgebiet einzurichten. Sein Ziel entsprach dem des Hai-Bar Araba: Es sollte ein Lebensraum für die früher auf diesem Berg heimischen Tiere werden. Während das Araba-Gebiet für Wüstentiere gedacht ist, wurde der Nationalpark auf dem Karmel für die Tiere der Waldregionen des afrikanischen Mittelmeerraums eingerichtet. Im Jahr 1973 wurde auf dem Karmel ein Gebiet abgesteckt und eingezäunt.
Der Mesopotamische Damhirsch, der schon als ausgestorben gegolten hatte, war 1955 im Westen des Iran entdeckt worden. Georg von Opel gelang es, einige Tiere für den Kronberger Zoo zu beschaffen, wo er eine größere Zuchtgruppe aufbaute. Einige dieser Tiere bildeten zusammen mit einer kleinen Herde, die der Schah noch vor dem Umsturz im Iran dem Hai-Bar zum Geschenk gemacht hatte, den Grundstock für eine prachtvolle Herde, die heute auf dem Karmel lebt. Dazu kommen Kretische Wildziegen, Zypernmufflons, die in Freiheit fast ausgestorben sind, und Iranische Wildschafe. Die Kretischen Wildziegen und die besonders widerstandsfähigen Iranischen Wildschafe sollen ausgesetzt werden, um den Gazellen Konkurrenz zu machen, die sich in den Bergen Nordisraels allzusehr vermehren.
Im Herbst 1989 wurde der Karmel von einem verheerenden Brand heimgesucht. Das Feuer gefährdete nicht nur die Vergrößerung des Bestands und die Anpassung der Tiere an ihren neuen Lebensraum, sondern richtete im gesamten Ökosystem große Schäden an. Hier erwies sich der naturbelassene Nationalpark als eine wichtige Voraussetzung für die Regeneration des gesamten Gebiets nach dem Brand. Durch die Wiedereinführung der früher hier heimischen Wildtiere änderte sich auch die Vegetation. Da Rot- und Damwild die wuchernden Sprößlinge fressen, entsteht aus dem Strauchwerk ein üppiger Wald mit hohen Bäumen. Ziegen und Schafe fressen kleinere Pflanzen und ermöglichen dadurch wiederum anderen Pflanzenarten, sich zu entfalten. Die unterschiedlichen Pflanzen ernähren ihrerseits eine Vielzahl von Insekten und Reptilien, Nagetieren und Vögeln. Auf diese Weise wird ein biologisches Gleichgewicht hergestellt. Diese natürliche Entwicklung zu ermöglichen wird heute allgemein als die beste Art des Naturschutzes angesehen.
Die Hai-Bar Nationalparks im Araba-Tal und auf dem Karmel sind nur unter Beachtung strenger Auflagen zugänglich. Für Touristen ist es ein besonderes Erlebnis, hier einen Eindruck von der Natur und Tierwelt der biblischen Zeit zu bekommen.

Israel und die Vogelzüge

Yossi Leshem, der Direktor der israelischen Gesellschaft für Naturschutz, hat den überwältigenden Eindruck beschrieben, den das Auftauchen der Zugvögel im Heiligen Land bietet: »Manchmal, so gegen Ende Oktober, Anfang November, verdunkelt sich der Himmel über Jerusalem und dem Golan, noch bevor die Sonne untergegangen ist. Doch was wie ein drohendes Gewitter aussieht, verzieht sich bald wieder, ohne daß ein Tropfen Regen gefallen wäre: Es sind gigantische Schwärme von mehreren Millionen Staren, die ausschwärmen, bevor sie sich zur Nachtruhe niederlassen.«

Das Phänomen der Vogelzüge war schon in biblischer Zeit bekannt. Der Prophet Jeremia (Ende des 7./Anfang des 6. Jahrhunderts vor Christus) zieht es ganz selbstverständlich zum Vergleich heran: »Der Storch unter dem Himmel weiß seine Zeit, Turteltaube, Kranich und Schwalbe halten die Zeit ein, in der sie wiederkommen sollen; aber mein Volk will das Recht des Herrn nicht wissen« (Jeremia 8,7).

Der griechische Dichter Homer schreibt ein Jahrhundert früher im dritten Buch seiner »Ilias«, daß die Kraniche im Winter vor dem unwirtlichen Klima im Norden fliehen. Auch sein Zeitgenosse Hesiod beschäftigte sich mit den Erscheinungen der Vogelzüge.

Ringuntersuchung brachte Klarheit

Trotzdem war das Phänomen der Vogelzüge den Menschen in früherer Zeit unerklärlich. Vögel kamen unerwartet und ebenso rätselhaft verschwanden sie ein halbes Jahr später wieder. Weshalb? Woher kamen sie? Wohin flogen sie? Wie konnten sie ihren Weg finden? Selbst als man wußte, daß die Vögel aufgrund der Witterung von ihren Brutgebieten fortziehen und dann wieder dorthin zurückkehren, gab der Vogelzug noch lange viele Rätsel auf.

Im Jahr 1899 begann der Däne Mortensen damit, Vögel durch Aluminiumringe an den Beinen zu markieren. Wenn ein so beringter Vogel gefangen wird, kann man feststellen, woher er kommt, und dadurch die Zugbewegungen der Vögel rekonstruieren. Noch heute wird diese Methode praktiziert und mit ihrer Hilfe eine große Datenmenge zusammengetragen.

Inzwischen sind die Flugrouten der Zugvögel weitgehend geklärt. Einer der wichtigsten geographischen Faktoren ist das Mittelmeer, das als gewaltiges Hindernis zwischen dem Norden und dem Süden liegt. Zwar gibt es viele Vögel, die diese Barriere mühelos überwinden, aber viele Arten ziehen den Weg über Land vor. Zwei Flugrouten werden dafür genutzt: die westliche führt über Gibraltar nach Afrika, die östliche über den Bosporus. Beides sind schmale und leicht zu überwindende Meerengen. Die Vögel, die die östliche Route nehmen, überfliegen auf ihrem Weg in den Süden Afrikas das Heilige Land.

Dabei erweist sich Israel geradezu als ein »Treffpunkt« der Vögel. Zum einen begegnen sich hier die von Norden nach Süden und die von Süden nach Norden ziehenden Vogelscharen, da die Vögel Europas und Afrikas das Araba- und das Jordantal oder die Ostküste des Mittelmeers entlangfliegen. Zum anderen liegt das Land am Schnittpunkt verschiedener Klimazonen. Vögel, die aus Afrika stammen und für die Israel die nördliche Grenze ihres Lebensraumes bildet, bauen hier im Sommer ihre Nester. Für asiatische Vögel bildet es die westliche und für europäische paläarktische Vögel die südliche Grenze ihres Lebensraums.

Bei dem bereits zitierten Yossi Leshem heißt es dazu: »Seit zwölf Jahren werden die Vogelzüge systematisch beobachtet. Dabei wurde festgestellt, daß innerhalb von vier Monaten (Februar bis Mai) allein 1193000 Vögel die Berge von Elat überqueren! Soweit bekannt, wurden nirgendwo sonst, mit Ausnahme von Panama vielleicht, so viele Zugvögel ausgemacht. Dank seiner geomorphologischen Lage ist Israel ein ideales Terrain für Zugvögel: Der ostafrikanische Grabenbruch, der sich vom Jordantal über die ganze Länge Israels bis nach Ostafrika erstreckt, schafft optimale Bedingungen für die Bildung aufsteigender warmer Thermik. Die Berge im biblischen Land von Galiläa, Samaria und Judäa, die parallel zur Küste verlaufen, sorgen für ideale Aufwinde.«

Orientierung

Ein Teil der Vögel bedient sich der üblichen Navigationsmittel, etwa topographischer Merkmale: Flüsse, Küstenlinien, Bergspitzen, Täler, Pässe, Seen und Baumgruppen, Dörfer und Städte. Doch wie orientieren sie sich? Erlernen die jungen Vögel die Route von ihren Eltern? Das ist offensichtlich nicht der Fall, denn junge Vögel ziehen häufig ohne Begleitung durch ältere Tiere und finden dennoch sicher ihren Weg. Sie müssen also über angeborene Fähigkeiten verfügen, die ihnen dies ermöglichen. Aber was für Fähigkeiten sind das?

Vor rund 40 Jahren hat Gustav Kramer in Wilhelmshaven dazu Versuche angestellt. Er hielt Stare in Käfigen und konnte beobachten, daß sie in der Zeit des Vogelzugs unruhig waren und sich stets in dem Teil des Käfigs aufhielten, der in südwestlicher Richtung lag. Im folgenden Frühjahr bevorzugten sie die entgegengesetzte Käfigecke, die nach Nordosten zeigte. Kramer brachte die Stare dann einzeln in ein Gebäude mit sechs großen Fenstern rundum, die mit verstellbaren Spiegeln versehen waren. Mit diesen Spiegeln »änderte« Kramer für die Stare den Stand der Sonne um 90 Grad. Das hatte zur Folge, daß auch sie ihre Position um 90 Grad in dieselbe Richtung verlegten. Auch durch »Verdunkelung« der Sonne konnte Kramer den Nachweis erbringen, daß sich die Vögel nach dem Sonnenlicht richten.

Durch weitere Untersuchungen wurde festgestellt, daß Vögel, die nachts ziehen, sich an den Sternen orientieren. Darüber hinaus verfügen sie auch über einen magnetischen »Kompaß«, mit dem sie ihre Flugrichtung bestimmen. Trotz aller Fortschritte sind jedoch noch viele Fragen über die Vogelzüge offen. Und je mehr wir darüber wissen, um so größer kann auch unsere Ehrfurcht vor dem Schöpfer werden, dem die Welt mit all ihren Wundern ihr Dasein verdankt.

Für die Bibel ist die Beschreibung der Wunder der Schöpfung und das Lob des Schöpfergottes ein und dasselbe. Der 104. Psalm ist ein Beispiel für dieses Verständnis der Natur, das die Welt mit anderen Augen sehen lehrt. Ein Auszug aus dem 104. Psalm soll deshalb auch dieses Werk beschließen:

Lobe den Herrn, meine Seele!
Herr, mein Gott, du bist sehr herrlich.
Du lässest Wasser in den Tälern quellen,
daß sie zwischen den Bergen dahinfließen,
daß alle Tiere des Feldes trinken
und das Wild seinen Durst lösche.
Darüber sitzen die Vögel des Himmels
und singen unter den Zweigen.
Die Bäume des Herrn stehen voll Saft,
die Zedern des Libanon, die er gepflanzt hat.
Dort nisten die Vögel,
und die Reiher wohnen in den Wipfeln.
Herr, wie sind deine Werke so groß und viel!
Du hast sie alle weise geordnet,
und die Erde ist voll deiner Güter.
(Psalm 104,1.10-12.16-17.24)

Verzeichnis der Bibelstellen

Danksagung und Bildnachweis

Die Originalausgabe dieses Titels, »Dieren uit de Bijbel«, ist ein Produkt des Verlags D-BOOKS INTERNATIONAAL PUBLISHING, Nieuwkoop, Niederlande. Der Verlag dankt verschiedenen Personen und Institutionen, die zum Zustandekommen des Werks beigetragen haben: Dr. Joke Bakker, Schiedam; Dr. H.J. Bosman, Theologische Fakultät der Freien Universität Amsterdam; Mark Dolk, Art research, Nieuwkoop; Jerusalem Biblical Zoological Garden, Jerusalem; Lina Koning, Natura Artis Magistra, Amsterdam; Raya Ofek, Nature reserves Authority, Jerusalem; Dr. Florance F.J.M. Pieters, Kunst-Bibliothek der Universität Amsterdam.

Titelbilder:
Bildagentur Mauritius, Mittenwald
linke Spalte von oben nach unten: Superstock,
Dr. I. Müller, Weber, Superstock
Mitte: Lacz
rechte Spalte von oben nach unten: Superstock,
Superstock, Krinninger, Pigneter

Bilder im Innenteil (o = oben, u = unten, l = links, r = rechts):
Farbbilder: M. Andrea, Prag, 132. Arabian Horses photography, Roosendaal, 66. Joke Bakker, Schiedam, 12, 38, 39, 44, 45, 58(l), 68, 78, 88, 89, 94, 97, 99, 101, 103, 105, 127(o), 139, 149(o), 151, 153. E.J. ter Burg, Noordbergen, 41. Bernard Castelein, B.V.N.F., Belgien, 50. Arie Cohen, Enschede, 31. Walter Dellafaille, B.N.V.F., Belgien, 49, 55, 58(r), 143. Gustaaf Elsermans, Turnhout, 21. Fons van den Heuvel, B.V.N.F., Belgien, 65. Roger Laps, B.V.N.F., Belgien, 100. Ministerium V.R.O.M. Wageningen, 131. Nationales Naturhistorisches Museum, Leiden, 13, 50. Natura Artis Magistra, Amsterdam, 19, 20, 23, 33, 37, 57, 63, 77, 129, 145. Nature Reserves Authority, Jerusalem, 2, 52, 157, 158. Naturmuseum Groningen, 149(u). Hans Nieuwendijk, Zoelen, 28, 93, 104, 111, 119. Noorder Tierpark, Zoo Emmen, 113. Fred Nordheim, 15, 32, 35, 47, 76, 79, 85, 87, 91, 109, 115, 117, 123, 135, 137, 138. Zoo Rotterdam, 147. Königlich Zoologische Gesellschaft Antwerpen, 16, 53, 127(u). Henk Verbiesen, Turnhout, 11, 121. World Wildlife Fund, Zeist, 27, 73, 74, 84, 125, 140.

Federzeichnungen: aus Conrad Gesner, Vollkommenes Vogel-Buch, ein Allgemeines Thier-Buch. Nachdruck Schlüter, Hannover 1983; die Abbildungen auf den Seiten 25, 98 und 130 aus Gekerfde dieren en Viervoetige dieren (Kerbtiere und Vierbeiner), I.I. Schipper, Amsterdam 1660.